PANZER

VON 1916 BIS HEUTE

ROGER FORD

KARL MÜLLER VERLAG

Fotografien
TRH Pictures: 6, 9 (oben rechts), 11 (unten rechts), 12, 15 (oben links), 16 (oben links), 19 (unten rechts), 20–21, 25 (unten rechts), 26, 29, 31, 34 (oben links), 37 (oben und unten), 38 (oben rechts), 39 (unten links), 42–43, 44, 45, 47 (oben rechts), 48, 49 (oben rechts), 50, 52, 53 (oben rechts), 56 (oben links), 57 (oben rechts), 58 (oben rechts), 63 (oben links), 65 (oben rechts), 66 (oben links), 67 (unten links), 68 (oben links), 69 (oben links), 72 (oben links), 76 (unten rechts), 79 (oben rechts), 81 (oben links), 82, 83 (unten links), 86, 89 (oben links), 90 (oben rechts), 91 (oben rechts), 92 (oben rechts), 94–95, 96 (oben links) 98 (oben links), 99, 101 (unten rechts), 104 (oben rechts), 107, 109, 111, 112, 114, 117, 119, 120 (oben links), 123, 124, 129, 130 (unten links) 132–133, 134–135, 136, 138, 141, 142, 145, 147, 149, 150, 152, 155, 157 (oben rechts), 158, 161, 162 (oben links), 165, 166, 167, 169, 170, 173, 174

Zeichnungen
Aerospace Publishing: 8–9, 10–11, 13 (unten rechts), 14 (oben links), 17 (oben rechts), 18 (oben links), 22, 23, 24, 26, 28, 30, 32, 33, 35, 36, 38, 40, 41, 45 (oben rechts), 46, 48, 50, 53, 57, 59, 62, 62–63, 67, 71, 74, 75, 77, 78, 80, 83, 86, 87, 88, 89, 92–93, 93, 98–99, 100–101, 102–103, 104–105, 106–107, 108–109, 112–113, 115, 116, 118, 120–121, 122–123, 124–125, 126–127, 128, 130–131, 134–135, 137, 140, 142–143, 144, 148, 151, 152–153, 159, 162–163, 164–165
De Agostini: 110–111, 138–139, 146–147, 168, 171, 172
Ray Hutchins: 54–55, 60–61, 84–85, 97
Peter Sarson: 64

Übertragung aus dem Englischen: Jürgen Brust M.A.
Lektorat: Alexander Troche M.A.

ISBN: 3-86070-676-4

4 5 01 00 99

Inhalt

KAPITEL 1
EINE SCHWIERIGE GEBURT

Im September 1916 rollten die ersten britischen Panzer schwerfällig auf die deutschen Gräben zu. Nur wenige Soldaten konnten sich damals vorstellen, dass daraus ein neues Kapitel in der Geschichte der Kriegführung werden würde. Tatsächlich haben diese plumpen Ungeheuer dem Krieg im 20. Jahrhundert eine ganz neue Dimension eröffnet.

Es schien keinen Ausweg aus der Sackgasse zu geben. Das Gelände zwischen den verfeindeten Armeen in Nord- und Ostfrankreich war absolut unpassierbar, sogar für Soldaten zu Fuß. Stacheldrahtdickicht und Sperrfeuer aus MG-Nestern sorgten dafür, dass es endgültig undurchdringlich wurde. Männer ohne Schutz versuchten, das desolate Niemandsland zu durchbrechen, blieben stecken und starben unerkannt. Die wenigen vorhandenen Fahrzeuge hatten überhaupt keine Chance, selbst wenn es irgendwie gelang, sie vor dem MG-Feuer und den Haubitzen zu schützen, die den Schlamm in ein Leichenhaus verwandelten. Und der Erste Weltkrieg war längst noch nicht zu Ende ...

Als der Krieg im August 1914 ausbrach, hatten beide Seiten kaum motorisierte Transportmittel. Wie in den Jahrhunderten zuvor transportierte eine endlose Zahl von Pferden sämtliches Material aus dem rückwärtigen Gebiet bis fast an die Front. Die Pferde kamen noch schlechter durch das Niemandsland als die Menschen. Es gab auch schon die ersten Zugmaschinen mit Verbrennungs- oder Dampfmaschinen. Sie zogen das schwerste Gerät wie die Artilleriegeschütze. Einige hatten nach dem Vorbild des amerikanischen Holt-Caterpillar schon Endlosketten anstatt der Räder. Sie kamen in der Regel nicht einmal bis auf 15 km an das Kampfgeschehen heran, aber allein ihre Anwesenheit hinter der Front, wo die Bedingungen oft nicht besser waren, regte die Taktiker an und sollte eine Grundlage für weitere Überlegungen werden.

LINKS: Der britische „Tank" entwickelte sich nach seiner Einführung rasch weiter. Der Mk IV stand schon im Oktober 1916 bereit. Er verfügte über bessere Panzerung, besseren Kraftschluß und mehr Sicherheit für die Besatzung. Dieses Fahrzeug ist ein Geschenk der malaiischen Staaten.

SWINTONS FAHRZEUGE

1912 hatte der australische Ingenieur und Erfinder Lancelot de Mole dem britischen Kriegsministerium die Pläne für ein gepanzertes Kettenfahrzeug vorgelegt. In einer Mischung aus Ignoranz und Überheblichkeit wurden sie seinerzeit abgelehnt. Als die Welt sich nun plötzlich im Krieg befand, machte sich der britische Oberstleutnant Ernest Swinton an die Planung für eine ähnliche Konstruktion. Er fing aber nicht ganz von vorn an, sondern benutzte die amerikanische Holt-Raupe als Grundlage. Dieses Kettenfahrzeug war bereits bei der Artillerie als Zugmaschine im Einsatz. Entsprechend gepanzert und bewaffnet sollte das Fahrzeug als beweglicher MG-Zerstörer dienen. Swinton, zu jener Zeit stellvertretender Sekretär des Verteidigungsausschusses, hatte selbst erlebt, wozu bewaffnete Kampffahrzeuge in der Lage waren. Er diente kurz als „offizieller Beobachter" bei Charles Samsons Marinefliegerdienststaffel in Frankreich. Diese Beobachter waren die einzigen zugelassenen Korrespondenten im Kriegsgebiet. Die Staffel von Samson rettete abgestürzte Piloten und unternahm Aufklärungseinsätze. Dazu benutzte sie zunächst Tourenwagen, deren Panzerung

Panzer Mk V

Bewaffnung: 2 6-Pfund-Kanonen, 4 MGs 7,7 mm
Besatzung: 3 Mann
Länge: 8,04 m
Breite: 3,91 m
Höhe: 3,2 m
Panzerung: 5-14 mm
Motor: 150 PS
Reichweite: 55 km

sie mit eigenen Mitteln vornahmen, später dann Fahrzeuge, die von der Admiralität mit Waffen und Panzerschutz versehen wurden. Swinton hatte auch mit Sir Ian Hamilton am offiziellen Bericht über den Russisch-Japanischen Krieg gearbeitet und gesehen, was MGs gegen massierte Infanterie ausrichten können.

Swinton hatte Oberstleutnant Maurice Hankey, Sekretär des Ausschusses, seine Vorschläge vorgelegt. Hankey reichte sie an den Generalstab weiter. Dessen Chef, Lord Kitchener, konnte sich dafür nicht erwärmen. So wurde der Plan fürs Erste zu den Akten gelegt. Hankey hatte allerdings Feuer gefangen. Er schrieb ein langes Memorandum an Winston Churchill, der als Erster Lord der Admiralität dafür eingetreten war, gepanzerte Fahrzeuge nach Frankreich und Belgien zu schicken. Von ihren Erfolgen beeindruckt, überredete er Premierminister Asquith, auf den Kriegsminister mehr Druck auszuüben. Das Ministerium beschloss, seinen höheren Beamten den Holt-Caterpillar auf einer präparierten Hindernisbahn auf dem Artillerieschießplatz Shoeburyness vorzuführen. Die Prüfung war auf den 17. Februar 1915 angesetzt. An diesem Tag hatte es schwere Regenfälle gegeben, und der Boden war stark aufgeweicht. An der Prüfung gab es nichts auszusetzen, außer dass die ungepanzerte und unbewaffnete Zugmaschine einen LKW, beladen mit 2,5 t Sandsäcken, über den Kurs ziehen musste. Diese Ladung sollte das Gewicht von Panzerung und Bewaffnung darstellen. Natürlich konnte die Raupe die Last nicht durch die Gräben ziehen. Es ist schon ein Unterschied, ob die Last auf dem Fahrzeug liegt oder abgeschleppt wird, besonders unter solchen Bedingungen. Das interessierte damals aber niemanden. Nach Ansicht des zuständigen Ausschusses hatte das Fahrzeug versagt und war keiner weiteren Betrachtung wert.

DIE MASCHINE AUS LINCOLN

Der Ausschuss hatte aber nicht mit Churchills Hartnäckigkeit gerechnet. Wenn das Heer kein Interesse hatte, störte ihn das nicht im Geringsten. Es gab ja auch noch die Marine. Churchill rief einen sogenannten Ausschuss der Admiralität für „Landschiffe“ zusammen, um die Möglichkeiten der Motorisierung auf dem Gefechtsfeld weiter zu untersuchen. Der Vorsitz ging an einen anerkannten Experten, Sir Eustace Tennyson d’Eyncourt, Leiter des Marineschiffbaus. Der Sekretär war ein begeisterter Amateur, ein Bankier namens Albert Stern. Nach einigen gescheiterten Versuchen mit zivilen Kettenfahrzeugen wurde schließlich eine kleine Gruppe von Konstrukteuren gebildet. Leiter wurde Sir William Tritton, Geschäftsführer des Zugmaschinenherstellers Fowler aus Lincoln.

Sein Stellvertreter wurde der Autobauer und ehemalige Marineingenieur Walter Wilson. Gleichzeitig wurden vernünftigere Bewertungskriterien eingeführt, entwickelt von Swinton auf der Grundlage der tatsächlichen Gefechtsbedingungen. Jedes neue Fahrzeug musste in der Lage sein, eine 1,5 m hohe Wand mit einer Böschung von 45° und einen Graben von 2,5 m zu überwinden.

Der Bau der Lincoln-Maschine Nr. 1 oder der Tritton-Maschine, wie sie auch genannt wurde, begann am 11. August 1915. Der erste Test fand am 10. September des selben Jahres statt. Dass es sich um einen Schnellschuss handelte, wurde schnell klar. Das Kettenfahrwerk stammte von einer amerikanischen Bullock-Zugmaschine und war Gewicht und Größe des Fahrzeugs hinsichtlich Leistung und Lebensdauer in keiner Weise gewachsen. Die Konstrukteure fingen von vorn an, und Tritton hatte die rettende Idee. Er schlug ein System aus Metallkettengliedern vor, die innen über Lippen verfügten, die wiederum in Laufrollen am Kettenrahmen einrasteten. So konnten die Ketten nicht von den Führungsrollen fallen, wenn sie in der Luft hingen, z.B. beim Überqueren eines Grabens. Das System wurde in eine überarbeitete Lincoln-Maschine namens „Little Willy“ eingebaut. Diese Maschine konnte einen Graben von 1,5 m und eine Wand von 1,4 m Höhe überwinden.

DER TRITTON-WILSON

Aber auch diese überarbeitete Version war schon wieder überholt, bevor das Fahrzeug überhaupt fertig war, denn Wilson hatte längst eine neue Idee. Bei den Versuchen im September hatte er ein hölzernes Modell vorgestellt, das Swintons Kriterien viel besser erfüllen würde. Swinton stimmte ihm zu. Es war klar, dass große Räder besser über die Hindernisse kamen als Ketten. Wilson erkannte jedoch, dass er die Kletterfähigkeit des Kettenfahrzeugs verbessern konnte, wenn er den Höhenunterschied zwischen dem oberen und unteren Kettenlauf vergrößerte und der obere Kettenlauf vorn überstand. Damit erreichte Wilson, dass die Kette in einem Bogen verlief, der den Durchmesser jedes Rades weit übertraf. Die Krümmung der Kette des Prototyps entsprach dann der eines Rades von 18 m Durchmesser. Die rautenförmige Gestalt dieses zweiten Wilson-Tritton mit den Ketten, die über die ganze Höhe der Wanne reichten, gilt heute noch als typisch für die Panzer des Ersten Weltkriegs. Dabei hat es durchaus auch andere Konstruktionen gegeben.

Die Spezifikationen für einen neuen Prototyp nach Wilsons Plan wurden am 29. September 1915 vom Ausschuss für „Landschiffe“ akzeptiert, und die Arbeiten wurden sofort eingeleitet. Das Fahrzeug mit den Bezeichnungen „Big Willie“, „Hundertfüßler“, „Wilson-Maschine“ oder einfach „Mutter“ rollte am 26. Januar 1916 aus Fosters Werkstatt. Die neue Maschine war 9,9 m lang, einschließlich der hinteren Steuer-/Stabilisierungsräder, 2,4 m hoch und 4,25 m breit. Es verfügte über abnehmbare Geschützplattformen und war über 28 t schwer. Die Hauptbewaffnung bestand aus zwei seitlichen 6-Pfund-Kanonen vom Typ Hotchkiss L/40. Die Panzerung war vorn 10 mm und an den Seiten 8 mm dick. Die Höchstgeschwindigkeit lag bei bescheidenen 5,5 km/h, die Reichweite bei 40 km, wenn der 227-l-Tank gefüllt war. Die Kletterfähigkeit betrug 25%. Die Maschine konnte eine 1,4 m hohe Wand oder einen 3,3 m breiten Graben überwinden. Gesteuert wurde dadurch, dass eine der Ketten angehalten wurde. Dafür gab es ein Getriebe zwischen jeder Antriebswelle und der Kette, die sie mit den hinteren Antriebsrädern verband. Zum Wenden wurde einfach ein Getriebe in den Leerlauf geschaltet. Danach wurde es wieder zugeschaltet. Für diese Aktionen wurden vier Mann benötigt – der Kommandant sowie der Fahrer in der vorderen Kuppel und dazu zwei Getriebebediener.

Im Panzer war es so laut, dass man sein eigenes Wort nicht verstehen konnte – der nicht schallgedämpfte Motor machte einen Höllenlärm – und so musste der Kommandant sich mit Handzeichen verständlich machen. Er konnte auch mit einem Hammer auf der Motorhaube vereinbarte Klopfzeichen hervorbringen. Unter Idealbedingungen ließen sich rein theoretisch kleinere Kursänderungen mit Hilfe der offenen Hinterräder durchführen. Eigentlich dienten sie aber der Stabilität und sollten beim Überqueren von Gräben helfen. Sie erwiesen sich jedoch als sehr anfällig im Gefecht und wurden deshalb von November 1916 an weggelassen. Theoretisch hätte der Kommandant das Fahrzeug auch mit den Bremsen steuern können, aber dafür hätte er übermenschliche Kräfte benötigt. Der Panzer fuhr zwar nur Schrittgeschwindigkeit, aber es war selbst unter besten Bedingungen Schwerstarbeit, ihn auf Kurs zu halten. Im Kampf war es fast unmöglich.

OBEN: Das erste offizielle Bild eines in den Kampf ziehenden Panzers (ein Mk I „Female“, zu erkennen am seitlichen Zwillings-MG). Er bereitet sich am 15. September 1916 auf die Schlacht bei Flers-Corcellete vor.

Panzer Mk IV

Bewaffnung: 2 6-Pfund-Kanonen, 4 MGs 7,7 mm
Besatzung: 3 Mann
Länge: 8,04 m
Breite: 3,91 m
Höhe: 3,2 m
Panzerung: 5-14 mm
Motor: 90 PS
Reichweite: 55 km
Höchstgeschwindigkeit: 7 km/h

KITCHENER HAT SEINE ZWEIFEL

Nach den erfolgreichen Versuchen Anfang 1916 erfolgte ein Auftrag über gerade einmal 40 Stück. Kitchener war zwar mit einigem Widerwillen bereit zuzugeben, dass das Fahrzeug den Test bestanden hatte, aber er war längst nicht überzeugt, dass die gepanzerten Fahrzeuge (in seinen Worten „hübsche mechanische Spielzeuge“) irgendeinen taktischen Wert hätten.

Munitionsminister David Lloyd-George hingegen sah den Panzer als Möglichkeit, die erstarrten Fronten des Grabenkriegs aufzubrechen und war unter den gegebenen Umständen bereit, ihm eine Chance zu geben. Mit beträchtlichem politischen Geschick gelang es ihm, den Ausschuss für „Landschiffe“ in sein Ministerium einzugliedern. Dieser war inzwischen auf Swintons Vorschlag in „Ausschuss für die Lieferung von Tanks“ umbenannt worden, um vor dem Ausland die Existenz dieser neuen Waffe geheim zu halten. Offiziell befasste sich der Ausschuss mit dem Bau von beweglichen Wasserbehältern für die Wüsten von Mesopotamien (dem heutigen Irak). Der Name blieb und so heißen die schweren gepanzerten Fahrzeuge im Englischen heute noch „Tanks“. Wenige Tage nach der Eingliederung in Lloyd-Georges Ministerium wurde der Auftrag für den nun offiziell als Tank Mark I (Mk I) bezeichneten Panzer auf 100 Stück, später sogar auf 150 Stück erhöht. Die ersten Panzer rollten Ende Juni aus den Fabrikhallen.

MG-TRÄGER

Nachdem die technischen Probleme nun so gut wie gelöst waren, beschäftigte sich Swinton mit der Frage, wie der Panzer sinnvoll im Gefecht einzusetzen war. Im März 1916 wurde er Chef der Einheit, die die Panzer einsetzen sollte. Die Panzerfahrzeuge sollten als motorisierte MG-Träger dienen. Es galt zwar immer noch Swintons erste Idee vom Panzer als MG-Zerstörer, aber er musste nun auch über die Verteidigung des Panzers selbst nachdenken. Würden die vier reichlich unzuverlässigen Hotchkiss-MGs ausreichen oder könnte ein entschlossener Feind zum Angriff übergehen, den Panzer kampfunfähig machen und zerstören? Zwei dieser MGs waren ohnehin nur unter extremen Umständen besetzt, schließlich musste die Besatzung sich auch um die Kanonen kümmern. Swinton wusste, dass er kein Risiko eingehen durfte und beantragte daher, die Hälfte der Panzer mit 7,7-mm-Zwillings-MGs vom Typ Vickers Class C auszustatten. Diese verfügten über Gurtzuführung und Wasserkühlung und galten zu ihrer Zeit als die besten MGs der Welt. Die Vickers-MGs ersetzten die 6-Pfund-Kanonen und saßen in leicht abgeänderten Kettenkästen. Die so ausgerüsteten „Female Tanks“ (weibliche Panzer) sollten die „Male Tanks“ (männliche Panzer) mit den 6-Pfündern gegen Infanterieangriffe verteidigen. Auch diese Begriffe blieben, und so werden die britischen Panzer seit dem Ersten Weltkrieg je nach Bewaffnung in männliche und weibliche Typen unterteilt. 1918 gab es sogar „Zwitter“ mit zwei unterschiedlichen Geschützplattformen.

FRANZÖSISCHE ENTWICKLUNGEN

Deutschland hatte schon 1914 das Konzept des Panzers geprüft und keinen Bedarf dafür gesehen. Daher entwickelte zu Beginn des Krieges neben England nur Frankreich derartige Fahrzeuge. Im Mai 1915 bestellte Schneider, die größte fran-

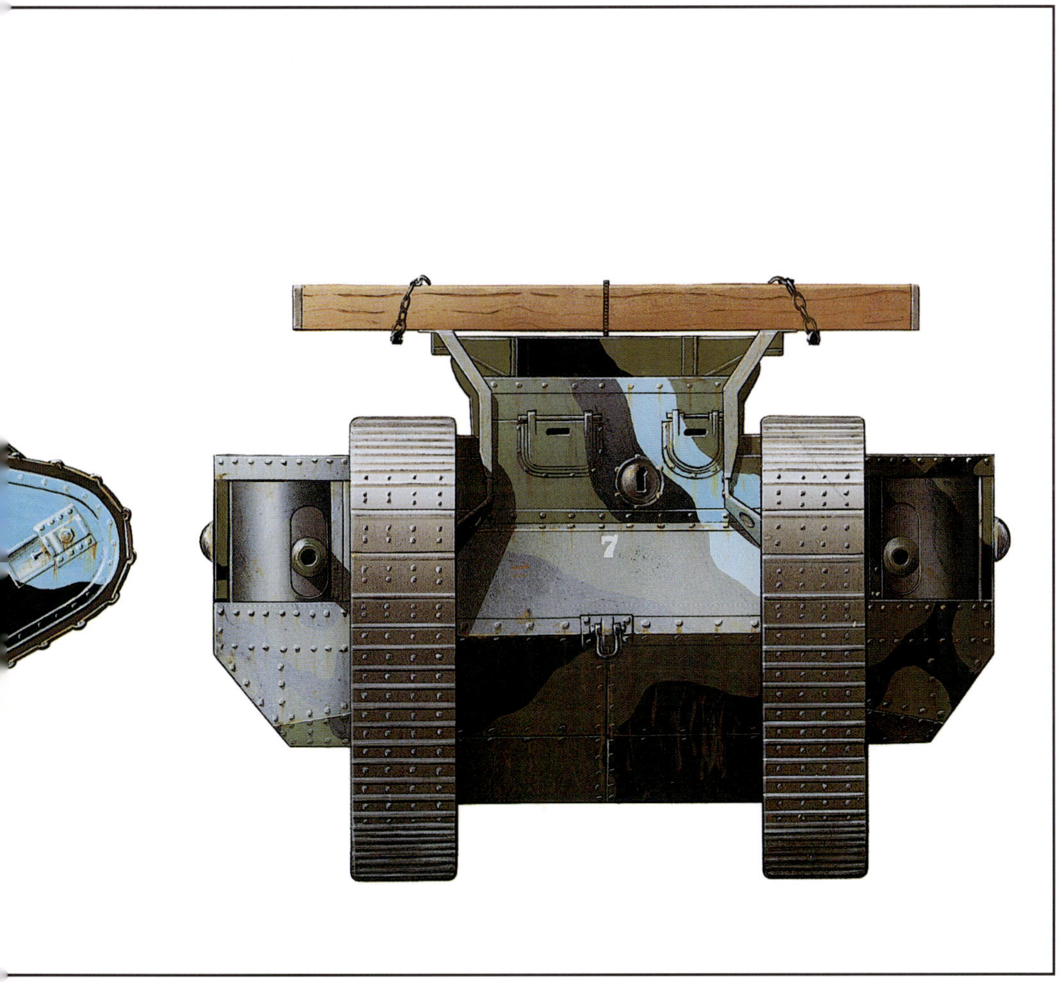

zösische Waffenschmiede, zwei Holt-Caterpillar aus den Vereinigten Staaten und unternahm damit Versuche. Mitte Dezember lud Schneider den Leiter des französischen Erfindungsministeriums, Jules-Louis Breton, ein. Ihm wurde eine kleine 45-PS-Holt-Zugmaschine mit einem kastenförmigen Panzer vorgeführt.

Entwickelt wurde das Fahrzeug von Schneider-Chefingenieur Eugène Brillié. Es war zwar eindeutig untermotorisiert, konnte aber Breton dennoch überzeugen. Er schrieb einen positiven Bericht an den französischen Generalstab.

Innerhalb weniger Tage gab Oberbefehlshaber General Joseph Joffre eine vorsichtig befürwortende Stellungnahme zu Bretons Bericht ab. Am 20. Dezember begann Brillié mit der Arbeit am Schneider-Kampfwagen. Sein Mitarbeiter war Jean-Baptiste Estienne, der zu jener Zeit die Versuche mit gepanzerten Fahrzeugen leitete. Die beiden benötigten sechs Tage für den Entwurf, und schon am 21. Februar 1916 konnte dem französischen Oberbefehlshaber ein gepanzerter und bewaffneter Prototyp auf der Grundlage der Holt-Zugmaschine vorgeführt werden. Bereits vier Tage später wurde ein Auftrag über 400 Fahrzeuge unterzeichnet. Es sollte dann aber noch über ein Jahr dauern, bevor genügend Fahrzeuge vom Typ Schneider CA-1 bereitstanden, um in den Kampf zu ziehen.

Der Schneider-Kampfwagen hatte einen spitzen, bootsförmigen Bug mit einem Ausleger, der Drahtverhaue durchtrennen oder plattdrücken sollte. Wie beim ersten britischen Prototyp ließen aber Leistung und Haltbarkeit der Ketten zu wünschen übrig. Sie stammten schließlich aus einem wesentlich leichteren Fahrzeug. Anders als die Briten nahmen die Franzosen aber keine Änderungen vor, und deshalb erwiesen sich besonders die Kampfwagen der ersten Generation als absolut untauglich. Die Schneider-Kampfwagen waren mit einer kurzläufigen Version der berühmten 75-mm-Schnellfeuerkanone ausreichend bewaffnet. Die Waffe saß allerdings in einer Schießscharte rechts vom Fahrer und hatte so nur einen arg begrenzten Feuerbereich – von geradeaus nach vorn bis zu einem Winkel von 60° nach rechts.

DIE BEWAFFNUNG DES CA-1

Die Verteidigung übernahmen ähnlich wie beim britischen Panzer zwei 8-mm-Hotchkiss-MGs. Der Kampfwagen war besonders feuergefährdet. Die Konstrukteure hatten nämlich den Benzintank ganz oben angeordnet, um den Vergaser per Schwerkraft zu versorgen und die Benzinpumpe zu sparen. So galt der CA-1 unter franzö-

RECHTS: Um zu verhindern, dass die Infanterie von oben Granaten auf die Wanne warf, hatte der Mk I „Male" ein dreieckiges Dach aus Draht und Holz.

OBEN: Trotz einiger Erfolge, besonders in Cambrai im Oktober 1917, spielten Panzer im Ersten Weltkrieg keine große Rolle. Sie litten unter mechanischen Problemen und fuhren sich oft fest, was vom Gegner gnadenlos ausgenutzt wurde. Viele andere waren so zerstört, dass sich eine Reparatur nicht mehr lohnte. Es hatte sich gezeigt, dass die Panzerung den deutschen K-Gewehrpatronen nicht standhalten konnte.

sischen Soldaten als „rollendes Krematorium". Zwei stärkere Versionen, CA-2 und CA-3, erreichten die Entwurfsphase. Vom CA-2 gab es sogar einen Prototyp, der über eine 47-mm-Kanone in einem Drehturm anstatt der seitlichen Kanone verfügte. Der CA-1 kam am 16. April 1917 zu seinem ersten Einsatz. Von 132 Panzern wurden 57 sofort vernichtet.

DER ST. CHAMOND

Der Schneider-Kampfwagen hatte schon Konkurrenz, bevor er überhaupt in die Produktion ging. Der St. Chamond war ein schwereres, ähnlich bewaffnetes Fahrzeug. Benannt wurde es nach der Stadt, in der es von der Compagnie des Forges et Acieries de la Marine et Homecourt (FAMH) hergestellt wurde. Die Konstruktion stammte von Oberst Rimailho vom Service Technique Automobile (STA), der Beschaffungsabteilung für Fahrzeuge im französischen Heer. Der St. Chamond hatte ebenfalls die unterdimensionierten Holt-Ketten, aber mit einem entscheidenden Unterschied: Sie wurden von einzelnen Elektromotoren angetrieben. Da die Leistungsabgabe über einen Regelwiderstand gesteuert wurde, ließ sich das Fahrzeug leicht lenken. In dieser Hinsicht war es seiner Zeit weit voraus. Wären die Motoren stark genug gewesen, um mit dem Gewicht des Fahrzeugs fertig zu werden, hätte der St. Chamond ein echter Erfolg werden können. So war das Fahrzeug aber ebenso stark untermotorisiert. Dazu kam die Konstruktion der 22-t-Karosserie mit den großen Überhängen vorn und hinten, die dafür sorgte, dass der Panzer schon am ersten Hindernis stecken blieb. Beim vergeblichen Versuch, sich zu befreien, überhitzten die Fahrer meistens die Elektromotoren. Wie beim Schneider-Kampfwagen dauerte es über ein Jahr bis zur ersten größeren Lieferung, denn die ausgelaugte französische Industrie war mit der großen Nachfrage nach Waffen völlig überfordert.

Der St. Chamond wurde schnell vom FT17 abgelöst. Der leichte Zweimann-Panzer wurde 1917 von Renault gebaut. Von den 16 ersten St. Chamonds, die am 15. Mai 1917 in Moule de Laffaux in das Gefecht gegen Deutschland gingen, blieben alle bis auf einen in der ersten Grabenreihe liegen und mussten aufgegeben werden. Weitere Exemplare wurden nicht gebaut, und Anfang 1918 wurden die Restbestände nur noch für die Ausbildung genutzt, sehr zur Erleichterung der Besatzungen.

DIE SOMME, 15. SEPTEMBER 1916

Die ersten britischen Panzer – die Landschiffe ihrer Majestät – wurden Mitte 1916 in Avonmouth verladen und nach Le Havre verschifft. Der Krieg war nun zwei Jahre alt und hatte bereits über eine Million Menschenleben gefordert. Die Schlachten an der Somme und um Verdun waren in vollem Gang. Gegen Ende des Monats befanden sich 50 einsatzbereite Fahrzeuge in Yvrench, wo ein Auffanglager eingerichtet worden war. Bereits im Februar 1916, als der Panzer noch weitgehend unbekannt war, hatte der britische Befehlshaber in Frankreich, Sir Douglas Haig, Swintons Vorschläge für den taktischen Einsatz des Panzers gebilligt. In seinem Memorandum sprach sich Swinton dafür aus, die Panzer aus dem Gefecht herauszuhalten, bis genügend Fahrzeuge für einen massierten Angriff bereitstanden. Im Sommer waren die Pläne für einen Großangriff auf die Somme so weit vorangeschritten, dass Haig seine Meinung änderte. Es gab nun Befehle aus seinem Hauptquartier, die Panzer sofort in den Kampf zu schicken, sobald sie zur Verfügung standen. Sie sollten eingreifen, um den Angriff wieder in Schwung zu bringen, der sich an den Verteidigungsstellungen festgefahren hatte. Diese Stellungen waren gut vorbereitet und befestigt,

St Chamond

Bewaffnung: 1 Kanone75 mm, 4 MGs 7,5 mm
Besatzung: 9 Mann
Länge: 9,5 m
Breite: 2,87 m
Höhe: 2,54 m
Panzerung: 11,5 mm
Motor: 90 PS
Reichweite: 40 km
Geschwindigkeit: 8,5 km/h

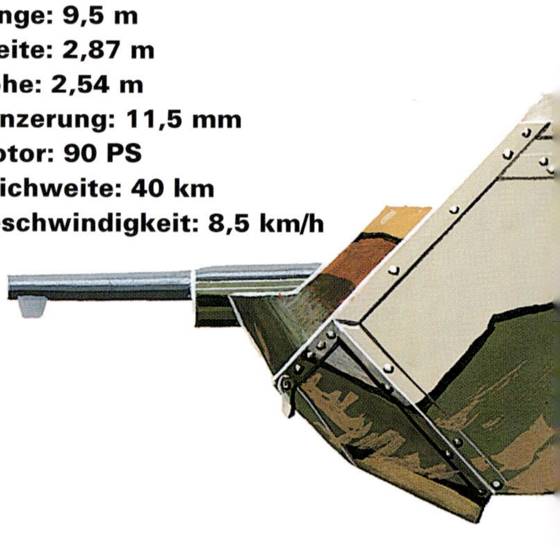

schließlich liefen die Arbeiten daran seit mehr als einem Jahr.

49 Panzer erreichten den 15 km breiten Gefechtsstreifen zwischen Thiepval und Combles, um sich in die dritte Phase des Angriffs einzuschalten, die am 15. September beginnen sollte. Wie einer der britischen Korpsführer, Sir Henry Rawlinson, bemerkte, „ist der Chef [Haig] scharf darauf, alle verfügbaren Truppen einzusetzen ... um die deutsche Front zu durchbrechen und nach Bapaume vorzustoßen.“ Die Panzer sollten nicht geschlossen zum Einsatz kommen, sondern nach dem Gießkannenprinzip gleichmäßig über die Front verteilt werden.

In den Nächten zum 13. und 14. September wurden die Fahrzeuge unter größter Geheimhaltung und unter noch größeren Schwierigkeiten zu ihren Ablaufpunkten gebracht. Das Fahren bei Nacht war gefährlich genug, unter den herrschenden Bedingungen war es ein Alptraum. Am 15. September um 5.00 Uhr morgens hatten 36 der 49 Panzer ihre Stellungen erreicht. Ein Panzer, der D1 unter der Führung von Hauptmann H.W. Mortimer und unterstützt von zwei Kompanien leichter Infanterie, sollte ein besonders hartnäckiges MG-Nest in der Nähe des Delville-Waldes vernichten. Er erfüllte seinen Auftrag und war damit der erste Panzer überhaupt im Einsatz. Leider sollte es auch gleichzeitig sein letzter Einsatz werden, denn er wurde kurz darauf von einem Artilleriegeschoss zerstört. Die meisten anderen Panzer warteten eine Stunde und 20 Minuten in ihren Stellungen auf den Beginn der „Stunde H“. Als der Angriff losging, die Infanteristen über ihre Wälle sprangen und den Todesmarsch in das Niemandsland antraten, wurden sie von ganz neuen Geräuschen begleitet – zum ersten Mal rasselten die Ketten und dröhnten die Motoren. Aus nächster Nähe war der Lärm ohrenbetäubend, in größerer Entfernung ging er im allgemeinen Gefechtslärm unter. Deswegen kam der Panzer für die Infanteriesoldaten beider Seiten immer wieder überraschend in die Schlacht. Er tauchte wie ein Monster aus Rauch und Nebel auf, überwand Sperren, plättete Stacheldraht und feindliche Soldaten und schlingerte gefährlich hin und her, während die Besatzung verzweifelt versuchte, ihn auf Kurs zu halten. Langsam, aber unaufhaltsam stießen die Panzer vor, durchbrachen die Front der Infanterie und ließen die Gewehrkugeln abprallen, während sie gleichzeitig ihre Kanonen und MGs abfeuerten. Natürlich waren die Panzer nicht unbesiegbar, aber sie hatten einen großen Verdienst – sie löschten die verhassten, tödlichen MG-Nester aus.

DAS LEBEN IM PANZER

Die Besatzung sah Vor- und Nachteile des Panzers ganz anders – im Innern des Mk I herrschten drangvolle Enge und ein großes Durcheinander. In dem kleinen Raum waren acht Mann mit ihrer persönlichen Ausrüstung, rudimentärer Schutzkleidung (Panzerwesten und Masken) und Verpflegung untergebracht. Dazu kam noch der 227-l-Tank und nicht zu vergessen die Waffen und die Munition: 336 6-Pfund-Geschosse und 6272 Schuss 8-mm-MG-Munition für die männlichen Panzer, ca. 33 000 Schuss 8-mm- und 7,7-mm-MG-Munition für die weiblichen Versionen. Außerdem führte jeder Panzer Fässer mit Fett und Öl, 90 l Trinkwasser, einen Korb Brieftauben, Signallampen und -flaggen, ein primitives Feldtelefon und ein paar Hundert Meter Telefonkabel sowie Ersatzteile für Kanone und Motor mit. Nichts davon war festgezurrt, und die schwankenden, unregelmäßigen Bewegungen (von einem ehemaligen Seemann als „ein Torpedoboot im Sturm“ beschrieben) warfen alles durcheinander. Die Besatzung war ständig in Gefahr, sich die Knochen oder den Schädel zu brechen. Die Arbeitsbedingungen waren menschenunwürdig. Der Innenraum war weder schallgeschützt noch gekühlt oder gar belüftet. Schon zehn Minuten nach dem Start lag die Innentemperatur bei 40° C, sogar im Winter.

Der Lärm von Motor und Getriebe war so ohrenbetäubend, dass keine Verständigung möglich war. Gleichzeitig sorgten die schlingernden, unberechenbaren Bewegungen dafür, dass die Soldaten durch den Innenraum purzelten, und die Abgase der MG- und Artilleriemunition breiteten sich so aus, dass das Atmen schwerfiel.

Renault FT-17

Bewaffnung: 1 MG 7,5 oder 8 mm
Besatzung: 2 Mann
Länge: 4,34 m
Breite: 1,86 m
Höhe: 2,29 m
Panzerung: 6-22 mm
Motor: 35 PS
Reichweite: 40 km
Höchstgeschwindigkeit: 8 km/h

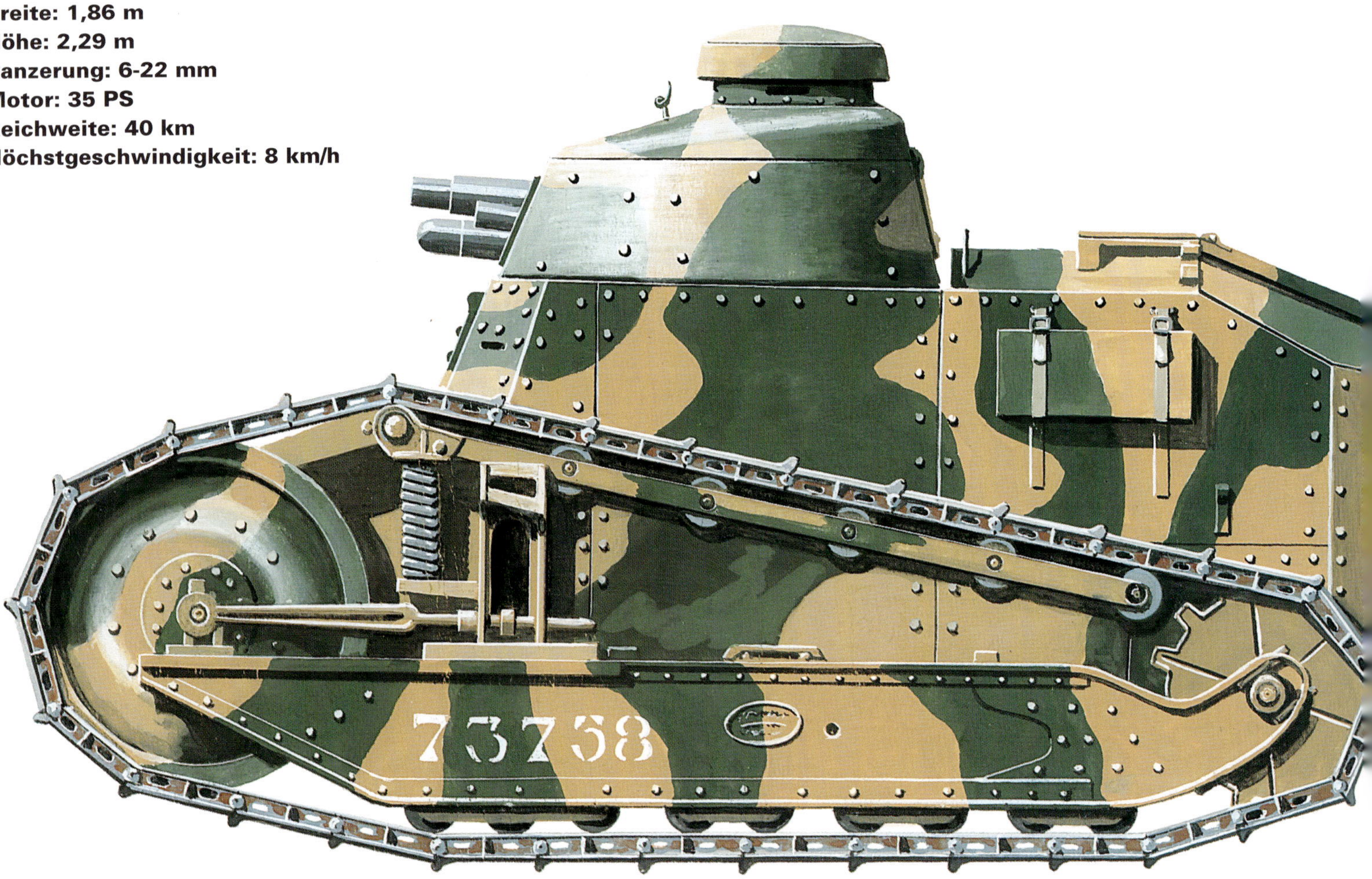

DIE ERSTEN ERFOLGE

Trotz aller Probleme und beträchtlicher Kosten erwiesen sich die ersten Panzer in der ihnen zugedachten Rolle als durchaus effektiv. Mancher deutsche Infanterist zog es vor, bei ihrem Anblick die Verteidigungsstellung an der Front aufzugeben und einfach wegzulaufen.

Andere wurden niedergeschossen oder zerquetscht. Die bis dahin als undurchdringlich geltenden Verteidigungsstellungen waren dank der Kombination aus Panzern und Infanterieunterstützung plötzlich verwundbar. Von den sieben Panzern, die in der Mitte des Gefechtsstreifens des XV. Korps die Ablauflinie verließen (die größte Zahl zusammen eingesetzter Panzer), wurden vier zerstört, aber die übrigen drei erreichten ihr Ziel – das Dorf Fler, ca. 2 km hinter der damaligen deutschen Front. Damit hatte die neue Waffe schon nach zweieinhalb Stunden Einsatz den ersten Erfolg errungen. Insgesamt verschob sich durch den britischen Vorstoß vom 15. September die Front auf einer Breite von 9 km um 2 km nach vorn. Drei Dörfer, allesamt stark befestigt, wurden eingenommen, mehr als an jedem vorherigen Tag der Somme-Offensive.

Trotzdem war der Wert dieser neuen Waffe keineswegs klar. Die Gegner des Panzers konnten darauf verweisen, dass die Gewinne zwischen Albert und Bapaume auch ohne Panzer zu Stande gekommen wären. Die Befürworter konnten kein Ereignis nennen, bei dem ein Panzer eine entscheidende Rolle gespielt hätte. Haig war aber voll überzeugt und befahl den Bau weiterer 1000 Panzer. 150 Stück wurden als Mk I fertig gestellt, weitere 50 als Mk II (die gleiche Bauweise mit größerer Luke, höherem Einstieg und besserer Traktion). Weitere 50 Exemplare gehörten zum Typ Mk III (mit Panzerung wie Mk IV), während die überwiegende Anzahl vom Mk IV gestellt wurde.

DER BRITISCHE MK IV

Der Mk IV unterschied sich vom Mk I in erster Linie durch Panzerung und Bewaffnung. Der Motor blieb unverändert, allerdings wurde der Tank vergrößert und außen angebracht. Er saß nun gepanzert zwischen den hinteren „Hörnern“. Die männlichen Panzer behielten ihre Hotchkiss-Schnellfeuerkanonen, allerdings in der kürzeren Version L/23 anstatt der L/40. Statt der Hotchkiss-MGs gab es nun 7,7-mm-Lewis-MGs sowie zwei weitere MGs hinten in jeder Plattform. Die Vickers-MGs der weiblichen Panzer wurden ebenfalls durch Lewis-MGs ersetzt. Diese MGs erwiesen sich schon bald als ungeeignet, denn die Schießscharten mussten erheblich vergrößert werden.

Die Kühlung der MGs zog außerdem

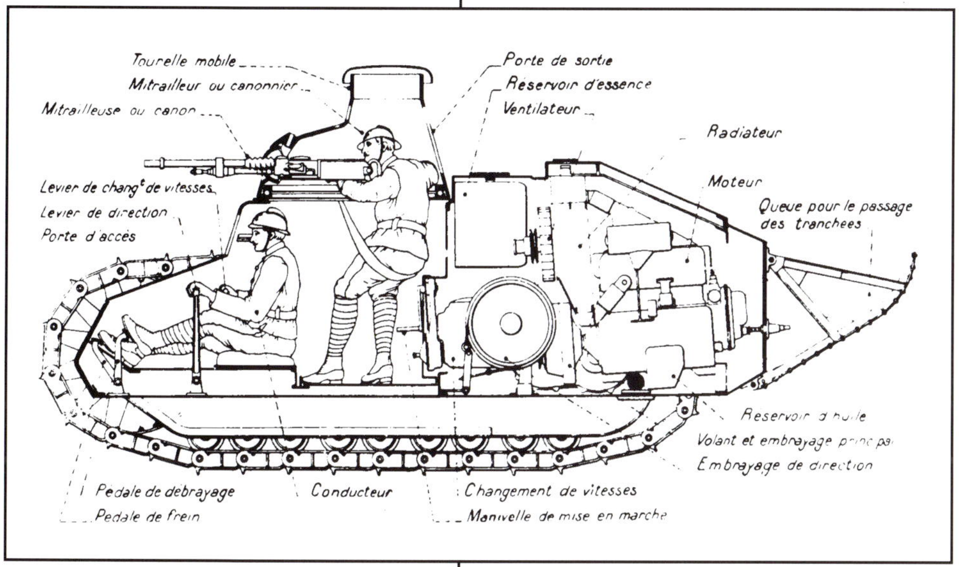

LINKS: Der Querschnitt durch den Renault FT-17 zeigt die Lage von Motor und Besatzungsraum. Das Wohlergehen der Besatzung war den Konstrukteuren der ersten Panzer ziemlich egal.

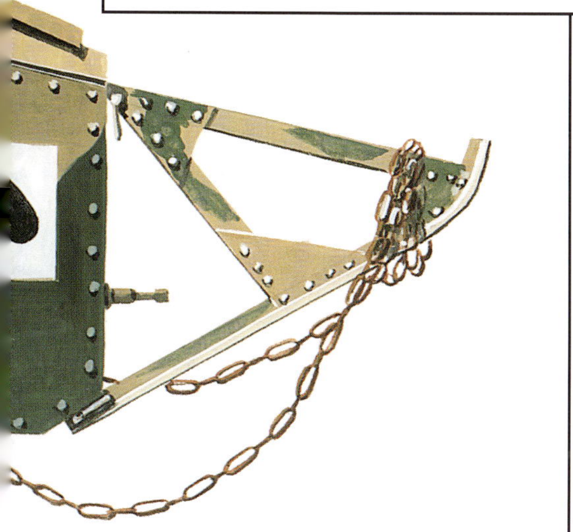

Benzinschwaden in den Innenraum und machte die Luft vollends ungenießbar. Daher gab es schon bald überarbeitete Hotchkiss-MGs. Diese ermöglichten bei den weiblichen Panzern kleinere Kettenkästen mit einem Notausstieg darunter. Die Kettenkästen der männlichen Panzer wurden ebenfalls überarbeitet, denn sie hatten die unglückliche Tendenz, in unebenem Gelände aufzusetzen.

DIE PANZERUNG DES MK IV

Die Panzerung des MK IV wurde vorn auf 16 mm erhöht, an den anderen Stellen war sie entweder 12,5 mm oder 8 mm dick. Das war erforderlich, um die Panzer gegen die deutsche 7,92-mm-K-Patrone mit Wolframkern zu schützen. Diese hatte die Panzerung des Mk I oder Mk II glatt durchschlagen. Das andere neue Merkmal des Mk IV (allerdings erst nach dem Angriff auf Messines am 7. Juni 1917) bestand in einem Paar Schienen, die von vorn nach hinten liefen und den Bergebalken unterstützten. Dabei handelte es sich um einen stabilen Holzbalken, der an der Kette befestigt wurde und half, das Fahrzeug aus tiefem Schlamm zu ziehen. Insgesamt wurden ca. 1200 Mk IV gebaut, 60% davon in der weiblichen Version. Im April 1917 wurden die ersten Exemplare in Frankreich eingesetzt.

DIE SIEGFRIEDSTELLUNG

Inzwischen hatte die deutsche Oberste Heeresleitung bereits im März – sehr zur Überraschung der Engländer und Franzosen – ihre Truppen in die Siegfriedstellung zurückgezogen und damit die Positionen aufgegeben, die sie seit dem August 1914 gehalten hatten. Bei der Siegfriedstellung (oder Hindenburg-Linie) handelte es sich um eine Reihe von Verteidigungsstellungen, gegen die die Stellungen an der Somme eher kümmerlich wirkten. Haig entschloss sich zum Angriff, um die neue Verteidigungslinie zu prüfen. Anfang April griff er bei Arras an, wo die neue Linie auf die alte traf. Alle verfügbaren Panzer – 34 Mk I und 26 Mk II – kamen zum Einsatz. Auch diesmal wurden sie über die Front verteilt und nach längerem Artilleriebeschuss eingesetzt.

Einige Panzer leisteten brauchbare Beiträge zum Angriff. Am Tag 1 halfen sie bei der Einnahme der befestigten Dörfer Neuville-Vitasse und Tilloy, und am zweiten Tag nahmen drei Panzer sogar die als uneinnehmbar geltende Stellung Manchy-le-Preux. Im Großen und Ganzen war es aber wieder wie an der Somme. Die meisten Panzer blieben entweder in den Gräben stecken oder wurden auf kurze Distanz von Artilleriefeuer zerstört.

Am dritten Tag ging die 4. australische Division mit elf ihrer zwölf zugewiesenen Panzer nahe Bullecourt in den Angriff. Die deutsche Feldartillerie lauerte in der Tiefe und während der Nacht des 10. April war eine dicke Schneedecke gefallen. Als die Panzer sich auf den Weg in das Niemandsland machten, boten sie ideale Ziele in der weißen Landschaft. Neun der elf Panzer fielen dem Artilleriefeuer zum Opfer, während sie sich langsam und weithin sichtbar auf ihre ersten Ziele zubewegten. Die anderen zwei wurden später erbeutet. Die australische Infanterie hatte zahlreiche Opfer zu beklagen – allein in einer Brigade 2250 von 3000 Mann. Sie konnte zwar in die Siegfriedstellung eindringen, war aber nicht in der Lage, den Angriff auszubauen, und wurde wieder herausgetrieben. Und es sollte noch viel schlimmer kommen ...

Während der Sommer langsam näherrückte, hatte der britische Generalstab seine Aufmerksamkeit dem Norden zugewandt. Ypern hatte bereits zwei Zusammenstöße epischen Ausmaßes erlebt und sollte nun der Schauplatz einer weiteren Schlacht werden. Sie begann am 7. Juni 1917 in Messines und setzte sich über August, September, Oktober und die ersten zehn Tage des Novembers östlich und nördlich von Ypern fort. Der Angriff bei Messines, wo die ersten Mk IV zum Einsatz kamen, war ein Erfolg. Das lag in erster Linie an 19 riesigen Minen mit über 400 t Sprengstoff, die Monate zuvor verlegt worden waren und unmittelbar vor der Stunde H unter der deutschen Front gezündet wurden.

Die Panzer gaben der angreifenden Infanterie wertvolle Unterstützung, besonders in Messines selbst. An der dritten Schlacht bei Ypern waren mehr als 200 Panzer vom Typ Mk IV beteiligt. Einer nach dem anderen versanken sie in Schlamm und Morast und wurden von der Artillerie in Grund und Boden geschossen. Zehntausende Infanteristen erlitten das gleiche Schicksal. Nach 14 Wochen härtester Kämpfe kam der Angriff zum

OBEN: Der Whippet war ein leichter, schneller Panzer. Er sollte die Lücken nutzen, die die schweren Panzer in die gegnerische Verteidigung rissen. Bei Kriegsende wurde die Weiterentwicklung des hier gezeigten Modells „A" eingestellt.

Sturmpanzerwagen A7V

Bewaffnung: 1 Kanone 57 mm, 6 MGs 7,92 mm
Besatzung: 18 Mann
Länge: 8,6 m
Breite: 3,3 m
Höhe: 3,54 m
Panzerung: 15-30 mm
Motor: 2 x 200 PS
Reichweite: 40 km
Höchstgeschwindigkeit: 13 km/h

Ruhen. Der Gewinn betrug gerade einmal 6,5 km schlammiger Erde, der Verlust lag bei über 400 000 Mann.

KRITIK AM PANZER

Die katastrophalen Leistungen der Panzer bei Ypern gaben ihren Gegnern wieder Aufwind. Ein älterer Heeresführer formulierte es so: „Erstens sind Panzer in schlechtem Gelände nicht zu gebrauchen. Zweitens ist das Gelände im Gefecht immer schlecht. Drittens sind Panzer deswegen auf dem Schlachtfeld wertlos". Die führenden Panzeroffiziere wussten zwar besser als alle anderen um die Schwächen ihrer Waffe, erkannten aber auch, dass der Panzer richtig eingesetzt und bei entsprechenden Bedingungen ein Gefecht entscheiden konnte. Sie sollten ihre Chance im Winter bei Cambrai erhalten.

CAMBRAI, 20. NOVEMBER 1917

Am 13. Oktober 1917 ließ Haig die Planungen für die spätere Operation GY – den Angriff bei Cambrai – beginnen. Innerhalb einer Woche wurde der Zeitpunkt für den Angriff auf den 20. November festgelegt. Nun mussten noch die Pläne für Logistik und Versorgung gemacht werden. Der Plan sah den Einsatz aller verfügbaren Panzer vor. Neben 376 Kampfpanzern bestanden die drei britischen Brigaden aus 18 Versorgungs- und Kanonentransportpanzern und drei Funkpanzern. Weitere 32 Panzer hatten Abschleppgerät und Enterhaken, um für die nachfolgende Kavallerie den Stacheldraht aus dem Weg zu räumen.

Zwei Panzer hatten Brückenbaumaterial und ein weiterer Rollen mit Telefonkabel. Insgesamt waren es 474 gepanzerte Fahrzeuge.

Bevor der Angriff starten konnte, musste erst ein Mittel gefunden werden, die Panzer über die Gräben der Siegfriedstellung zu bringen. Sie waren nämlich so breit, dass der Mk IV sie ohne Hilfsmittel nicht überqueren konnte. Zunächst wurden konstruktive Änderungen vorgeschlagen, die sich aber alle als unbrauchbar erwiesen. Schließlich kam man auf eine einfachere Methode. Jeder Panzer führte ein Bündel „Reisig" mit. Diese Bündel oder „Faschinen" waren bei einem Gewicht von 2 t aber sehr massiv und bestanden aus Baumstämmen von jeweils 10 cm Durchmesser. Jede fertige Faschine hatte einen Durchmesser von 1,4 m und war 3 m lang. Sie konnte problemlos das Gewicht eines beladenen Panzers verkraften. Die Faschinen wurden oben auf den ersten Panzern befestigt und konnten von innen mit Hilfe eines Riegels gelöst werden. Sie rollten dann vorn über den Panzer in den Graben.

DIE ERSTE PANZERTAKTIK

Da es keine Möglichkeit gab, die Faschinen einzusammeln und wieder zu verwenden, wurde sorgfältig überlegt, wo man sie am besten einsetzen konnte. Die Panzer stießen in Dreiergruppen vor. Der erste Panzer sollte an den Graben heranfahren, nach links abdrehen und parallel zum Graben weiterfahren. Er hatte die Aufgabe, alle feindlichen Aktivitäten mit seinem MG-Feuer zu unterbinden. Die beiden anderen Panzer konnten dann unbehelligt auf den Graben zurollen. Der zweite legte die Faschine aus und überquerte den Graben, gefolgt von dem anderen Panzer. Dann gingen sie gegen die nächste Linie vor. Hier fuhr nun der erste Panzer nach links und sicherte den Graben, während der dritte Panzer den Graben überquerte und auf die dritte Linie zufuhr. Hier übernahm er die Sicherung für den ersten Panzer, der von hinten kam, die Faschine ablud und den Graben überquerte. Das hört sich alles ganz einfach an, war aber doch wesentlich komplizierter als die seinerzeit übliche Gefechtstaktik, besonders

wenn man bedenkt, dass die Panzer auch noch von der Infanterie unterstützt wurden.

Schließlich klappte der Plan aber. Nur in der 51. (Highland) Division unter Kommandeur Generalmajor G.M. Harper gab es Probleme. Er hatte befohlen, dass seine 70 Panzer rechts abbiegen und in Vierergruppen angreifen würden. Ein weiterer Befehl, dass die Infanterie kompanieweise in voller Breite ca. 100 m hinter den Panzern anzutreten hatte und nicht zugweise hintereinander hinter jedem Fahrzeug, sorgte nicht nur für schwere Verluste unter Harpers Männern, sondern brachte Probleme im gesamten Gefechtsfeld mit sich.

Verglichen mit dem Bedarf eines Infanteriekorps waren die Forderungen der Panzertruppe für die geplante kurze Schlacht eher bescheiden. Sie forderten 775 000 l Kraftstoff, 34 t Fett, 500 000 Schuss 6-Pfund-Munition, 5 Millionen Schuss MG-Munition und die Verpflegung für die Soldaten. Diese Mengen an Material und dazu noch die 474 Fahrzeuge in den 10 km schmalen Gefechtsstreifen der Front zu bringen, war keine leichte Aufgabe. In den rückwärtigen Gebieten war die Eisenbahn größtenteils noch intakt und wurde benutzt, um die Panzer und das Material von der Küste aus heranzuführen. Dies gelang rechtzeitig, und in der Nacht des 18. November wurde unter größter Geheimhaltung mit dem Aufbau begonnen. Am 20. November um 6.20 Uhr wurde der Angriff wie geplant gestartet.

DEUTSCHE PANZER

Der erste deutsche Panzer erblickte das Licht der Welt im April 1917 als Prototyp. Am 14. Mai wurde die Produktion als Sturmpanzerwagen A7V angeordnet. Die Erprobung ging durch den Sommer weiter und zeigte zahlreiche Mängel auf. Die Kette stieg vorn nicht weit genug an, und die zwei 100-PS-Motoren von Daimler hatten alle Mühe mit dem Gesamtgewicht von 33 t. Im Panzer befanden sich eine Besatzung von 18 Mann, Kraftstoff und Vorräte sowie die Munition für eine 57-mm-Kanone und sechs MGs. Der erste voll gepanzerte A7V wurde am 1. Oktober geliefert. Trotz aller Mängel erhielt Daimler am 1. Dezember einen Auftrag über 100 Stück, die im folgenden Frühjahr für die geplante Offensive auszuliefern waren. Allerdings wurden bis zum folgenden November allenfalls 35 Stück an die Reichswehr ausgeliefert. Dazu kamen weitere 30 Versorgungsfahrzeuge mit Karosserien aus Weichstahl und ohne Bewaffnung. Der A7V kam am 21. März 1918 bei St. Quentin zu seinem ersten Einsatz und erwies sich als ziemlich nutzlos. Er konnte allenfalls die Moral der Truppe steigern. Etwa einen Monat danach, am 24. April, kam es zum ersten Kampf unter Panzern. Ein A7V konnte zwei weibliche britische Panzer in die Flucht schlagen, bevor er von einem männlichen Panzer zerstört wurde. Dieser wiederum griff zwei weitere A7V an, zerstörte einen und schlug den anderen in die Flucht.

Es war klar, dass selbst umfangreiche Änderungen kein erfolgreiches Kampffahrzeug aus dem A7V machen würden. Die Konstrukteure befassten sich daher lieber mit einem Entwurf nach Art der britischen Panzer.

Der neue A7V/U hatte eine Gesamtlänge von 8,5 m und ein Kampfgewicht von

Leichter Panzer „Whippet“ Mark A

Bewaffnung: 3 oder 4 MGs 7,92 mm
Besatzung: 3 Mann
Länge: 6,6 m
Breite: 2,8 m
Höhe: 2,9 m
Panzerung: 5-14 mm
Motor: 90 PS
Reichweite: 55 km
Höchstgeschwindigkeit: 10 km/h

40 t. Ein Prototyp wurde noch gebaut, aber zur Serienfertigung kam es nicht mehr. Wie der ursprüngliche A7V war auch der A7V/U mit 10-30 mm stärker gepanzert als die britischen Panzer. In der Qualität der Panzerung soll es aber starke Schwankungen gegeben haben, denn die ersten Fahrzeuge wurden aus Platten gebaut, die gerade zur Verfügung standen, egal welcher Größe. Die aus kleineren Stücken bestehenden Panzer brauchten eine Unmenge an Nieten und platzten unter feindlichem Beschuss regelrecht auf. In Deutschland wurde auch der größte und schwerste Panzer überhaupt geplant – der Großkampfwagen oder K-Wagen. Sein Kampfgewicht hätte vermutlich 150 t überschritten. Mit einer Besatzung von 22 Mann, vier 77-mm-Kanonen und sieben MGs sollte das Ungetüm sich auf vier Rollenketten fortbewegen. Die Kraft dazu verliehen ihm zwei 650-PS-Flugmotoren von Daimler. Vor dem Ende des Krieges wurde mit der Arbeit an zwei Prototypen begonnen, aber bis zum Waffenstillstand war keiner von beiden fertig geworden. Anschließend wurden beide Panzer verschrottet.

DER SCHWERE PANZER

Mit seiner Entwicklung während des Ersten Weltkriegs hat der schwere Panzer ganz entscheidenden Einfluss auf die Art der Kampfführung gehabt. Im Landkrieg war er zu einem ganz entscheidenden Faktor geworden. Dennoch wurde der Krieg durch eine Reihe miteinander verknüpfter Ereignisse beendet. Wäre er weitergegangen, hätte die große Zahl alliierter Panzer wohl die deutschen Stellungen irgendwann eingenommen, denn es gab bereits Pläne für eine Offensive im Jahr 1919. Aber die stählernen Ungetüme hatten immer noch ihre Kritiker. Die Kritik an der mangelnden Wendigkeit und der Schwerfälligkeit war auch durchaus berechtigt. Immerhin waren dank des Panzers die Tage der statischen Kriegführung endgültig gezählt. Wenn nun die bewegliche Kriegführung gefragt war, musste man auch eine neue Rolle für die Kavallerie finden, deren ursprüngliche Aufgaben seit der Erfindung des MG nicht mehr auszuführen waren. Daraus entwickelte sich die Idee des Kavallerie- oder Angriffspanzers. Er hatte natürlich auch Ketten, um in jedem Gelände durchzukommen, war aber kleiner, leichter und vor allen Dingen schneller als der schwere Kampfpanzer. Er konnte so schnell durch eine Verteidigungsstellung brechen, dass die Infanterie es nicht schaffte, sich zurückzuziehen oder neu zu formieren.

KAVALLERIEPANZER

Bereits 1916 hatte William Tritton einen leichten Panzer entworfen, dessen Aufgaben er in der Unterstützung und im Verbindungswesen sah.

Der Chaser machte seine erste Fahrt im Februar 1917, und die Erprobung verlief durchaus erfolgreich. Im Juni gab es einen

Auftrag über 200 mittlere Panzer vom Typ Mk A; die Auslieferung sollte vier Monate später beginnen. Der Chaser war ganz anders konstruiert als die schweren Panzer. Die Ketten waren ungefedert, reichten nicht über die ganze Höhe des Panzers und stiegen vorn nur bescheiden an. Dank ihrer Länge konnte der Panzer trotzdem einen Graben von 2,1 m Breite überqueren. Vorn zwischen den Ketten saßen zwei Taylor-Vierzylindermotoren mit je 45 PS. Jeder hatte eine Kupplung und ein Getriebe und trieb eine Kette an. Das Lenkrad war direkt mit den Gashebeln verbunden, beim Drehen wurde auf einer Seite mehr Gas gegeben und auf der anderen Seite weniger. Diese Lösung war zwar sehr simpel, sie verlieh dem Panzer aber tückische Fahreigenschaften, sogar bei geringer Geschwindigkeit. Hinten war der Besatzungsraum für drei oder vier Mann, bestehend aus einem hoch aufragenden, festen Geschützturm. Die Panzerung bestand aus genieteten Stahlplatten in Stärken zwischen 5 und 12,5 mm. Das Kampfgewicht des Fahrzeugs betrug mit 5400 Schuss Munition und 318 l Kraftstoff etwas mehr als 14 t. Damit erreichte es eine Höchstgeschwindigkeit von 13,5 km/h, für damalige Verhältnisse schon sehr schnell. Wenn man bedenkt, dass der Panzer keine Federung hat, ist für die Besatzung mit dieser Geschwindigkeit die Grenze des Zumutbaren auch erreicht.

Aus dem Chaser wurde der Mk A entwickelt, meistens als Whippet bekannt. Er kam am 26. März 1918 bei Colincamps zu seinem ersten Einsatz. Aber erst am 8. August bei Amiens konnte der Whippet seine Fähigkeiten unter Beweis stellen. 96 Mk A der 3. Panzerbrigade wurden zur Unterstützung des (immer noch berittenen) Kavalleriekorps eingesetzt. Wegen der immer noch vorhandenen Neigung, die Panzer einzeln einzusetzen, gab es kein klares Ergebnis. Wären sie massiert eingesetzt worden, wäre vielleicht ein entscheidender Durchbruch möglich gewesen. Dort, wo die leichten Panzer die Front durchbrechen konnten, waren sie sehr wirksam.

UNTEN: Der leichte Renault FT17 im Dienst des 326. Bataillons des US-Panzerkorps nähert sich im September 1918 der Front bei Boureullies.

NOCH EINMAL FRANKREICH

In Frankreich baute Jean-Baptiste Estienne unterdessen zusammen mit Renault den FT17. Dieser wog etwas unter 7 t, hatte eine Besatzung von zwei Mann und war entweder mit einem einzelnen Hotchkiss-MG (char mitrailleuse) oder einer kurzläufigen 37-mm-Puteaux-Kanone (char canon) in einem rundum schwenkbaren Turm ausgerüstet. Das geringe Gewicht war dadurch möglich geworden, dass man das übliche Chassis wegließ und die wichtigsten Baugruppen direkt an der 6-16 mm starken Panzerung befestigte. Das Ergebnis war so etwas wie ein Vorläufer der modernen selbsttragenden Karosserie. Die Ketten des FT17 verfügten über ein riesiges Leitrad, das die Kette vorn hochhielt und die Kletterfähigkeit verbessern sollte. Bei einer Länge von nur 5 m konnte der FT17 keinen Graben von mehr als 1,8 m Breite überqueren. Mit dem 35-PS-Motor von Renault erreichte er knapp 8 km/h. Die Reichweite mit dem 100-l-Tank betrug nur 35 km.

Der Renault FT wurde nach Italien und in die Vereinigten Staaten verkauft. Dort kam er so gut an, dass beide Nationen selbst Panzer nach diesem Konzept bauten. Der italienische Tipo 3000 wurde zwar erst 1923 in Dienst gestellt, hat seinen Ursprung aber mit Sicherheit im Ersten Weltkrieg. Es war eine moderne Konstruktion ganz nach dem Bedarf der italienischen Streitkräfte. Sein Vorgänger, der Tipo 2000, war noch ein riesiges Ungetüm mit zehn Mann Besatzung und einer 65-mm-Kanone, einem 14-mm-MG und nicht weniger als sieben 6,5-mm-MGs gewesen. Das Beste an ihm war noch der rundum schwenkbare Turm, der Erhöhungen zwischen 10 und 75° erlaubte. Die Panzerung von 15-20 mm führte zu einem Gesamtgewicht von 40 t. So erreichte er trotz des 240-PS-Flugzeugmotors von Fiat gerade einmal 6 km/h.

DREADNOUCHT
MK 8232

KAPITEL 2
DER PANZER ZWISCHEN DEN KRIEGEN

Nach dem Ersten Weltkrieg wurde der Panzer zwar in Europa und in den Vereinigten Staaten weiterentwickelt, aber nur das deutsche Oberkommando der Wehrmacht befasste sich ernsthaft mit der Panzerkriegführung. Alle anderen sahen den Panzer als Unterstützungswaffe für die Infanterie.

Nach heutigen Standards waren die Panzer von 1918 zwar äußerst primitive Geräte, aber andererseits muss man zugeben, dass sie in ihren ersten drei Jahren dank der Erprobung im Gefecht doch erstaunliche Fortschritte gemacht haben. Mit dem Ende des Kriegs war aber auch die Zukunft des Panzers alles andere als gesichert. Er war extrem teuer in Entwicklung, Herstellung und Betrieb und hatte immer noch Gegner in den höchsten Stellen. Konnte er so überleben?

UNSICHERHEIT ZWISCHEN DEN KRIEGEN

Im Jahr 1919 waren die britischen und französischen Panzertruppen von der Auflösung bedroht. Konservative Offiziere hielten die eigene Truppengattung, sei es Infanterie, Artillerie oder sogar die Kavallerie, für weitaus wichtiger. Sie hatte natürlich den Krieg gewonnen und musste daher auf Kosten der anderen Truppengattungen ausgebaut werden. Im Jahr darauf lösten die Vereinigten Staaten tatsächlich ihre Panzertruppen auf. Das Problem lag darin, dass die Panzertruppe noch keine Tradition hatte und in ihr nur wenige einflussreiche Leute waren. Sie war daher von den politischen Entscheidungen auf höchster Ebene praktisch ausgeschlossen. Dazu kam ein weiteres Argument. Der Erste Weltkrieg hatte bei den meisten Menschen so viel Abscheu erzeugt, dass überhaupt nicht daran zu denken war, Haushaltsmittel für die Entwicklung neuer „Kriegsmaschinen" zu opfern. Der Isolationismus wurde zum alles beherrschenden politischen Leitgedanken.

In diesem Klima blieb den Befürwortern des Panzers nichts übrig als mit dem vorhandenen, aus dem Krieg herübergeretteten Material weiterzuarbeiten. Das tat unter anderem auch die US Army, indem sie ihre Panzer vom Typ Mk VIII „Liberty" aus Komponenten zusammensetzte, die noch vor der Einstellung der Entwicklung gebaut worden waren. Diese Panzer bildeten die Grundlage für eine mittelschwere Panzertruppe. Die Franzosen blieben ihrem technisch längst überholten Renault FT treu. In einer Hinsicht allerdings war der FT richtungsweisend. Die Bewaffnung saß in einem rundum schwenkbaren Turm, der oberhalb der Kette angeordnet war. So war der Schütze völlig unabhängig vom Fahrer. Es sind zwar immer wieder Panzer gebaut worden, bei denen die Bordkanonen direkt an der Wanne montiert waren, aber sie haben sich nie so recht durchsetzen können. Normalerweise gilt die Flexibilität eines schwenkbaren Turms als unverzichtbar.

DER LEICHTE BRITISCHE MK I

Der erste Panzer des britischen Heeres mit schwenkbarem Turm war der mittlere Vickers (Medium). Er wurde ab 1924 unter der offiziellen Bezeichnung „Light Tank Mk I" ausgeliefert und zeichnete sich dadurch aus, dass er der erste britische Panzer mit gefederter Aufhängung und luftgekühltem Motor war.

Die verschiedenen Varianten dieser Konstruktion sollten in den folgenden zwei Jahrzehnten die Hauptstütze des bri-

LINKS: Ein Feldwebel des neu gegründeten Royal Tank Regiment dirigiert einen Fahrschüler in einem mittleren Mk II bei Erprobungen im Jahr 1932 durch das Gelände bei Salisbury.

Leichter Panzer Tetrach Mk VII

Bewaffnung: 1 2-Pfund-Kanone, 1 MG 7,92 mm
Besatzung: 3 Mann
Länge: 4,46 m
Breite: 3,3 m
Höhe: 3,54
Panzerung: 4-16 mm
Motor: 130 PS
Reichweite: 100 km
Höchstgeschwindigkeit: 40 km/h

tischen Heeres werden. Dank der 7 mm dicken Panzerung nur knapp unter 12 t schwer, hatte der Medium eine Besatzung von fünf Mann. Bewaffnet war er mit einer 47-mm-Dreipfünderkanone vom Typ QF, vier Hotchkiss-MGs und zwei wassergekühlten Vickers-MGs der Klasse C. Mit dem 90-PS-Motor von Armstrong-Siddeley erreichte er stolze 24 km/h. Spätere Versionen mit offiziell nicht genehmigten Änderungen sollen sogar 40 km/h geschafft haben. Mit seinem 327-l-Tank hatte der Medium eine Reichweite von 195 km. Vom ursprünglichen Mk I wurden lediglich 27 Stück gebaut. Die späteren Versionen – Mk IA, Mk II und Mk IIA – erhielten immer stärkere Panzerungen und verbesserte Versionen der QF-Kanone mit höherer Mündungsgeschwindigkeit, die feindliche Panzer besser durchschlagen konnten. Insgesamt wurden 160 Medium der unterschiedlichen Versionen gebaut, und sie blieben bis zum Ende der 30er Jahre bei der britischen Panzertruppe im Einsatz. Eine kleine Zahl von Mk IIA wurde als „English Workman" an die aufstrebende Sowjetunion geliefert. Die wohl wichtigste Änderung während der Bauzeit betraf die Einführung einer Halterung für ein koaxiales MG, mit der das MG unabhängig von der Kanone bewegt werden konnte. Dieses Merkmal ist seitdem typisch für alle Panzer geworden.

EINE ANDERE IDEE

Während Vickers 1925 die ersten Medium Mk II auslieferte, hatte sich die Firma gleichzeitig der Entwicklung eines schwereren Panzers zugewandt, der ohne Unterstützung operieren sollte und deshalb als „Independent" bezeichnet wurde. Der Independent oder A1E1 entsprach in Größe und Gewicht dem damals im Dienst befindlichen schweren Mk V. Er war 7,75 m lang und brachte es dank seiner 13-29 mm starken Panzerung auf ein Kampfgewicht von 32 t. Die acht Mann der Besatzung bedienten eine Drei-Pfund-Kanone im Turm und vier Vickers-MGs C in kurzen, zylindrischen Nebentürmen an jeder Ecke der Aufhängung des Hauptturms. Mit dem luftgekühlten V12 von Armstrong-Siddeley erreichte der A1E1 die für ein so schweres Fahrzeug durchaus beachtliche Höchstgeschwindigkeit von 32 km/h. In der gesamten neunjährigen Entwicklungszeit brachte er es aber nur auf 1015 km Erprobungsstrecke. Die Kosten von 150 000 Pfund waren letzten Endes vergebens gewesen, denn das Heer zeigte nicht das geringste Interesse an dem schweren Panzer.

Dem A1E1 folgten die Prototypen A6 und A7, die beide nicht in die Produktion gingen, weil es nicht gelang, grundlegende Mängel in angemessener Zeit zu beseitigen. Als sie endlich einigermaßen fehlerfrei waren, hatte sich längst herausgestellt, dass es für den mittleren Mehrzweckpanzer eigentlich keine taktische Rolle gab. Für bewegliche Operationen brauchte man leichte, schnelle Kreuzerpanzer (Cruiser). Daneben gab es Bedarf an schweren, besser geschützten Infanteriepanzern. Sie waren in der Nahunterstützung der Infanterie eingesetzt. Deshalb mussten sie nicht so schnell sein, dafür aber geländegängiger. Der erste britische Kreuzerpanzer, der Cruiser Tank Mk I, wurde 1934 von Sir John Carden bei Vickers-Armstrong entworfen.

Mit einer Besatzung von sechs Mann, voller Munitionsbeladung und 327 l Kraftstoff an Bord brachte er es auf ein Kampfgewicht von 13 t. Der 9,6-l-Motor von AEC leistete 150 PS. Die Produktion begann 1937, und es entstanden 125 Exemplare in zwei Versionen. Es gab den Kavalleriepanzer mit einem 40-mm-Zweipfünder als Bordkanone, der inzwischen mehr Durchschlagskraft hatte als die alten Dreipfünder. Die zweite Version war der Nahunterstützungspanzer mit 93,9-mm-Haubitze. Beide Versionen hatten drei Vickers-MGs. Eines bewegte sich mit der Bordkanone, während die beiden anderen in kleineren Waffentürmen rechts und links von der Fahrerkabine saßen. Sie konnten zu jeder Seite um 120° gedreht werden. Diese Türme erwiesen sich als gefährliche Fallen. Wenn ein Schuss zwischen die Türme und die Panzerung traf, blieb er stecken und hatte keine Chance abzuprallen. Daneben hatten die neuen Panzer aber auch eine Reihe interessanter Merkmale. Die genialste Idee war die von Carden entwickelte Aufhängung. Die zwei Rollenwagen pro Seite bestanden aus einem größeren Rad vorn bzw. hinten und zwei kleineren Rädern, alle mit Gummi bereift. Die Aufhängung selbst hatte Schraubenfedern. Außerdem wurde der Turm beim Cruiser Mk I bereits hydraulisch geschwenkt.

DER SCHWERE VICKERS

Neben dem A9, wie der Cruiser Mk I offiziell genannt wurde, machte Vickers sich auch an die Entwicklung einer schwereren Version nach den Vorgaben für den A10, d.h. mit einer Panzerung von 30 mm. Der Cruiser Mk II war im Prinzip der gleiche Panzer wie der Mk I mit der gleichen Kanone bzw. Haubitze, allerdings mit zusätzlichen Panzerplatten an der Wanne. Dies war die erste Zusatzpanzerung, die an einem britischen Panzer angebracht wurde. Obwohl die kleinen Türme entfernt wurden, lag das Gewicht immer noch bei 14 t. Der AEC-Motor vom Typ 179 erfuhr dagegen keine Leistungssteigerung, so dass die Höchstgeschwindigkeit nur noch bei 26 km/h lag. Gleichzeitig war auch noch die Reichweite um ein Drittel reduziert. Als der A10 im Jahr 1938 endlich fertig war, wurde klar, dass er auch mit der verbesserten Panzerung für die Rolle der Infanterienahunterstützung immer noch ungeeignet war. In dieser Rolle war er nämlich MG-Feuer aus nächster Nähe ausgesetzt. Daher wurde seine Beschreibung in „schwerer Kreuzer“ umgeändert. Diese Klassifizierung existierte allerdings überhaupt nicht, und es gab auch keine operationelle Forderung für ein derartiges Fahrzeug. Das Kreuzer-Konzept verlangte nach einem Panzer, der schnell und beweglich genug war, um im Notfall fliehen zu können, und das konnte der Cruiser Mk II nun überhaupt nicht.

DER CRUISER MK III

Im Jahr 1936, als die Produktion des Cruiser Mk I gerade anlief, stellte der Generalstab mit dem A13 eine Forderung für einen ähnlichen Panzerwagen auf, der eine von Walter Christie in den Vereinigten Staaten entwickelte Aufhängung erhalten sollte. Im folgenden Jahr erschien der Prototyp des künftigen Cruiser Mk III. Man merkte schnell, dass dieser Panzer außergewöhnliche Fahreigenschaften nicht nur

Renault Schneider B1-bis

Bewaffnung: Je 1 Kanone 75 und 47 mm, 2 MGs 7,5 mm
Besatzung: 4 Mann
Länge: 6,87 m
Breite: 2,68 m
Höhe: 3 m
Panzerung: 60 mm
Motor: 180 PS Renault
Reichweite: 140 km
Höchstgeschwindigkeit: 28 km/h

auf der Straße, sondern auch im Gelände hatte. Das hatte er dem neuartigen Christie-Fahrwerk und einer 350-PS-Version des altvertrauten Liberty zu verdanken. Der Mk III war zwar 1,5 t schwerer als der Mk I, aber das Leistungsgewicht war mehr als doppelt so hoch. Er schaffte bis zu 48 km/h, dafür mussten allerdings Einbußen bei der Reichweite hingenommen werden.

Der Turm entsprach den beiden vorigen Versionen, aber ohne MG an der Wanne, so dass die Besatzung auf vier Mann reduziert werden konnte. Die 14-mm-Panzerung sollte sich aber 1940 und 1941 in Frankreich und Nordafrika als völlig unzureichend erweisen.

So wie der A10 im Prinzip ein besser gepanzerter A9 war, blieb auch der nächste schwere Kreuzerpanzer, der A13 Cruiser Tank Mk V „Covenanter", nichts weiter als ein Cruiser Mk III mit zusätzlich angeschraubten Panzerplatten. In einer Hinsicht hatte er sich allerdings doch verbessert, denn er verfügte über einen neuen 12-Zylinder-Boxermotor mit 300 PS von Meadows. Um ehrlich zu sein, war der Mk V nur ein Lückenbüßer, weil die Prototypen A14 und A16 sich bei der Erprobung als unbrauchbar erwiesen hatten und aufgegeben wurden. So wurde der Mk V ohne Prototyp „direkt vom Reißbrett" bestellt. Trotzdem sah der Covenanter nie ein Gefecht. Die Motoren litten trotz aller Modifikationen ständig an Überhitzung. Ein weiteres Problem lag in der komplizierten und schwierig zu wartenden Luftdruck-Servoeinrichtung für Lenkung und Getriebe. Trotzdem wurden knapp 1800 Covenanter gebaut, und die meisten britischen Panzerbesatzungen absolvierten darin ihre Fahrschulausbildung.

DER KLEINPANZER

Neben den mittleren Panzern hatte das britische Heer auch kleine leichte Panzer, die starke Ähnlichkeiten mit dem Renault FT aufwiesen. Daneben gab es sogar noch winzigere Kleinpanzer, nichts weiter als bessere MG-Träger. Das Kleinpanzer-Konzept ging zu einem großen Teil auf Jean-Baptiste Estiennes Arbeiten am Renault FT zum Ende des Ersten Weltkriegs zurück, war aber im Grunde die Idee von Oberst Henry Karslake. Er wollte die kleinen Fahrzeuge zur Aufklärung und zur Sicherung der mittleren Panzer in der Bewegung nutzen. Er sprach darüber mit Oberstleutnant Giffard Martel, der noch mehr Potential im Kleinpanzer sah. Ihm schwebte ein Panzerfahrzeug mit MG vor, klein und preiswert genug, um in großer Zahl bei Infanterieangriffen Unterstützungsfeuer schießen zu können. Martel baute selbst einen Prototypen und bot ihn dem Kriegsministerium zur Erprobung an. Mit der Unterstützung von Philip Johnson, der mit ihm in Frankreich gedient hatte, baute er ein Halbkettenfahrzeug mit lenkbaren Rädern hinten. Der Fahrer/Bediener

Leichter Panzer Hotchkiss H-39

Bewaffnung: 1 Kanone 37 mm
Besatzung: 2 Mann
Länge: 4,54 m
Breite: 2 m
Höhe: 2,29 m
Panzerung: 40 mm
Motor: 120 PS
Reichweite: 140 km
Höchstgeschwindigkeit: 36 km/h

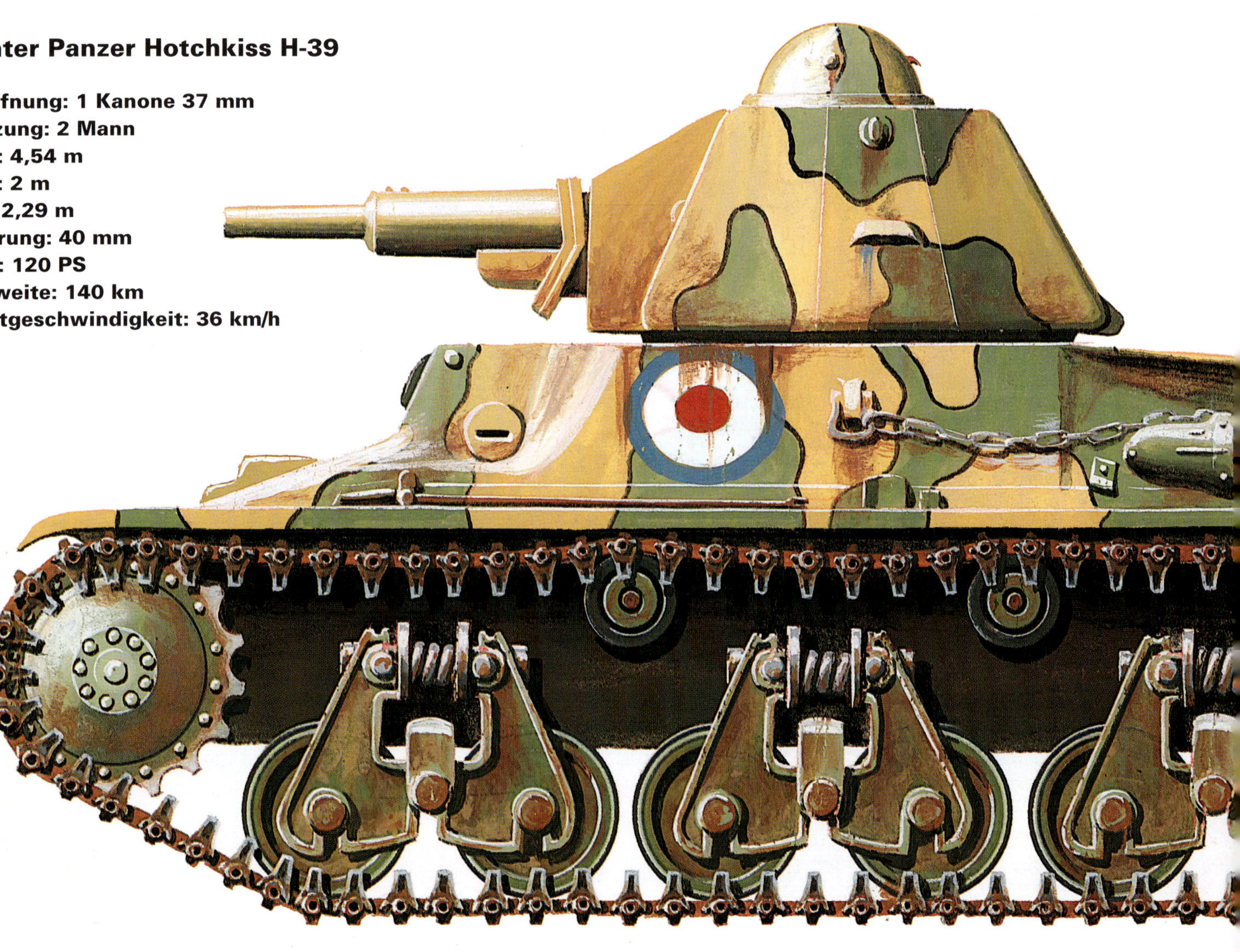

saß ungefähr in der Mitte, hinter dem Motor, in einer gepanzerten, oben offenen Kabine. Das Fahrzeug wurde an die Erprobungsstelle für Kettenfahrzeuge gegeben, und Martel wartete nun auf das Ergebnis. Das Kriegsministerium stimmte dem Konzept mit einiger Zurückhaltung zu und bestellte schließlich bei Morris acht Morris-Martel in Ein- und Zweimann-Ausführung.

KINDERKRANKHEITEN

Der Morris-Martel erregte einiges Aufsehen und auch die Aufmerksamkeit von John (später Sir John) Carden. Carden hatte zu dieser Zeit bereits ein leichtes Fahrzeug und ein leichtes Flugzeug, den hervorragenden Flying Flea, produziert und verkauft. Im Jahr 1925 betrieb er mit einem weiteren ehemaligen Offizier, Vivian Lloyd, eine Reparaturwerkstatt im Westen Londons. Auch Carden hatte sich mit der Idee des Kleinpanzers befasst und im März 1926 dem Militär einen Prototyp zur Erprobung angeboten. Nach einigen Modifikationen wurde der Carden-Lloyd akzeptiert und als Universalträger (besser bekannt als Bren-MG-Träger) in den Dienst gestellt. Das Konzept sollte zur Grundlage für eine ganze Familie leichter Panzer werden, die, beginnend mit dem Prototyp A3E1, ab 1926 bei der Royal Ordnance Factory gebaut wurden. Der Prototyp hatte einen normalen Busmotor von AEC, ein Vierganggetriebe, die inzwischen zum Standard gewordene Lenkbremse von Rackham und simple Kettenglieder aus Gussstahl. Mit einer 12,7 mm dicken Panzerung wog er etwas über 6 t und erreichte eine Höchstgeschwindigkeit von 26 km/h. Die Besatzung bestand aus einem Fahrer und zwei MG-Schützen, die sich mit Hilfe eines Laryngaphons – eine Art Kehlkopfmikrofon – untereinander verständigen konnten. Damit sollte der Außenlärm unterdrückt werden. Leider verwandelte das Gerät auch die menschliche Stimme in ein fast unverständliches Krächzen. Auf diese Art und Weise konnten die drei Mann absolut nicht zusammenarbeiten. Der Fahrer sah nach vorn und rechts nur wenig, nach links aber gar nichts, denn sein Sitz lag neben dem vorderen Turm. Es ist daher keine Überraschung, dass vom A3E1 nach der Erprobung nicht mehr viel zu hören war.

Es sollte dann zwei Jahre dauern, bis der nächste Schritt unternommen wurde und der Carden-Lloyd Mk VII oder A4E1 erschien. Dieses Fahrzeug zeigte bei der Erprobung vielversprechende Leistungen, allerdings hatte Carden es besonders flach machen wollen. Es war denn auch nur 1,2 m hoch, worunter besonders der Fahrerplatz und der Turm litten. Der Fahrer und sein einziger MG-Schütze waren vom A4E1 in keiner Weise angetan.

Bei der Vorserienversion hatte man sich des Problems angenommen und den Besatzungsraum kräftig nach unten ausgedehnt, so dass beide Männer wieder vernünftig sitzen konnten. Ende 1928 bestellte das Kriegsministerium vier leichte Panzer vom Typ Mk I und gab sie zur Erprobung an die Panzertruppe. Sie gingen nie in den Dienst, kamen aber so gut an, dass Vickers-Armstrong, inzwischen Eigner von Carden-Lloyd, weitere Aufträge erhielt.

LEICHTE BRITISCHE PANZER

Ende 1930 wurden 16 leichte Panzer vom Typ Mk IA bestellt, die schließlich als leichte Panzer Mk II in Dienst gingen. Mit der persönlichen Ausrüstung der Besatzung, Funkgeräten und den entsprechenden Batterien stieg das Gewicht auf mehr als die geplanten 3,5 t. Zum Glück war gleichzeitig eine neue Panzerung entwickelt worden, die um etwa 20% leichter war und trotzdem den gleichen Schutz bot. Diese gehärtete Panzerung kam bei allen späteren leichten britischen Panzern bis zum 1936 eingeführten Vickers Mk VI zum Einsatz.

Die leichten Panzer der Reihe Mk I-III bauten aufeinander auf und selbst die letzte Version hatte noch deutliche Ähnlichkeit mit der ersten. Der Mk IV hingegen war kürzer und verfügte erstmals über eine selbsttragende Konstruktion. Der Mk V hatte einen Turm, in dem der Komman-

UNTEN: Im Manöver: Ein britisches Panzerkommando, bestehend aus leichten Mk VI und mittleren Mk II Ende 1939 in der Gegend von Salisbury in Südengland.

Leichter Panzer R-35 (Renault ZM)

Bewaffnung: 1 Kanone 37 mm, 1 MG 7,5 mm
Besatzung: 2 Mann
Länge: 4,31 m
Breite: 2 m
Höhe: 2,24 m
Panzerung: 40 mm
Motor: 82 PS
Reichweite: 140 km
Höchstgeschwindigkeit: 20 km/h

RECHTS: Leichte britische Panzer vom Typ Mk II patrouillieren Ende der 30er Jahre in der ägyptischen Wüste. Der leichte Vickers wurde 1931 eingeführt und blieb in unterschiedlichen Versionen bis 1940 im Dienst.

dant und ein MG-Schütze Platz fanden. Dieser hatte zusätzlich zum 7,7-mm-MG der früheren Versionen ein Vickers-12,7-mm-MG. Mit der Einführung des Mk VI im Jahr 1936 war das ganze Konzept des leichten Panzers allmählich in die Jahre gekommen.

Zu Beginn des Zweiten Weltkriegs im September 1939 verfügte das britische Heer über etwa 1000 leichte Panzer. Leider ging die Entwicklung im Rest der Welt auch weiter, und im Gefecht sollten sich diese leichten 4,5-t-Panzer mit ihrer 15-mm-Panzerung und der leichten Bewaffnung als völlig unterlegen erweisen. Wo immer sie zum Einsatz kamen, ob in Europa, Nordafrika oder im Nahen Osten, erlitten sie schwere Verluste. Die Briten hatten noch zwei weitere leichte Panzer, den 1938 gebauten Mk VII „Tetrach“ und den 1941 eingeführten Mark VIII „Harry Hopkins“. Beide wurden nur in geringer Zahl hergestellt und kamen kaum zum Einsatz. Die Ketten waren biegsam genug für leichte Kurven, während enge Kurven durch das übliche Manöver mit Auskuppeln und Bremsen durchfahren wurden. Sie waren erheblich besser bewaffnet als die ersten leichten Panzer. Mit der Zwei-Pfund-Kanone aus den mittleren Panzern konnten sich Mk VII und Mk VIII durchaus sehen lassen. Allerdings litten sie unter dem gleichen Manko wie die anderen leichten Panzer: Sie waren so schwach gepanzert, dass sie nicht einmal den zweitklassigen deutschen Panzerabwehrwaffen wie der Panzerbüchse gewachsen waren.

INFANTERIEPANZER

Für den Export baute Vickers-Armstrong zwei weitere leichte Panzer auf der Grundlage der Konstruktion von Carden-Lloyd. Erfolgreicher von beiden war der Sechstonner Mk E, der in zwei Versionen erschienen war. Die eine hatte zwei nebeneinander liegende Türme mit jeweils einem MG, die zweite war mit einer 47-mm-Dreipfund-QF-Kanone und einem Turm-MG ausgestattet. Der Sechstonner wurde in ein Dutzend anderer Länder verkauft und hatte starken Einfluss auf den Bau leichter Panzer in Polen, den Vereinigten Staaten und der Sowjetunion. Deren Produkte, 7TP, T1 und T-26 wurden teilweise unter Lizenz entwickelt und gebaut. Beim zweiten Exportprodukt handelt es sich um einen Ableger des britischen Mk IV, der zwischen 1933 und 1936 in zahlreiche Überseestaaten ging.

Bevor er im Dezember 1935 einen tödlichen Unfall erlitt, hatte John Carden sich auch noch mit der Entwicklung eines Infanteriepanzers befasst. Seinem Beitrag

sollte aber letztendlich der Erfolg versagt bleiben. 1934 hatte General Sir Hugh Elles, ehemaliger Kommandeur der Panzertruppe und nun Generalfeldzeugmeister, eine Weisung zur Entwicklung eines neuen Panzers für die Infanterienahunterstützung erteilt. Der Panzer musste in erster Linie den stärksten Abwehrwaffen standhalten und sehr geländegängig sein. Als Carden im Oktober 1935 den Auftrag erhielt, ein Fahrzeug nach der Leistungsbeschreibung A11 zu bauen, hatte man sich auf ein kleines, schwer gepanzertes Fahrzeug festgelegt, das nur MGs tragen und in großer Stückzahl produziert werden sollte. Carden wurde über die Einzelheiten informiert und das Projekt erhielt den Codenamen „Matilda". Der Name blieb nicht nur für das Projekt, sondern auch für den Prototyp und seinen Nachfolger.

Für den Infanteriepanzer Mk I war ein fester Preisrahmen vorgegeben, und das war ihm in jeder Hinsicht auch anzusehen. Er erfüllte aber die Kriterien von Elles mehr als recht und die Frontpanzerung von 60 mm konnte jeder Bedrohung standhalten, außer vielleicht einem schweren Artilleriegeschoss auf allerkürzeste Entfernung. Weil aber an anderer Stelle dafür Geld gespart werden musste, rollte schließlich ein Zweimann-Panzer aus der Werkshalle von Vickers, der gerade einmal 11 km/h erreichte. Ketten und Aufhängung waren absolut unbrauchbar. Die Bewaffnung bestand aus einem einzelnen 7,7-mm-MG von Vickers. Die Kenner der Materie waren von Anfang an gegen den nutzlosen Panzer und setzten sich dafür ein, das neue Fahrzeug abzulösen, bevor es überhaupt in die Produktion ging. Schließlich wurde beschlossen, nur 139 Stück des Infanteriepanzers Mk I zu bauen und der Vulcan Foundry den Auftrag A12 für einen Matilda Senior zu erteilen.

MATILDA

Die Leistungsbeschreibung A12 stützte sich größtenteils auf die mit dem A7 gesammelten Erfahrungen. Der Panzer hatte die gleiche Motorisierung – zwei AEC-Diesel mit je 87 PS –, das gleiche Getriebe, die gleiche Hauptbewaffnung und einen ähnlichen Turm wie der A7E3. Um die vier Mann der Besatzung vor Panzerabwehrwaffen zu schützen, wurde die Frontpanzerung auf 78 mm verstärkt und ging an weniger gefährdeten Stellen auf 13 mm zurück. Das Gesamtgewicht stieg so auf fast 27 t, womit der A12 der schwerste britische Panzer seit dem aufgegebenen Mk VIII war. Insgesamt wurden etwa 3000 Infanteriepanzer Matilda Mk II in unterschiedlichen Ausführungen gebaut, darunter auch ein Minenräumer. Neue Dieselmotoren sorgten für ein etwas besseres Leistungsgewicht, aber auch mit den zwei 95-PS-Motoren von Leyland schaffte der Mk II auf der Straße nicht mehr als 24 km/h. Die Reichweite lag dafür bei beachtlichen 260 km.

Frankreich, das zeitgleich mit England den Panzer auf dem Gefechtsfeld eingeführt hatte, sah sich nach dem Ende des Krieges ähnlichen Problemen ausgesetzt. 1921 wurde unter der Leitung von Jean-Baptiste Estienne, inzwischen General, ein Programm zur Entwicklung zweier Panzertypen eingeleitet – ein Durchbruchspanzer und ein Kampfpanzer. Die Ahnenreihe des Durchbruchspanzers, des Char FCM 2C, läßt sich bis 1916 zurückverfolgen. Zu jenem Zeitpunkt war schon klar gewesen, dass die Panzer von Schneider und St. Chamond ihrer Aufgabe nicht gerecht werden würden. Forges et Chantier de la Mediterrannée (FCM) in Toulon erhielten daher einen Auftrag zum Bau eines schweren Panzers. Es entstanden zwei rautenförmige 40-Tonner mit der Bezeichnung Char 1A, einer mit mechanischer und der andere mit elektromechanischer Kraftübertragung. FCM baute außerdem den ähnlichen Char 1B mit einer 105-mm-Kanone anstatt der leichteren 75-mm-Kanone. Die Hauptbewaffnung saß in einem um 270° schwenkbaren Turm. Keine der beiden Versionen kam in die Produktion, aber die Konstruktion von Jammy und Sabatier sollte die Grundlage für den elektromechanischen 2C bilden. Er war mit einem Gewicht von 70 t, einer Länge von knapp 10,5 m und einer Höhe von 4 m der größte und schwerste Panzer aller Zeiten. Die Besatzung umfasste 12 oder 13 Mann, dafür gab es aber nur eine 75-mm-Kanone und vier 8-mm-MGs. Die Frontpanzerung von 45 mm verjüngte sich nach hinten auf 13 mm. Dieser Panzer konnte jeder Bedrohung im Gefecht standhalten, außer vielleicht einem Volltreffer mit einem schweren panzerbrechenden Artilleriegeschoss. Für die Offensive von 1919 war geplant, 300 Exemplare des 2C zu bauen. Bis zum Waffenstillstand waren aber nur zehn begonnen worden und eines fertiggestellt. Die weiteren Aufträge wurden dann storniert. Der letzte der zehn Panzer wurde 1922 ausgeliefert und blieb bis zum Juni 1940 im Dienst.

DER CHAR B1

In Bezug auf Kampfpanzer gab es fünf Vorschläge für das Programm von 1921, aber erst 1927 wurden die ersten Prototypen des Char B1 bei FAMH, FCM und Renault/Schneider bestellt. Beschrieben war ein 15-t-Panzer mit vier Mann Besatzung und einer auf der Wanne montierten 47- oder 75-mm-Kanone.

Leichter Panzer M2A4

Bewaffnung: 1 Kanone 37 mm, 3 MGs 7,7 mm
Besatzung: 4 Mann
Länge: 4,8 m
Breite: 2,6 m
Höhe: 2,45 m
Panzerung: 15-23 mm
Motor: 250 PS
Reichweite: 80 km
Höchstgeschwindigkeit: 34 km/h

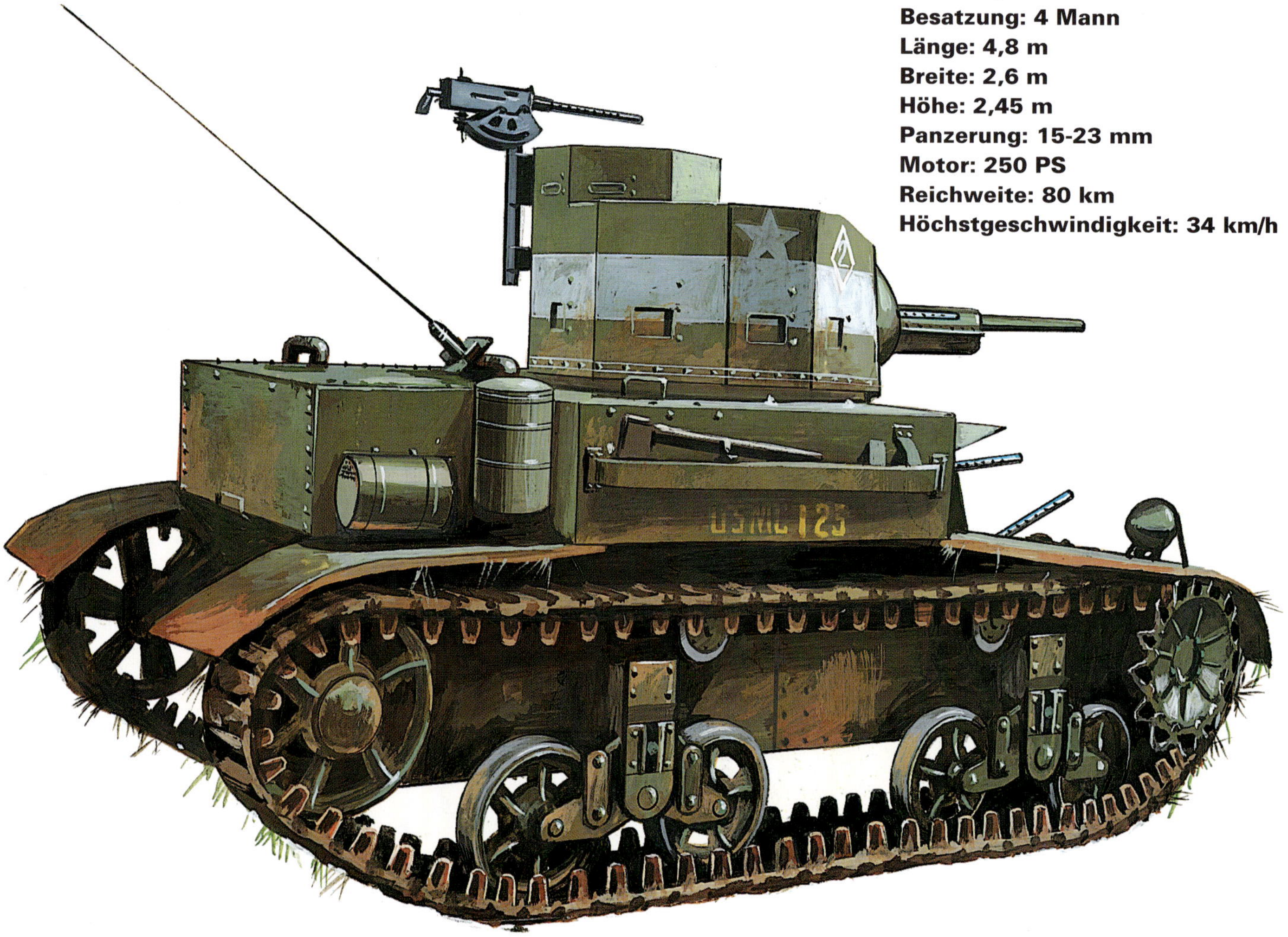

Als zwischen 1929 und 1931 die ersten Prototypen erschienen, wogen sie etwa 25 t. Das Gewicht wurde aber akzeptiert, und nach ausgiebigen Erprobungen wurde der Auftrag für die Produktion erteilt. Die Bewaffnung war um eine 37-mm-Kanone in einem voll schwenkbaren Turm erweitert worden. Es waren gerade 36 Exemplare des B1 gebaut worden, als eine neue Forderung anlag. Der daraus resultierende B1-bis hatte eine 40-mm-Panzerung, eine 47-mm-Kanone im Turm und einen 250-PS-Motor anstatt der bisherigen 180-PS-Maschine. Auch von dieser Version wurden gerade einmal 365 Stück produziert, bis Frankreich 1940 von den Deutschen überrannt wurde. Zu diesem Zeitpunkt war gerade die dritte Variante, der B1-ter, erschienen. Hier war die Panzerung bis zu 70 mm dick und ein 310-PS-Motor sollte das Mehrgewicht ausgleichen.

Gegen 1926 war es allmählich dringend erforderlich, den längst überholten Renault FT durch einen neuen leichten Panzer zu ersetzen. Das knappe Budget reichte aber nur für einen modernisierten FT, der unter den Bezeichnungen Char NC1/NC27 und Char NC2/NC31 gebaut wurde. Beide Versionen fanden keine Aufnahme in das französische Heer, wurden aber in geringem Umfang exportiert. 1931 erhielten FCM, Hotchkiss und Renault Aufträge zur Entwicklung eines leichten Panzers (char leger). Als erster erschien der Renault R-35, ein 20-Tonner mit zwei Mann Besatzung, einer kurzläufigen 37-mm-Kanone und einem MG im Turm. Die Panzerung war 45 mm stark und der Ottomotor leistete 82 PS. Die Bordkanone war zu schwach und wurde bald durch die längere L/33 abgelöst. Das französische Heer erhielt etwa 300 Stück des Renault. Weitere Exemplare wurden nach Polen, Rumänien, Jugoslawien und in die Türkei exportiert. Der größte Nachteil des R-35 lag in seiner Höchstgeschwindigkeit von nur 20 km/h. Mit dieser Leistung konnte er wohl kaum einen Durchbruch ausnutzen und die Kavallerie unterstützen. Der im folgenden Jahr erschienene FCM-36 war im Prinzip ähnlich gebaut, hatte aber einen Berliet-Diesel nach einem Entwurf von Ricardo. Dieser Panzer hatte endlich wesentlich mehr Reichweite – 320 km gegenüber 120 km beim Renault mit Ottomotor – und was noch viel wichtiger war, eine um 25% höhere Höchstgeschwindigkeit. Trotzdem war der FCM-36 nie so erfolgreich wie der R-35/R-40 und kam nur auf etwa 100 Stück. Und er erhielt auch nie die stärkere SA-38-Kanone anstatt der SA 18.

DER HOTCHKISS H-38

Der Hotchkiss H-35 hatte die gleiche Bewaffnung wie der R-35, aber eine erheblich leichtere Panzerung. Wegen einer neuen Leistungsbeschreibung, angepasst an die Panzerung der beiden anderen

LINKS: Beim Ausbruch des Zweiten Weltkriegs war der Hotchkiss H-38 der leichte Standardpanzer des französischen Heeres. Besonders nach den schweren Verlusten an der Front wurden viele Exemplare erbeutet und von den deutschen Truppenteilen eingesetzt.

Panzer, baute Hotchkiss den H-38. Mit seinem 120-PS-Ottomotor war er schneller als seine Konkurrenten – 36 km/h. Über die nächsten beiden Jahre erhielt der H-38 eine stärkere Panzerung und die längere Kanone SA 38. Man geht davon aus, dass diese drei Panzer den deutschen Gegnern durchaus ebenbürtig waren. Die Niederlage geht wohl darauf zurück, dass es zu wenige gab und sie nicht massiert eingesetzt wurden.

Die Briten konnten die Einstufung der französischen Panzer als „leicht" nicht nachvollziehen. Allerdings hatten die Franzosen auch Modelle, die den britischen Vorstellungen eher gerecht wurden. Es handelt sich um die *Auto-Mitrailleuses* (AM), selbstfahrende MGs. Die AM gab es in Versionen für Kampf (AMC) und Aufklärung (AMR). Die vier AM-Modelle, die zwischen 1933 und 1935 beim französischen Heer in den Dienst gingen, wurden allesamt von Renault entworfen und produziert. Bei Renault als VM und ZT bezeichnet, wurden sie als AMR 33R und AMR 35R übernommen. Aus den schwereren Typen YR und ACG1 wurden AMC 34R und AMC 35R.

SCHWERER UND SCHWERER

Der VM war ein Fünftonner mit bis zu 13 mm Panzerung und einem 82-PS-Ottomotor. Er erreichte auf der Straße eine Höchstgeschwindigkeit von 60 km/h. Die zwei Mann Besatzung mussten mit einem 7,5-mm-MG auskommen. Der kompliziertere ZT war mit 6,5 t etwas schwerer und war trotz 85-PS-Maschine etwas langsamer. Sein Trumpf war die Aufhängung, die auch schwerere Fahrzeuge verkraftete und später in leichten und mittleren Panzern verwendet wurde.

Die Bewaffnung wurde ebenfalls verstärkt: Wahlweise gab es eine 25-mm-Panzerabwehrkanone von Hotchkiss, ein schweres MG 13,2 mm oder ein MG 7,5 mm. Zusätzlich zu den bereits im Dienst befindlichen 125 AMR 33R wurden noch etwa 200 ZT beschafft.

FRANZÖSISCHE KAVALLERIEPANZER

Die selbstfahrenden MGs waren für Kavallerieeinsätze konzipiert, und so handelte es sich in erster Linie um echte Kampffahrzeuge und nicht um Aufklärungspanzer mit Abwehrbewaffnung. Der AMC 34R war eine Abwandlung des AMR 33R mit einer 25-mm-Kanone im Zweimannturm und einem 7,5-mm-Turm-MG. Trotz eines Kampfgewichts von knapp elf Tonnen erreichte der AMC 34R mit seinem 120-PS-Motor die respektable Höchstgeschwindigkeit von 40 km/h. Beim Nachfolgemodell AMC 35R handelte es sich um eine Variante des AMR 35R mit bis zu 25 mm dicker Panzerung und einer 47-mm-Bordkanone sowie einem Turm-MG. Trotz des wiederum höheren Gewichts von 14,5 t war der 180-PS-Motor stark genug, um den Panzer auf 40 km/h zu bringen.

Während das AM-Programm dabei war, die ersten Früchte zu tragen, übernahm das französische Heer die ersten Lieferungen einer anderen Klasse. Es handelte sich um die mittleren Panzer, die die Lücke zwischen den leichten und den schweren Modellen füllen sollten. Es gab zwei Modelle zur Auswahl – den Char Renault D1 und den Char SOMUA S-35 – die sich in ihren Eigenschaften stark voneinander unterschieden. Der Renault war ein Infanteriepanzer, während der SOMUA, wenn auch um 50% schwerer und besser geschützt, als Kavalleriepanzer einzustufen war. Der Renault D1 erschien erstmals 1931. Mechanisch basierte er auf dem leichten Panzer NC1/NC27, hatte aber einen Zweimannturm aus Gussstahl mit 37-mm-Bordkanone und einem koaxialen MG. Die Aufhängung war durch gepanzerte Kettenschürzen geschützt. Mit einem 65-PS-Motor und dank der 12-30-mm-Panzerung mit einem Kampfgewicht von 12 t gestraft, war der Renault sehr schwerfällig und erreichte mit Mühe 18 km/h.

Die Konstruktion war an sich zwar befriedigend, sollte aber nur einen ersten Schritt darstellen. Schon bald gab es den D1B mit stärkerem Motor und größerer Kanone. Zwischen 1932 und 1935 wurden etwa 160 D1 gebaut, die aber schnell überholt wirkten. Bereits 1934 war der Start zu der verbesserten Version D2 erfolgt, mit stärkerem 150-PS-Motor und 20 mm Nebenpanzerung. Sie verfügte über eine 47-mm-Kanone. Vom D2 sollten 100 Stück gebaut werden, aber als klar wurde, dass er dem SOMUA S-35 hoffnungslos unterlegen war, wurde die Hälfte des Auftrags storniert.

DER ÜBERLEGENE SOMUA S-35

Der SOMUA S-35 war in der Tat von Anfang an überlegen. Es handelte sich um den ersten Panzer mit einer Wanne aus Gussstahl anstatt der üblichen Plattenbauweise. Drei Gussstücke in Stärken von 20 bis 56 mm stellten die untere Wanne sowie das vordere und hintere Obergehäuse dar. Die drei riesigen Bauteile wurden miteinander verschraubt.

T-37

Bewaffnung: 1 MG 7,62 mm
Besatzung: 2 Mann
Länge: 4 m
Breite: 2,13 m
Höhe: 1,8 m
Panzerung: 4-9 mm
Motor: 40 PS
Reichweite: 80 km
Höchstgeschwindigkeit: 32 km/h

Die Aufhängung des S-35 war völlig anders als die schraubengefederten Glockengelenke von Hotchkiss und Renault. Es gab neun untere Räder pro Seite, vier in Paaren und ein Einzelrad, die von einer gepanzerten Kettenschürze geschützt wurden. Der Turm aus Gussstahl war elektrisch angetrieben und verfügte neben der 47-mm-Kanone SA 35 über ein koaxiales MG, das über einen kleinen Bereich unabhängig davon bewegt werden konnte. Die einzige Schwachstelle dieses Panzers neben den Verschraubungspunkten war die Tatsache, dass er nur 18 Schuss für die Bordkanone mitführen konnte. Trotz eines Kampfgewichts von über 40 t erreichte der S-35 mit seinem 190-PS-Ottomotor 40 km/h. Der 410-l-Tank sorgte für eine großzügige Reichweite von 260 km. Der Erfolg dieses Panzers lässt sich daran ablesen, dass in vier Jahren mehr als 500 Stück gebaut wurden. Im Jahr 1940 erschien eine verbesserte Version mit veränderter Aufhängung und 220-PS-Motor, aber von den wenigen gebauten S-40 schaffte es kaum einer, noch eingesetzt zu werden.

DIE VEREINIGTEN STAATEN

Als das Jahr 1917 so langsam zu Ende ging, waren die Vereinigten Staaten bereit, sich voll und ganz in einen Krieg zu stürzen, in den sie zunächst nur sehr zögernd eingetreten waren. Die Beteiligung am Krieg hatte nämlich riesige Aufträge zum Bau von Panzern zur Folge. Und dann kamen der Waffenstillstand, die Stornierung der Entwicklungsaufträge und die Demobilisierung von Millionen Soldaten. Die Öffentlichkeit in den Vereinigten Staaten hatte am Krieg und an der Außenpolitik im Allgemeinen überhaupt kein Interesse mehr. Die US Army wurde in aller Eile auf den Friedensstand zurückgefahren, und die Panzertruppe wurde 1920 völlig aufgelöst. Sie war einfach noch zu jung, um sich als eigenständige Truppengattung behaupten zu können. Zuständig für den Einsatz der übrig gebliebenen Panzer war nun die Infanterie. Die Entwicklung von Panzern drohte völlig zum Stillstand zu kommen, als schließlich 1922 ein Panzerausschuss eingesetzt wurde. Er sollte strategische und taktische Verfahren wie auch die dazu erforderlichen Fahrzeuge entwickeln. Der Ausschuss entschied sich für eine Kombination aus leichten und mittleren Panzern. Die leichten Panzer sollten nur mit MGs bestückt werden, 5 t wiegen und über größere Entfernungen auf Lastwagen transportiert werden. Die mittleren Modelle sollten über eine 37-mm-Kanone und ein MG verfügen. Das Gewicht entsprach mit 15 t der Tragfähigkeit der zeitgenössischen Brücken. Die Höchstgeschwindigkeit war mit 20 km/h angesetzt.

Die US Army hatte im Krieg den Renault FT mit Erfolg eingesetzt und vor dem Waffenstillstand etwa 4500 Stück in den USA fertigen lassen. Es verwundert daher nicht, dass die Vorgaben für den leichten Panzer starke Ähnlichkeiten mit dem Vorbild von Renault aufwiesen. Die wenigen geplanten Änderungen dienten in erster Linie dazu, die Produktion zu vereinfachen. Wie der Name schon sagt, lag der Six-Ton Tank oder M1917 etwas über dem Gewichtslimit, aber sonst hielt er die Vorgaben ziemlich genau ein. Der 42-PS-Motor von Buda war von Anfang an zu schwach und wurde bei neueren Fahrzeugen durch einen luftgekühlten Franklin-Motor mit 100 PS abgelöst.

PANZER AUS ROCK ISLAND

Der erste Prototyp für den Nachfolger des M1917, bezeichnet als T1E1, war ein Panzer mit zwei Mann Besatzung, knapp 7 t schwer und neben der 37-mm-Bordkanone mit einem 7,62-mm-MG ausgestattet. Mit einem 105-PS-Motor erreichte er 32 km/h. Die magere 9,5-mm-Panzerung jedoch hätte nicht einmal leichtem Panzerabwehrfeuer standgehalten. Die endgültige Version T1E6 war daher besser geschützt und verfügte über einen stärkeren Motor. 1933 übernahm das Arsenal in Rock Island das Vorhaben und brachte im folgenden Jahr die Prototypen T2E1 und T2E2. Sie hatten eine Aufhängung nach dem Muster von Vickers-Armstrong und ein 12,7-mm- sowie ein 7,7-mm-MG in einem zylindrischen Turm.

Den Vortrieb besorgte ein modifizierter Continental-Sternmotor aus dem Flugzeugbau, der 250 PS abgab. Es gab kleine Aufträge für die Produktion der leichten Panzer, die schließlich als M2A1 und M2A2 bezeichnet wurden. Sie waren nur 8,5 t schwer und schafften mit dem starken Flugzeugmotor 72 km/h. Der M2A2 musste zahlreiche Änderungen über sich ergehen lassen, u.a. verschiedene Motoren, eine stärkere Panzerung und unterschiedliche Türme. 1938 erschien eine Version mit längerem Radstand, der M2A3. Die bis dahin eingesetzten Zwillingstürme wichen einem Turm mit 37-mm-Kanone und zwei seitlichen MGs. Die Frontpanzerung der Version M2A4 wurde auf 25 mm verstärkt und brachte das Gesamtgewicht auf etwa 10,5 t. Der 250-PS-Motor war trotzdem immer noch für 55 km/h gut. Vom M2A4 wurden 375 Stück gebaut, die 1940 und 1941, wenn auch inzwischen technisch überholt, als wertvolle Schulfahrzeuge dienten. Einige wurden sogar noch im Pazifik gegen Japan eingesetzt. Die grundlegende Konstruktion wurde auch bei der US Cavalry im Rahmen des groß angelegten Motorisierungsprogramms eingesetzt, das der damalige Oberbefehlshaber General Douglas MacArthur 1932 in die Wege geleitet hatte. Zunächst unter der Bezeichnung Kampfwagen M1 aufgelegt, wurde 1940 daraus der leichte Panzer M1A2.

MITTLERE PANZER AUS AMERIKA

Der Bau mittlerer Panzer in den Vereinigten Staaten ging nach dem Ende des Krieges zwei völlig unterschiedliche Wege. Es gab Entwicklungen der US Army und daneben eine Reihe privater Vorschläge, die zum überwiegenden Teil von Walter Christie stammten. Die „offiziellen" Pläne basierten auf einem Vorschlag des Caliber Board und sahen einen 18-Tonner mit vier oder fünf Mann Besatzung vor, bewaffnet mit einer Bordkanone vom Kaliber 57 oder 76 mm und so stark gepanzert, dass er der 12,7-mm-Kugel der deutschen Panzerbüchsen standhalten konnte. Das Ergebnis erschien 1922 als Medium Tank A oder M1921. Der Panzer war in seiner ganzen Bauweise schon überholt, bevor er den ersten Meter zurücklegen konnte, aber er lieferte seinen noch unerfahrenen Konstrukteuren wichtige Erkenntnisse und Einsichten. Eine überarbeitete Version wurde in Rock Island als Medium Tank M1922 gebaut. Er ähnelte dem M1921, hatte aber ein flexibles Aufhängungssystem für die Ketten ähnlich dem britischen Mk D. Der M1922 hatte Ketten, die hinten stark anstiegen, um die Traktion zu verbessern, wenn der Panzer Hindernisse überwand oder aus Gräben herausfuhr. Er war zwar 4 t schwerer als der M1921, aber mit einer Höchstgeschwindigkeit auf der Straße von 24 km/h trotzdem um die Hälfte schneller. Die Bewaffnung entsprach der des Vorgängers – eine 57-mm-Kanone mit Blenden-MG im Turm und ein zweites unabhängiges MG in einem darauf aufgesetzten Turm. Dadurch wurde der Panzer sehr hoch, war weithin sichtbar und schlecht zu tarnen. Trotzdem wurde die Bauweise beim 1925 gebauten mittleren Panzer T1 beibehalten.

OBEN: Die französischen Panzerbesatzungen pflegten ihre Fahrzeuge zu taufen. Dieser 1937 eingeführte Char B1-bis weist einen ungewöhnlichen Einstieg auf.

DIE PANZER VON WALTER CHRISTIE

Der T1 hatte wieder das konventionellere Ketten- und Aufhängungssystem des M1921, und es wurde nur ein einziges Exemplar als Grundlage für ein Entwicklungsprogramm gebaut.

Dem T1 folgten in den nächsten zehn Jahren weitere Experimentalfahrzeuge. Der Entwurf T5 war schließlich im Juni 1939 so weit gediehen, dass er als mittlerer Panzer M2 eingeführt wurde. Er verfügte über eine 37-mm-Bordkanone und nicht weniger als acht 7,62-mm-MGs, um seiner Rolle in der Infanterienahunterstüt-

T-28

Bewaffnung: 1 Kanone 45 mm, 2 MGs 7,92 mm
Besatzung: 6 Mann
Länge: 5,9 m
Breite: 3 m
Höhe: 3,03 m
Panzerung: 10-30 mm
Motor: 500 PS
Reichweite: 80 km
Höchstgeschwindigkeit: 42 km/h

zung gerecht zu werden. Seine sonstigen Merkmale entsprachen aber weniger dem, was man sich unter einem Infanteriepanzer vorstellte. Ein Wright-Sternmotor mit 350 PS verlieh dem M2 trotz seines Kampfgewichts von über 17 t eine Höchstgeschwindigkeit von 40 km/h. Dafür waren die sechs Mann der Besatzung nur durch 25 mm Panzerung geschützt. Wegen des schlechten Schutzes gab es ernsthafte Bedenken, und das 1940 erschienene Nachfolgemodell M2A1 hatte eine um 25% stärkere Panzerung.

Selbst diese Version wirkte gegen zeitgenössische mittlere Panzer aus Europa eher bescheiden.

Walter Christie war unterdessen über den Bau von Automobilen und Selbstfahrlafetten zum Panzer gekommen. Er war wie der britische Panzeroffizier und Theoretiker J.F.C. Fuller überzeugt davon, dass die Zukunft des Panzers im Gefecht nicht in der Infanterieunterstützung lag, sondern in den schnellen Angriffsoperationen, die bislang die Spezialität der Kavallerie waren. Seiner Vorstellung nach sollten Panzer Durchschlageinsätze über große Entfernungen durchführen. Schnelligkeit, taktische Beweglichkeit und überraschendes Auftauchen würden im Endeffekt mehr Schutz bieten als jede schwerfällige Panzerung. 1919 begann Christie mit der Arbeit an einem Panzer, der schnell über offenes Gelände fahren konnte und nicht mehr darauf ausgelegt war, Stacheldraht, Gräben und Kampfstände zu überwinden.

VOM M1919 zum M1921

Beim Bau eines derartigen Panzers gibt es zwei wichtige Faktoren: das Leistungsgewicht und die Art des Fahrwerks. Schon bei seinem ersten Panzer, dem M1919, setzte Christie auf eine Kombination aus Rad und Kette. Die Räder sollten für schnelle strategische Verlegungen auf der Straße benutzt werden, die Ketten für taktische Einsätze im Gelände. Der Panzer hatte vier gummibereifte Räder für die Straße, über die im Bedarfsfall die Ketten gezogen wurden. Die Spannung der Ketten und der Vortrieb im Gelände erfolgte über paarweise angeordnete gefederte Laufrollen und die darüber liegende Stützrolle, die entfernt werden konnte, um die Ketten bei Straßenfahrt abzunehmen. Christie stellte sich beim Entwurf für den M1919 ein universelles Geländefahrzeug mit verschiedenen Versionen vor. Der Kasten in der Mitte des Fahrzeugs zwischen dem vorn sitzenden Fahrer und dem Heckmotor konnte als Laderaum dienen oder aber einen Turm mit der Nebenbewaffnung aufnehmen. Ausgerüstet als Kampffahrzeug hatte der M1919 einen großen, kreisförmigen Turm mit einer 57-mm-Kanone, auf dem ein zweiter, unabhängig schwenkbarer Turm mit einem MG saß. Beide Türme waren um 360° drehbar. Der Panzer hatte 25 mm Hauptpanzerung, 7 mm Nebenpanzerung und mit der Besatzung von vier Mann ein Kampfgewicht von 12,25 t. Mit 120 PS war er allerdings stark untermotorisiert und schaffte nur eine bessere Schrittgeschwindigkeit (11 km/h). An schnelle Durchschlageinsätze war damit überhaupt nicht zu denken.

Im folgenden Jahr wurde die Konstruktion zahlreichen Änderungen unterworfen. Geblieben waren nur Triebwerk und Fahrwerk. Der Kampfraum war nach vorn gerückt, während Fahrer und Kommandant nun in der Mitte saßen. Die Türme wichen einer kugelgelagerten 57-mm-Kanone, die neben zwei 7,62-mm-Blenden-MGs in die Frontplatte eingelassen war. Die Hauptpanzerung wurde auf 19 mm reduziert. Dank des niedrigeren Gesamtgewichts war der M1921 nun doppelt so schnell. Änderungen am Fahrwerk und der Einbau größerer Laufrollen verbesserten Leistung und Fahrkomfort. Für die Experten allerdings stellte der M1921 einen Rückschritt dar. Er hatte nicht nur weniger Panzerschutz, sondern er war auch noch an einer Stelle angebracht, wo er beim raschen Rückzug wenig nutzte.

DER M1928 VON CHRISTIE

Christie verschwand nun für sechs Jahre von der Bildfläche, um 1928 mit einer neuen Firma – der US Wheel and Track Layer Corporation – und einer neuen Konstruktion anzutreten. Untätig war er in der Zeit nicht gewesen. Die kleinen Laufrollen und die dazugehörige Stützrolle waren an dem neuen Fahrzeug nicht mehr zu finden.

Stattdessen gab es nun auf jeder Seite vier große gummibereifte Straßenräder, über die bei Bedarf die Kette gezogen wurde, unterstützt von zwei kleineren Leiträdern. Die Räder waren an kurzen gebogenen Armen aufgehängt, die wiederum an Schraubenfedern saßen, die innerhalb der doppelwandigen Außenplatten befestigt waren.

Der M1928 mit seiner 385-PS-Liberty-Maschine wurde im Oktober 1930 bei der US Army einer eingehenden Erprobung unterzogen und lieferte beeindruckende Ergebnisse.

Er schaffte als Radfahrzeug 115 km/h auf der Straße und mit Ketten in schwierigem Gelände immerhin 48 km/h. Dabei war er in der Lage, Hindernisse zu überwinden, an denen viele zeitgenössische Panzer aufgeben mussten. Die zuständigen Bewerter, darunter ein Major George Patton und Oberstleutnant Adna Chaffee, sprachen sich einstimmig für die Übernahme aus. Christie erhielt einen Auftrag über fünf Fahrzeuge, und das erste wurde im September 1931 ausgeliefert.

Der M1928 wurde auch von der Infanterie – die immer noch für Panzereinsätze zuständig war – als mittlerer Panzer T3 und von der Kavallerie als Kampfwagen T1 erprobt. Als Christie sich jedoch weigerte, Änderungen vorzunehmen, um das Fahrzeug mehr an die Vorgaben des Heers anzupassen, fiel er mitsamt seiner Konstruktion schnell in Ungnade.

Die Entwicklung des mittleren Panzers für die US Army ging an das Arsenal in Rock Island, das prompt auf ein konventionelleres Fahrwerk zurückgriff. Der mittlere Panzer T5 und der Kampfwagen T2 hatten nach Vickers-Art kleine Laufrollen an blattgefederten Gestellen. Später kamen senkrechte Schraubenfedern, wobei die beiden kleinen Laufrollen pro Rollenwagen erhalten blieben, die Blattfedern aber durch Schraubenfedern in den Aufhängungen der Rollenwagen ersetzt wurden. Diese Anordnung war

T-40

Bewaffnung: 1 Kanone 12,7 oder 20 mm, 1 MG 7,92 mm
Besatzung: 2 Mann
Länge: 4,6 m
Breite: 2,5 m
Höhe: 2,12 m
Panzerung: 10-14 mm
Motor: 85 PS
Reichweite: 80 km
Höchstgeschwindigkeit: 42 km/h

ursprünglich für den leichten Panzer M2A1 entwickelt worden. Christie baute weiterhin Panzer, wenn auch mit geringem Erfolg.

OBEN: Der sowjetische T-26 war im Wesentlichen eine Lizenzversion des britischen Sechstonners von Vickers. Modifiziert wurde nur die Bewaffnung mit den leichten MGs, eine Änderung, von der auch spätere Modelle profitierten.

DIE SOWJETUNION

Die Sowjetunion stieg 1919 mit einer vor Ort gefertigten Siebentonnenversion des Renault FT in den Panzerbau ein. Der kleine Krasno-Sormowa (KS) sah dem französischen Original zum Verwechseln ähnlich, unterschied sich aber in zwei Punkten: Er hatte einen 45-PS-Motor von Fiat und ein Getriebe amerikanischer Herkunft.

Im gleichen Jahr wurde der Vertrag von Versailles unterzeichnet. Die Alliierten rächten sich nun an den Deutschen für die im Krieg erlittenen Zerstörungen. Eine Bestimmung untersagte den Deutschen den Bau von Panzern. Um diese Einschränkung zu umgehen, sah Deutschland sich nach Produktionsstätten außerhalb seiner Grenzen um. In Schweden wurde 1921 der leichte Panzer LKII nach deutschem Entwurf gebaut. In der Sowjetunion fiel unterdessen der Startschuss zum Bau einer geheimen Entwicklungsstätte für Panzer in der Nähe von Kasan, ca. 600 km östlich von Moskau.

DIE ZWILLINGSTÜRME DES T-26

Auf der Grundlage des KS entwickelte das Panzerbüro im sowjetischen Kriegsministerium die ersten wirklich russischen Panzerfahrzeuge. Die „Maily Soprowoschdjenja" oder kleinen Unterstützungspanzer ähnelten stark dem französischen NC1/NC27. Der MS-1 ging 1928 in die Produktion und kam als T-18 zur Truppe. In den folgenden drei Jahren wurden 1000 Stück in drei Versionen gebaut. Der T-18 war leichter und stärker als der KS, und sein Erfolg hatte starken Einfluss auf die Formulierung der sowjetischen Einsatzgrundsätze.

1929 trat der erste Fünfjahresplan in Kraft und sah unter anderem die Motorisierung der Roten Armee vor. Es wurden Pläne für die Auswahl von Panzern vorgelegt, aber zunächst ohne viel Erfolg.

Der Prototyp eines schweren Panzers, der T-12, erwies sich in der Erprobung als unzuverlässig und wurde 1930 aufgegeben. Ihm folgten die Kleinpanzer T-17 und T-23 mit einem bzw. zwei Mann Besatzung, die leichten Panzer T-19, T-20 und T-21 für zwei Mann, der mittlere Panzer T-24 für drei Mann und der schwere TG, die alle ebenso scheiterten wie der T-12. Die Sowjets erwarben nebenbei mehrere britische Panzer, darunter den Sechstonner von Vickers und den mittleren Mk II sowie verschiedene Selbstfahrlafetten und Kleinpanzer von Carden-Lloyd. Elemente aus diesen Fahrzeugen sind daher auch in späteren sowjetischen Konstruktionen zu finden. Der Sechstonner wurde als T-26 gebaut, der Carden-Lloyd Mk VI als Kleinpanzer T-27 und der A4E11 als leichter Panzer T-37/T-38. Viele dieser Panzer wurden aber in erheblichem Umfang weiterentwickelt. Der T-26 erhielt einen Zwillingsturm mit zwei 7,62-mm-MGs oder aber einen Turm mit 27- oder 45-mm-Bordkanone und Blenden-MG. In der letztgenannten Ausführung war das Gewicht von sieben auf zehn Tonnen gestiegen. Weil sich an der Maschine nichts getan hatte, war die Leistung nun ziemlich dürftig. Es ist auch keine Überraschung, dass die deutschen Techniker diese britischen Panzer in die Hände bekamen und sich von den Konstruktionen inspirieren ließen. Die russischen Konstrukteure beschränkten sich aber keineswegs auf die britischen Vorbilder. Ende 1931 erwarben sie zwei Prototypen des Christie M1928 sowie die Lizenz für das Fahrwerk. Ein damit ausgerüsteter Panzer wurde als „Bistrochodny Tankoi" oder schneller Panzer in geringer Stückzahl produziert. Und schnell war er wirklich, denn er erreichte 110 km/h auf der Straße und 65 km/h mit Ketten im Gelände. Christies Entwurf hatte auch hier seine Gültigkeit bewiesen.

BT-1 und BT-2 waren hinsichtlich ihrer Leistung durchaus auf der Höhe der Zeit,

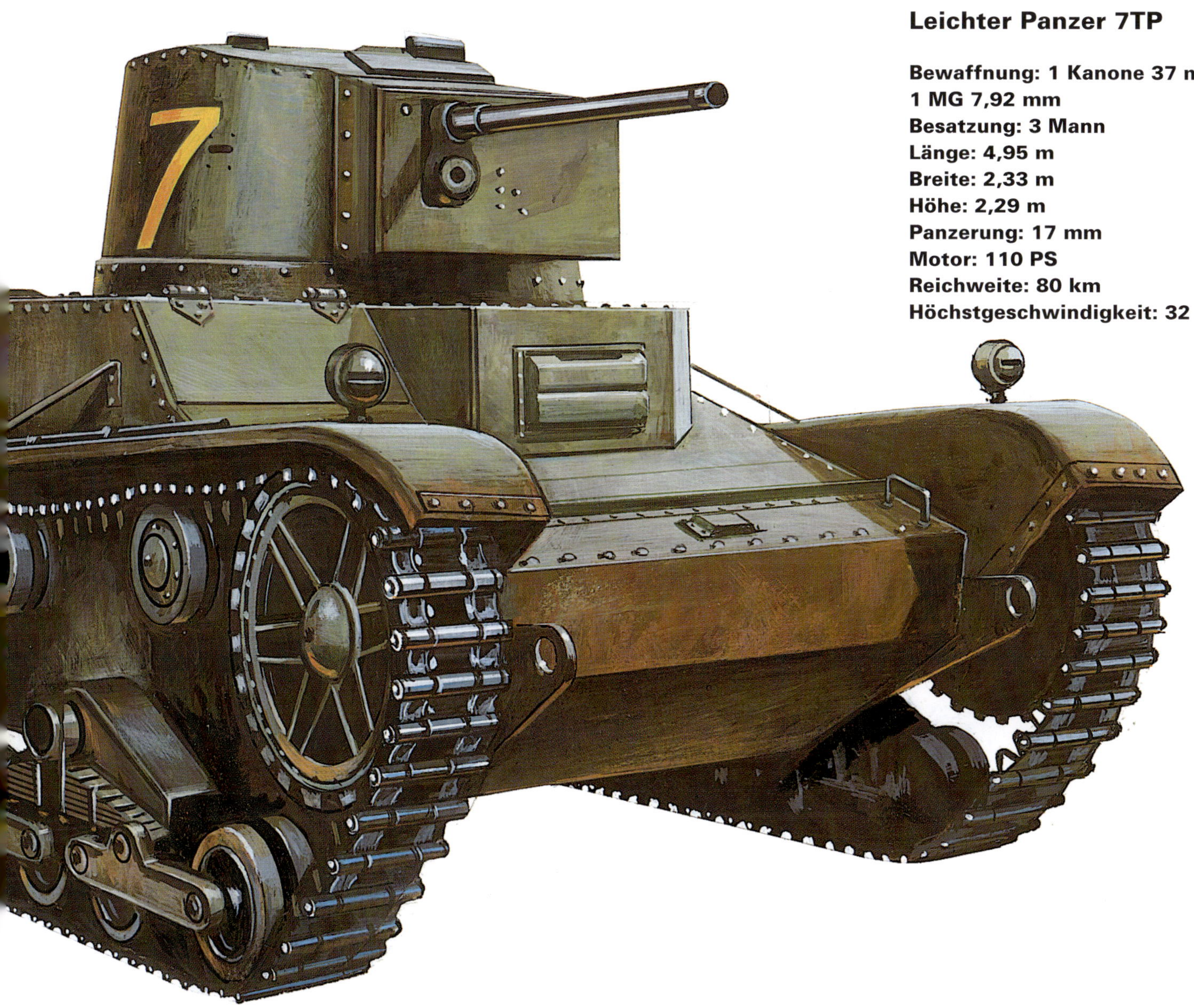

Leichter Panzer 7TP

Bewaffnung: 1 Kanone 37 mm, 1 MG 7,92 mm
Besatzung: 3 Mann
Länge: 4,95 m
Breite: 2,33 m
Höhe: 2,29 m
Panzerung: 17 mm
Motor: 110 PS
Reichweite: 80 km
Höchstgeschwindigkeit: 32 km/h

obwohl es sich auch hier eher um Stilübungen handelte und nicht um den ernsthaften Versuch, ein neues Fahrzeug bei der Truppe einzuführen.

Die zweite Version verfügte über eine 37-mm-Bordkanone vom Typ M1930 und kam damit auf ein Kampfgewicht von knapp über 11 t. Die gleichzeitig vorgenommenen Modifikationen am Liberty-Triebwerk sorgten dafür, dass die Fahrleistungen dennoch nicht abfielen. Die erste Serienversion war der BT-5 von 1935. Er hatte einen größeren Turm mit einer 45-mm-Kanone L/46 vom Typ M1935 und einen neuen Motor, basierend auf einer Konstruktion von Hispano-Suiza. Dem BT-5 folgte der BT-7 mit einer stärkeren Panzerung, die nun verschweißt und nicht mehr verschraubt war. Die Dicke der Platten variierte zwischen 7 und 22 mm. Das Triebwerk des BT-7 leistete 450 PS, und es gab sogar eine kleine Zahl mit einem 500-PS-Diesel. Das Fahrwerk von Christie, allerdings ohne die Möglichkeit, nur auf Rädern zu fahren, findet sich auch im T-34 von 1940, dem besten und wichtigsten Panzer seiner Zeit.

DER T-28

Während die ersten BT ihren Wert 1931 unter Beweis stellten, machte sich ein Konstruktionsteam bei Kirow in Leningrad an die Entwicklung eines mittleren Panzers für eine Besatzung von sechs Mann. Als das Fahrzeug dann fertig war, war das Resultat mit 29 t aber eher unter die Schwergewichte einzuordnen. Das Fahrwerk wie auch die Mehrfachtürme und andere Merkmale hatten eine auffallende Ähnlichkeit zu den damals noch geheimen britischen Vorgaben für den A6. Das war kein Zufall, denn sowjetische Agenten hatten die Pläne gestohlen. Der 1934 eingeführte T-28 erwies sich als gutes, zuverlässiges Fahrzeug. Er war zwar mit 37 km/h nicht gerade schnell, dafür aber mit Frontpanzerung von 30 mm und Nebenpanzerung von 10 mm ordentlich geschützt. Darüber hinaus konnte er gut Hindernisse überwinden und hatte sogar eine Stabilisierung für die 76-mm-Bordkanone. So etwas war in ganz Europa sonst nicht zu finden. Als der T-28 dann 1939 gegen Japan und Finnland zum Einsatz kam, erwies sich die Panzerung doch als zu schwach. Als Ergebnis von Nachbesserungen erschien der T-28C. Seine Panzerung hatte dank zusätzlich angebrachter Platten nun eine Stärke von 80 und 40 mm.

Mittlerer Panzer CA.11 (M11/39)

Bewaffnung: 1 Kanone 37 mm, 2 MGs 8 mm
Besatzung: 3 Mann
Länge: 5,08 m
Breite: 2,32 m
Höhe: 2,4 m
Panzerung: 6-30 mm
Motor: 105 PS
Reichweite: 200 km
Höchstgeschwindigkeit: 34 km/h

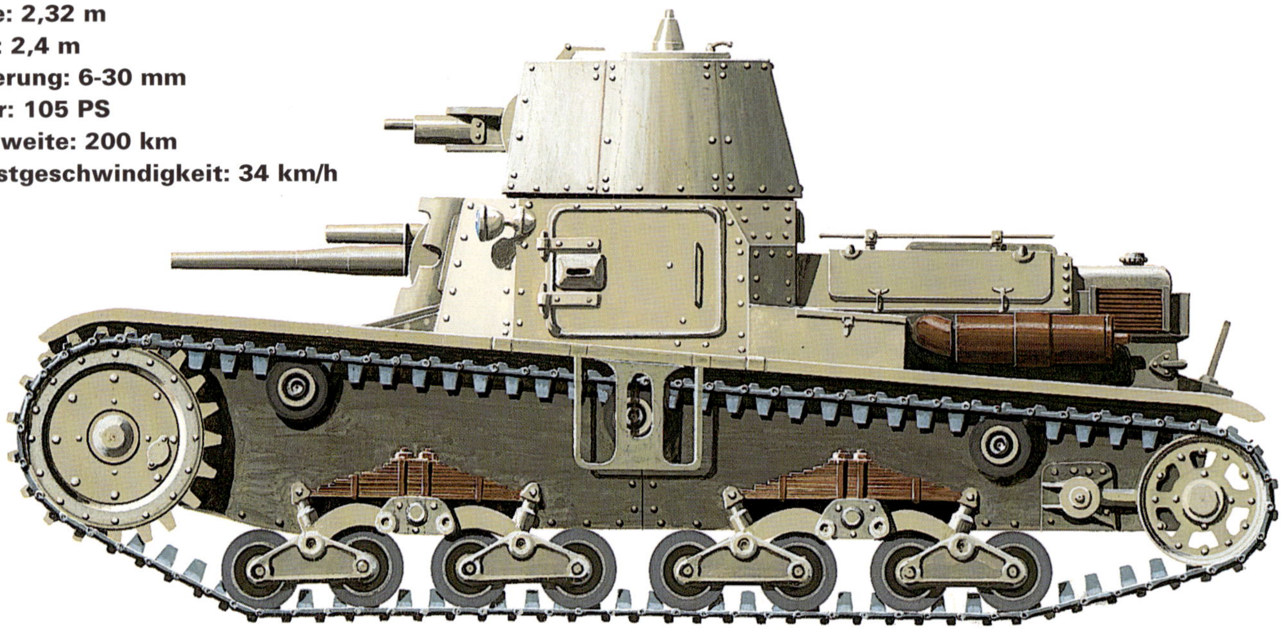

Der T-28 wurde schnell von den noch schwereren T-32 mit 45 t und T-35 mit 50 t abgelöst. Beide wiesen starke Ähnlichkeiten zum britischen Independent auf.

Wie der A1E1 verfügten sie neben dem Hauptturm mit der 76-mm-Bordkanone über vier Nebentürme. Zwei davon waren mit Panzerabwehrkanonen (37 mm beim T-32, 45 mm beim T-35) ausgerüstet, die anderen beiden mit 7,62-mm-MGs. In den drei schweren Türmen saßen weitere koaxiale MGs, dazu kam eine bewegliche Waffe in der Frontpanzerplatte. Mit leistungsgesteigerten Liberty-Motoren (zunächst 350 PS, später 500 PS) hatten diese Ungetüme dennoch die Fahrleistungen eines Infanteriepanzers. Zu ihnen stießen später der 57-Tonner T-100 und der 46-Tonner SMK. Bei beiden saß der Nebenturm oben auf dem Hauptturm. Dieser verfügte über eine 76-mm-Kanone und war voll schwenkbar, während der Nebenturm mit seiner 45-mm-Kanone um 300° geschwenkt werden konnte. Bei beiden Panzern gab es noch dritte Türme mit MGs. So waren die Fahrzeuge über 3 m hoch und von weitem leicht zu erkennen. Sie wurden 1939/40 im Winterkrieg gegen Finnland eingesetzt, aber nach anfänglichen Misserfolgen schnell wieder zurückgezogen, ebenso wie die T-32 und T-35. Die übereinander liegenden Türme, die bei den sowjetischen Panzern groteske Formen angenommen hatten, waren nun endgültig museumsreif geworden. Sie boten einen idealen Kugelfang und benötigten viel zu viel Personal zum Bedienen der einzelnen Waffen. Das soll aber nicht heißen, dass es keine Panzer mit mehr als einer schweren Waffe mehr gab – ganz im Gegenteil.

POLEN

Das polnische Heer verfügte 1920 über eine kleine Zahl erbeuteter deutscher A7V sowie einige in Frankreich beschaffte FT. Beide spielten eine wichtige Rolle im Krieg zwischen Polen und der Sowjetunion, der sich an den Ersten Weltkrieg anschloss. Der Beitrag der Panzer zum Sieg war dem polnischen Oberkommando nicht entgangen, und sobald die wirtschaftlichen Verhältnisse sich verbessert hatten, begann Polen mit der Entwicklung eigener Panzer. In der ersten Phase, die eine parallele Entwicklung eines leichten Panzers und eines mittleren „Durchbruchs"-Modells vorsah, konzentrierte man sich schließlich auf den WB-10. Er sollte ein Kampfgewicht von 12 t, eine 47-mm-Kanone, eine Geschwindigkeit von 25 km/h und eine Reichweite von 200 km haben. Im Endeffekt wurde aber nichts aus diesem Projekt. 1928 erwarb das polnische Heer von Vickers einen Kleinpanzer Carden-Lloyd Mk VI und entwickelte auf dieser Grundlage eine Reihe eigener Kleinpanzer. Das erste produktionsreife Modell war der TK.3. Dieser war für eine Besatzung von zwei Mann konzipiert, wog 2,5 t und hatte ein einzelnes 7,92-mm-MG (später teilweise auch eine 20-mm-Kanone). Der 40-PS-Motor stammte aus dem Ford A, und die Panzerung war 8 mm stark. Insgesamt wurden etwa 300 Stück ausgeliefert und kamen in die im Aufbau befindliche polnische Panzertruppe. Die Konstrukteure ersannen ein neues, pfiffiges Mittel zur Schonung der Ketten bei Straßenfahrten. Sie bauten zu diesem Zweck einen Vierrad-Anhänger, der von dem Kleinpanzer gezogen wurde. Der TK.3 konnte auf den Anhänger gefahren werden. Dann wurden die Ketten entfernt und die Antriebsräder des Panzers und die Hinterachse des Anhängers über Antriebsketten miteinander verbunden. Das ganze Gefährt wurde dann vom Fahrer über die normale Fahrzeugkupplung gesteuert.

DER POLNISCHE TKS

Die verbesserte Version des TK.3 hieß TKS. Bewaffnet war er immer noch mit dem 7,92-mm-MG, aber die Panzerung war nun bis zu 10 mm dick. Der TKS hatte breitere Ketten, ein verstärktes Fahr-

RECHTS: Eine Kommandoausführung des PzKpfw bei einer Parade in Berlin. Zu seinen Bewunderern zählen Mussolini, Reichsmarschall Göring, Admiral Dönitz und Adolf Hitler.

werk und einen in Polen gebauten Fiat-Motor. Ab 1933 produziert, brachte er es auf etwa 390 Exemplare. Im folgenden Jahr erreichte der TKW das Prototypstadium. Es handelte sich um eine verbesserte Version des TKS mit einem kleinen Turm für den Kommandanten und einem schweren MG.

Dieser Versuch wurde wieder aufgegeben. 1936 gab es einen erfolglosen Versuch, eine 27-mm-Bofors-Panzerabwehrkanone in einer verstärkten Frontplatte unterzubringen. Der dritte, nicht mehr zu Ende geführte Versuch sah vor, einen stärkeren Motor und ein zusätzliches MG, wahrscheinlich vom Kaliber 9 mm, als Flugabwehrwaffe einzubauen.

DIE POLNISCHEN PANZERPLÄNE

Die Polen befassten sich auch mit einem anderen Vickers-Produkt – dem Sechstonner Mk E. Sie bauten eine Version mit Zwillingsturm, ähnlich dem ursprünglichen Typ A, als leichten Panzer 7 TP mit 17 mm Hauptpanzerung und einem 110-PS-Diesel von Saurer. Dies war der erste serienmäßige Panzer mit einem Selbstzünder. Als er 1934 mit drei Mann Besatzung, zwei 7,92-mm-MGs und einem Kampfgewicht von knapp über 10 t in Dienst gestellt wurde, war er wesentlich besser als das britische Original. 1937 erschien der überarbeitete 7 TPjw mit einer 37-mm-Bofors-Panzerabwehrkanone und Koaxial-MG in einem Turm. Die Panzerung war auf 40 mm verstärkt worden und das Fahrwerk an das höhere Gewicht angepasst.

In den 30er Jahren verfolgten die Polen ein ehrgeiziges Programm zum Bau von Panzern. Der 10 TP sollte ein schneller Viermann-Panzer ähnlich dem Christie M1928, also mit Rad- oder Kettenantrieb, werden. Er sollte eine 37-mm-Bordkanone und eine zweite Waffe in der Frontplatte erhalten. Daneben wurde der im Prinzip ähnliche, aber stärker gepanzerte 14 TP entwickelt, der nach sowjetischem Vorbild nur noch auf Ketten lief. Der schwerere 20/25 TP hatte mehrere Türme und konventionelle Laufrollen, während der leichte 4 TP in der amphibischen Ausführung am bekanntesten geworden ist. Alle vier Kampffahrzeuge befanden sich noch in der Entwicklung, als Deutschland im September 1939 Polen überfiel und diese Unternehmungen stoppte.

RECHTS: Ein Panzerkampfwagen I, Ausführung B, umgeht eine zerstörte Brücke, um in Frankreich weiter vorzudringen. Diese schnellen und hochbeweglichen Panzer waren ideal für den Blitzkrieg in Polen gewesen. In Frankreich stießen sie jedoch auf mehr Widerstand.

Rechts: Der japanische Typ 95 „Ha-Go" wurde zwischen 1933 und 1942 in großer Zahl produziert. Er wurde im Krieg gegen China und im gesamten Zweiten Weltkrieg eingesetzt.

Wie viele andere Nationen deckte die Tschechoslowakei ihren Bedarf zunächst in Frankreich.

Sie importierte den Renault FT und machte sich dann daran, auf der Grundlage der gesammelten Erfahrungen eigene Grundsätze aufzustellen und die Entwicklung eigener Panzer voranzutreiben. Anfang der 20er Jahre kam Josef Vollmer, ehemals Chefkonstrukteur der Abteilung Kraftfahrzeuge im deutschen Kriegsministerium, nach Prag. Er ging zu Skoda und machte sich an die Entwicklung eines leichten Ketten-/Radpanzers. Dabei ging er anders als Christie vor. Der KH.50 hatte Räder, die direkt an den Kettenantriebsrädern montiert waren und dahinter ein Stützrad, um die Ketten vom Boden fernzuhalten. Trotz beeindruckender Vorgaben – eine Panzerung von 13 mm, eine 37-mm-Bordkanone und ein 50-PS-Motor, der eine Geschwindigkeit von 35 km/h auf der Straße und 12 km/h im Gelände ermöglichte – lehnte die tschechische Armee den KH.50 ab. Das Heer fand aber Gefallen am Hybridantrieb und gab weitere Studien dazu in Auftrag. Zunächst kam der KH.60 mit schwererem Panzerschutz und dann der KH.70 mit einer 70-PS-Maschine und einem verbessertem System zur Umschaltung von Rad- auf Kettenantrieb.

Auch die Tschechen waren vom Konzept des Kleinpanzers angetan und erwarben mehrere Exemplare des Carden-Lloyd von Vickers. Skoda-Tatra und auch CKD/Praha brachten eigene Studien unter der Bezeichnung S-I bzw. P-I. CKD/Praha war etwas eher fertig und erhielt einen begrenzten Auftrag über die Fertigung als Tancik T-33, obwohl der S-I im Grunde besser war. Der P-I war ein 2,5 t schwerer Waffenträger mit zwei Mann Besatzung, ähnlich dem Carden-Lloyd und dem polnischen TK.3. Er war besser gepanzert als der TK.3 und hatte sogar zwei MGs in der Frontplatte vor dem Besatzungsraum.

Typ 95

Bewaffnung: 1 Kanone 37 mm, 2 MGs 7,7 mm
Besatzung: 3 Mann
Länge: 4,62 m
Breite: 2,2 m
Höhe: 2,46 m
Panzerung: 6-12 mm
Motor: 110 PS
Reichweite: 160 km
Höchstgeschwindigkeit: 40 km/h

Ein 31-PS-Motor begrenzte die Höchstgeschwindigkeit auf bescheidene 35 km/h. Die Fahreigenschaften auf der Straße und im Gelände wurden vielmals kritisiert. Der S-I (auch als T-1/MU-4 bezeichnet) bot mit seinem 40-PS-Motor bessere Fahrleistungen, war aber ansonsten recht ähnlich gebaut.

DER TNHB

Aus dem S-I wurde später der schwerere S-Id mit um 50% stärkerem Motor entwickelt. Er war mit 4,5 t nun fast doppelt so schwer (wegen der bis zu 15 mm dicken Panzerung und einer 47-mm-Bordkanone) und schaffte auf der Straße dennoch eine beachtliche Höchstgeschwindigkeit von 45 km/h. Er ging zunächst nach Jugoslawien, später auch nach Rumänien in den Export. Der P-I wurde unterdessen zum leichten Panzer P-II, besser bekannt als LT-34, weiterentwickelt. Dies war der erste in der Tschechoslowakei entwickelte und gebaute Panzer, der Aufnahme bei der tschechoslowakischen Armee fand. Bezeichnet als TNHB, hatte er vier Mann Besatzung, eine 37-mm-Bordkanone und zwei MGs sowie eine Panzerung von bis zu 15 mm. Der 62-PS-Ottomotor von Praga verlieh dem 7,5-Tonner die respektable Höchstgeschwindigkeit von 40 km/h und gute Fahreigenschaften im Gelände. Das Fahrwerk basierte auf vier Paaren kleiner Laufräder in Rollenwagen, die wiederum an einem blattgefederten Träger saßen. Später wurde diese Auslegung durch vier größere Rädern an kurzen, gebogenen Achsen abgelöst, die wiederum paarweise an Blattfedern aufgehängt waren. Die Antriebsräder saßen vorn, die Leiträder hinten, und es gab zunächst sogar noch vier Stützrollen. Die Version mit den größeren Rädern hatte nur noch zwei davon, weil das hintere Laufrad diese Funktion mit übernahm. CKD baute den Panzer auch für den Export und lieferte ihn unter den unterschiedlichsten Bezeichnungen und mit mehr oder weniger starken Modifikationen in ein halbes Dutzend Länder.

TSCHECHISCHE SPITZENPRODUKTE

Die wichtigste Erkenntnis aus dem Exportprogramm für den P-II/LT-34 war die Feststellung, dass der Panzer das Potential für eine Weiterentwicklung hatte. Ein im Oktober 1937 eingesetzter Ausschuss zur Bewertung der tschechischen Panzerproduktion legte daraufhin neue Vorgaben für einen leichten Panzer fest. Als weitaus bester Kandidat erwies sich eine aktualisierte Version des TNHB. Der Neuntonner TNHP oder LT-38, wie er in der Serie hieß, wird allgemein als bester leichter Panzer seiner Zeit anerkannt – ein echter Klassiker.

Im Gegensatz zu anderen Zeitgenossen war der TNHP ein sehr ausgewogenes Fahrzeug. Den Konstrukteuren war es gelungen, die drei wichtigsten Vorgaben, nämlich Leistung, Panzerschutz und Feuerkraft, einzuhalten. Wo erforderlich, hatten sie Abstriche gemacht, die aber nie so weit gingen, dass sie die Funktionsfähigkeit beeinträchtigten. Die von Skoda entwickelte 37-mm-Bordkanone L/48 vom Typ A-7 war nicht gerade Weltklasse, aber wirksam genug. Das 7,92-mm-MG vz37, wovon der TNHP gleich zwei hatte, war hingegen das beste MG seiner Zeit und bildete die Grundlage für das Besa, das vom britischen Heer so bereitwillig eingeführt wurde. Der 125-PS-EPA-Ottomotor verlieh dem TNHP eine Straßengeschwindigkeit von 55 km/h und der 225-l-Tank ermöglichte eine Reichweite von mehr als 250 km. Die einzige Schwäche des Panzers war die genietete Bauweise. Nieten sind relativ weich. Wenn sie voll getroffen werden, fliegen sie als tödliche Geschosse durch den Panzer.

DER PZKPFW 38(T)

Die tschechische Armee bestellte zunächst 150 TNHP. Die Auslieferung begann erst im März 1939. So erreichten denn, wenn überhaupt, nur wenige Exemplare ihre Einheiten, bevor Deutschland im selben Monat Böhmen und Mähren besetzte. Die bestellten TNHP wurden nun als PzKpfw 38(t) Ausf A von der Wehrmacht übernommen. Bis zum Ende des Jahres wurden weitere 325 Exemplare mit kleinen Änderungen als Ausführungen B, C und D geordert. Die in der Tschechoslowakei entwickelten Panzer spielten 1940 bei der Schlacht um Frankreich eine wichtige Rolle. Angesichts der dort gesammelten Erfahrungen wurden weitere Änderungen befohlen. Die Frontpanzerung wurde von 30 auf 40 mm verstärkt, auch am Turm und an den Seiten wurde nachgebessert. Dazu kamen bessere Sehschlitze für Fahrer und Richtschützen. Zwischen November 1940 und Oktober 1941 wurden 525 Exemplare der Ausführungen E und F bestellt, dazu weitere 90 Stück Ausf G. Bei diesem Modell war die Frontpanzerung nun 50 mm dick.

Die Wanne wurde völlig umkonstruiert und war nun verschweißt statt vernietet. Die Ausführungen E, F und G hatten zwar einen stärkeren 150-PS-Motor, waren aber wegen der stärkeren Panzerung um 20% langsamer als die früheren Versionen. 320 von der schwedischen Regierung bestellte

LINKS: Zum Beginn des Zweiten Weltkriegs waren die deutschen Panzer, hier dargestellt durch die PzKpfw II, dem Rest der Welt technisch weit voraus. Die Überlegenheit begründet sich zum Teil darauf, dass mindestens ein Panzer pro Zug ein Funkgerät hatte. So ließen sich die Angriffe wesentlich leichter koordinieren.

Führungsfahrzeug PzKpfw I (Sdkfz 265)

Bewaffnung: 1 MG 7,92 mm
Besatzung: 3 Mann
Länge: 4,42 m
Breite: 2,06 m
Höhe: 1,99 m
Panzerung: 7-13 mm
Motor: 100 PS
Reichweite: 170 km
Höchstgeschwindigkeit: 40 km/h

Panzer wurden von der Wehrmacht als Ausführung S übernommen, während Scania-Vabis gleichzeitig eine Lizenz zum Bau dieser Panzer erhielt. Insgesamt wurden etwa 1600 TNHP/PzKpfw I produziert, die zum Großteil bei den leichten Panzerdivisionen der Wehrmacht zum Einsatz kamen.

DIE ITALIENISCHE PANZER-PHILOSOPHIE

Die italienische Philosophie des Panzerbaus beschränkte sich bis 1940 auf leichte Fahrzeuge unter 14 t. Dann führten die Ambitionen von Mussolini zu einer radikalen Kehrtwende. Es wurde entschieden, dass ein schwererer Panzer gebaut werden müsste. Also wurde ein Fahrzeug von 25 t mit 14 mm Frontpanzerung und einer 75-mm-Bordkanone in Auftrag gegeben. Der daraus resultierende Panzer P (pesante = schwer) hatte eine lange, mühselige Entstehungsgeschichte. Dem Inspekteur der Mechanisierten Kräfte, General Di Feroleto, wurden vier Entwürfe vorgelegt. Zwei stammten aus einer Abteilung des Heeres, die anderen von Ansaldo. Die Wahl fiel schließlich auf einen Entwurf von Ansaldo, der Ende 1940 in die Produktion gehen sollte. Aber erst im folgenden Oktober stand ein Prototyp zur Erprobung bereit. Er hatte eine Frontpanzerung von 50 mm, eine 75-mm-Bordkanone L/18 sowie eine 20-mm-Breda-Kanone in einer Koaxiallafette. Das Fahrwerk stammte aus dem mittleren Panzer und für den Vortrieb sorgte ein 330-PS-Diesel. Über die nächsten Monate wurde die Bordkanone zunächst durch die L/32 und dann durch die wirksamere L/34 ersetzt. Statt der 20-mm-Kanone gab es nun ein 8-mm-MG vom Modello 38. Die Produktion wurde endgültig im Mai 1942 genehmigt. Kurzfristig entschied man sich für einen 420-PS-Ottomotor anstelle des Selbstzünders, was wiederum zu weiteren Verzögerungen in der Entwicklung führte. So lief die Produktion erst 1943 an, und es waren gerade 21 Stück hergestellt, als Italien im September kapitulierte und einen Separatfrieden mit den Alliierten abschloss.

Der P.26/40 war schon technisch überholt, bevor er überhaupt zu den Truppen kam. Das war (und ist) allerdings nicht ungewöhnlich, wenn man bedenkt, wie viel Zeit in der Regel zwischen der Vorlage des Entwurfs und dem Produktionsbeginn verstreicht. Erschwerend kam dazu der Umstand, dass Italien im eigenen Land über wenig Rohstoffe verfügt. Hinzu kam noch die Tatsache, dass der Panzerbau und besonders der schwere Panzer keine besonders hohe Priorität genoss. Auf jeden Fall gab es beim Produktionsbeginn bereits Planungen für ein Nachfolgemodell. Der P.43 hatte einen größeren, flacheren Turm mit besseren ballistischen Eigenschaften und einer Kuppel für den Kommandanten. Ein Übergangsmodell, der P.26/40bis sollte den neuen Turm, aber nicht die Kuppel erhalten. Aus beiden Plänen wurde nichts mehr.

Nach der Unterzeichnung des Vertrags von Versailles am 28. Juni 1919 war es Deutschland verboten, Panzer zu entwickeln, herzustellen und zu betreiben. Trotzdem rief die deutsche Regierung in den 20er Jahren die namhaften Hersteller auf, Pläne vorzulegen und sogar experimentelle Kettenfahrzeuge zu bauen.

Anfang 1934 wurde ein neuer mittlerer Panzer als Panzerkampfwagen Neubaufahrzeug (PzKpfw NbFz) in Dienst gestellt. Er hatte eine Besatzung von sechs Mann und eine großkalibrige Kanone mit niedriger Mündungsgeschwindigkeit. Es gab zwei Versionen des Prototyps – der A hatte einen Krupp-Turm mit einer 105-mm-Kanone und einer 37-mm-Kanone in einer darüber liegenden Koaxiallafette.

Der Typ B hatte einen Turm von Rheinmetall mit 75-mm-Kanone und eine 37-mm-Kanone in einer daneben liegenden

PzKpfw I (SdKfz 101)

Bewaffnung: 2 MGs 7,92 mm
Besatzung: 2 Mann
Länge: 4,82 m
Breite: 2,23 m
Höhe: 1,83 m
Panzerung: 7-13 mm
Motor: 100 PS
Reichweite: 170 km
Höchstgeschwindigkeit: 40 km/h

Koaxiallafette. Beide hatten Nebentürme mit 7,92-mm-MGs 13 rechts vorn und links hinten. Die 500-PS-Ottomotoren gaben den Panzern eine Höchstgeschwindigkeit von 35 km/h. Das Fahrwerk stammte vom Rheinmetall-Großtraktor und verfügte über 10 kleine Laufräder, paarweise zu Rollenwagen zusammengefasst, die wiederum an gefederten Längslenkern aufgehängt waren. Auch dieses Projekt wurde letztendlich eingestellt, obwohl die sechs oder acht fertiggestellten Fahrzeuge zu Ausbildungszwecken benutzt wurden und im Frühjahr 1940 sogar in Norwegen zum Einsatz kamen.

DER PZKPFW I

Diese mittleren bis schweren Panzer sollten nur ein Teil einer ganzen Panzerfamilie werden, in der jedes Mitglied eine spezielle taktische Aufgabe hatte. Die von der Wehrmacht und besonders von Heinz Guderian dazu entwickelten Einsatzgrundsätze sind unter dem Namen Blitzkrieg in aller Welt bekannt geworden. Sie basierten auf schnellen Überraschungsangriffen, angeführt von der leichten Panzertruppe, unterstützt von der mechanisierten Infanterie und Erdkampfflugzeugen. Die wichtigste – und zahlreichste – Komponente war zunächst der leichte, MG-bewaffnete Panzerkampfwagen I. Für diesen leichten Panzer hatten fünf Entwürfe vorgelegen, und die Wehrmacht entschied sich letztendlich für einen Sechstonner von Krupp mit 7-13 mm Panzerung.

DIE SCHWEREREN PANZER

Als die ersten PzKpfw I von den Bändern liefen, stand bereits fest, dass die Entwicklung der mittleren Kampfpanzer, die neben ihnen kämpfen sollten, wesentlich mehr Zeit in Anspruch nehmen würde als geplant. So entschied man sich, statt der 20 t schweren PzKpfw III und IV zunächst einen besseren leichten Panzer als den PzKpfw I zu bauen. MAN sollte den 10 t schweren PzKpfw II mit 130-PS-Motor, 14,5 mm Hauptpanzerung und 20-mm-Kanone anstatt eines der MGs bauen. Zum Angriff auf Polen im Herbst 1939 standen über 1000 PzKpfw II bereit, und es zeigte sich, dass sie ihrer Aufgabe in jeder Hinsicht gewachsen waren. Die von Daimler-Benz im gleichen Jahr gebauten Ausführungen D und E waren mit ihrem von Christie inspirierten Fahrwerk schneller auf der Straße. Sie hatten Drehstäbe anstatt der halbelliptischen Federn, boten aber im Gelände wesentlich schlechtere Leistungen. Sie wurden als Flammpanzer II mit Flammenwerfern ausgerüstet oder zu Selbstfahrlafetten umgebaut. 1940 zeigte sich dann aber, dass selbst die besten leichten Panzer im Gefecht stark gefährdet sind. Die PzKpfw I und II wurden in die zweite Reihe zurückgezogen, nachdem sie der Wehrmacht außerordentlich gute Dienste geleistet hatten.

DER PANZER IV

Der Unterstützungspanzer vom Typ PzKpfw IV wurde parallel zum Kampfpanzer PzKpfw III geplant und konstruiert. Die beiden unterscheiden sich eigentlich nur durch die Bewaffnung. Der Typ IV hatte eine 75-mm-Kanone L/24, die unterschiedlichste Munition, u.a. Spreng-, Panzerabwehr-, panzerbrechende und Nebelmunition wie auch Schützenmunition abfeuern konnte. Die Ausführung A hatte einen 250-PS-Maybach-Motor, der für 30 km/h gut war und ein Fahrwerk ähnlich dem des PzKpfw III in der Ausführung C/D. Der PzKpfw IV war wohl der erfolgreichste Mehrzweckpanzer des Dritten Reichs. Insgesamt wurden von dieser Ausführung über 8500 Stück gebaut.

WH-1697810

KAPITEL 3
DER BLITZKRIEG UND DIE FOLGEN. PANZER IM ZWEITEN WELTKRIEG

Im September 1939 stürmten die deutschen Panzer durch Polen und leiteten eine neue Ära der Kriegführung ein. Die Panzer von 1945 sahen ganz anders aus, und die Panzertruppe ist seitdem ein integraler Bestandteil aller Streitkräfte.

Als im September 1939 der Zweite Weltkrieg ausbrach, war der Panzer gegenüber seinem Vorgänger aus dem letzten Krieg nicht wiederzuerkennen. Die Fahrzeuge der späten 30er Jahre waren leistungsfähiger und in vielfältigen Varianten zu sehen. Die meisten Industriestaaten verfügten inzwischen über gepanzerte Kampffahrzeuge, nur hatten die wenigsten eine klare Vorstellung davon, wie sie sie einsetzen wollten. Eine entscheidende Ausnahme war Deutschland. In den folgenden Kriegsjahren sollte sich auch das ändern, denn der Panzer wurde zum Dreh- und Angelpunkt der beweglichen Gefechtsführung, sei es im Gelände oder beim Ortskampf.

LEICHTE UND MITTLERE PANZER

Die leichten und mittleren Panzer konnten jede Armee überrollen, die sich nicht rechtzeitig auf die Abwehr eingestellt hatte. Ihr Schutz bestand aus einer Frontpanzerung von 30 mm, die sich an weniger gefährdeten Stellen auf 7 mm verjüngte. Damit war die Besatzung geschützt vor „gewöhnlichem" Gewehr- und MG-Feuer wie auch vor Bomben- und Granatsplittern. Mit diesem Schutz konnte die Panzertruppe die verteidigende Infanterie überrollen und gnadenlos die Verteidigungsstellungen durchbrechen. Trotz ihrer relativ bescheidenen Bewaffnung konnten sie das Konzept des Blitzkriegs in die Tat umsetzen. Sie hatten die Überraschung auf ihrer Seite und nicht zu vergessen die wirksame Unterstützung aus der Luft. So konnten die relativ leicht bewaffneten deutschen Panzerdivisionen die polnische Verteidigung wie eine Kettensäge zerteilen. Als Hitler das Gleiche neun Monate später in Frankreich versuchte, gestaltete sich die Sache schon etwas schwieriger. Allerdings hatten die deutschen Panzer auch schon beim Angriff auf Polen Verluste erlitten. Die 4. deutsche Panzerdivision beispielsweise verlor allein am 4. September 1939 57 von 120 Panzern. Im Jahr 1940 waren die leichteren Panzer selbst den einfachsten Panzerabwehrwaffen nicht gewachsen – sei es die britische .55 Boys, die finnische Lahti Modell 39 mit 20 mm, die deutsche 7,92/13-mm-Panzerbüchsen PzB 38 oder 39 oder das japanische 20-mm-Modell 97. Noch viel mehr Gefahr drohte ihnen durch Panzerabwehrkanonen, Flugabwehrkanonen im Bodeneinsatz oder die Bordkanonen der schweren Panzer.

Die leichten Panzer sollten später im Krieg ein Comeback feiern, dann aber mit dickerer Panzerung. Leicht waren sie dann aber nur im Vergleich zu den mittleren Panzern, die selbst einiges an Gewicht zugelegt hatten.

LINKS: Der furchteinflößende Panther, aufgenommen im Winter 1944 in den Ardennen. Auch zum Ende des Krieges war der Panther ein nicht zu unterschätzender Gegner. Mit seiner 75-mm-Bordkanone konnte er jeden alliierten Panzer vernichten.

MITTLERE DEUTSCHE PANZER

Im September 1939 waren die aktuellen deutschen Panzerkampfwagen III und IV

OBEN: Frühjahr 1940. Die Besatzung des PzKpfw III gönnt sich in Nordfrankreich eine Pause. Die Bedingungen in Russland waren wesentlich härter. Im Krieg gegen Polen hatte sich der PzKpfw III gut geschlagen, mit den britischen und französischen Panzerabwehrwaffen hatte er schon mehr Probleme.

mit Sicherheit die besten Mehrzweckpanzer der Welt, aber auch sie waren keineswegs unverwundbar. Die britische Zwei-Pfund-Kanone konnte sie auf 500 m vernichten, und die französische SA 35 war auch nicht viel schlechter. Wenn die deutschen Panzer die Nase vorn behalten wollten, brauchten sie besseren Schutz. Die ersten PzKpfw kamen zwar schon im September 1939 zum Einsatz, sie waren aber erst ein Jahr später in größerer Zahl verfügbar. Bei der Offensive gegen Frankreich im Juni 1940 waren unter den 2500 deutschen Panzern nur etwas mehr als 600 mittlere Modelle. Beim Rest handelte es sich um die PzKpfw I und II sowie die tschechischen PzKpfw 35(t) und 38(t), die ja allmählich schon als überholt angesehen wurden. Ein Jahr später, zum Beginn der Operation Barbarossa gegen die Sowjetunion, war die Stärke der Wehrmacht und der Waffen-SS auf ungefähr 3200 Panzer angewachsen.

DER PANZERKAMPFWAGEN III

Der PzKpfw III Ausf H wurde zwischen dem Herbst 1940 und Ende 1941 gebaut. Es handelte sich um eine vereinfachte Version der früheren Ausführungen mit neuen Leit- und Kettenrädern und einem konventionellen Sechsganggetriebe anstatt des Vorwählgetriebes. Die Änderungen sollten den Panzer nicht unbedingt billiger, aber einfacher in der Herstellung machen. Diese Ausführung verfügte über verschraubte Panzerplatten, die etwas Abstand zur Wanne aufwiesen und damit einen besseren Schutz gegen die gerade aufkommenden Hohlladungen und Granaten boten. Die Breite der Ketten wuchs von 360 auf 400 mm. So konnte der Bodendruck gesenkt werden, obwohl der Panzer schwerer geworden war. Einige Modelle der Ausführung E hatten bereits die leistungsfähigere 50-mm-Kanone L/42 anstatt der KwK 30 mit 37 mm erhalten, die Ausführung H erhielt im Frühjahr 1941 die noch bessere Version L/60. Die vorher gebauten Panzer wurden im Rahmen einer größeren Umrüstung ebenfalls mit dieser Kanone ausgestattet. Die sowjetischen T-34 erwiesen sich jedoch leider als immun gegen die 50-mm-Kanone, sogar in der stärkeren Ausführung L/60, wenn sie nicht gerade aus kürzester Entfernung abgefeuert wurde. Der PzKpfw III konnte aber keine stärkere Kanone verkraften. Der PzKpfw IV hingegen war dazu durchaus in der Lage, weshalb man sich auf seine Weiterentwicklung konzentrierte.

Um dem PzKpfw III überhaupt eine Chance zu geben, in Schussentfernung zu einem T-34 zu gelangen, erhielt die Ausführung J als nächste Version eine Panzerung von bis zu 50 mm. Das Gewicht erhöhte sich dadurch um 700 kg auf knapp 22,5 t. Die kurz darauf erschienene Ausführung L war im Prinzip ähnlich, hatte aber eine 20 mm dicke Zusatzpanzerung am Aufbau. Viele von den insgesamt 2600 Exemplaren dieser beiden Ausführungen, die allein 1942 gebaut wurden, erhielten noch weitere Verbesserungen zu ihrem

PzKpfw 38 (t)

Bewaffnung: 1 Kanone 37 mm, 2 MGs 7,92 mm
Besatzung: 4 Mann
Länge: 4,92 m
Breite: 2,29 m
Höhe: 2,36 m
Panzerung: 25 mm
Motor: 150 PS
Reichweite: 250 km
Höchstgeschwindigkeit: 42 km/h

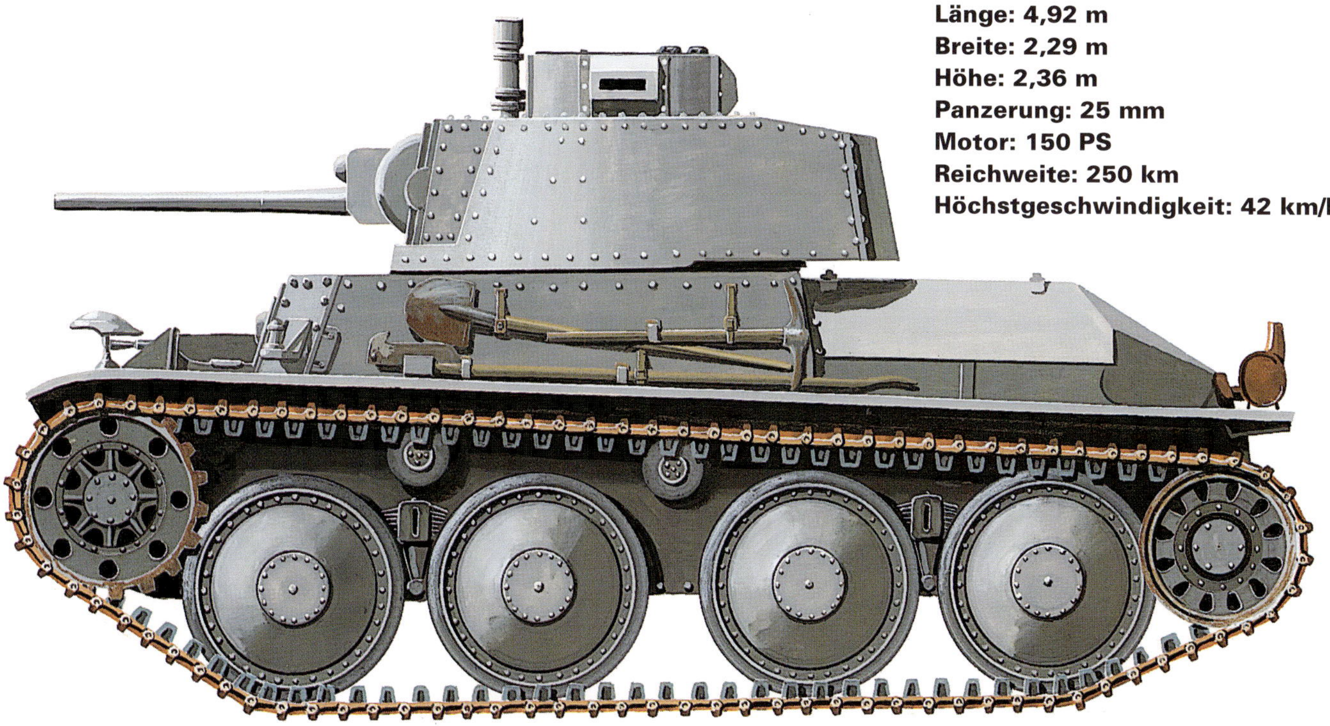

Schutz. In der Regel wurden zusätzliche Panzerplatten mit etwas Abstand montiert. Dazu kamen Kettenschürzen, die oft so hoch gingen, dass sie auch noch den Übergang von Wanne und Turm abdeckten. Gleichzeitig schützten sie natürlich auch das Fahrwerk und den Antrieb.

DIE AUSFÜHRUNG M

Wie die Ausführung H eine vereinfachte Version der Ausführung F war, so gab es auch den M als Schlichtversion des L. Um die Herstellung zu vereinfachen, wurden die Sehschlitze im Rumpf – bei der Ausführung J ohnehin schon reduziert – sowie die Notausstiegsluken weggelassen. Diese waren wegen der Kettenschürzen ohnehin nicht mehr zu gebrauchen. Gleichzeitig wurde die Anzahl der mitzuführenden 50-mm-Geschosse erhöht, was den Stauraum für die 7,92-mm-Munition um die Hälfte auf 2500 Schuss reduzierte.

Die Ausführung M konnte sogar durch tieferes Wasser „waten", d.h. 1,5 m statt 0,8 m. Dazu kam Mitte 1942 die Ausführung N als letzte Version des PzKpfw III. Statt der 50-mm-Kanone L/60 erhielt sie die längst überholte 75-mm-Kanone L/24 aus dem PzKpfw IV, die verschiedene Munitionsarten verschießen konnte und zur Feuerunterstützung eingesetzt wurde. Die ungefähr 200 letzten Fahrzeuge wurden noch serienmäßig mit Kettenschürzen ausgestattet und erhielten eine Zimmerit-Beschichtung, die verhindern sollte, dass

UNTEN: Der Fahrer eines PzKpfw 38(t) bewegt sich vorsichtig über eine Pontonbrücke, die die deutschen Pioniere während der Offensive gegen Frankreich im Jahr 1940 errichtet hatten.

PzKpfw III (SdKfz 141) Ausf H

Bewaffnung: 1 Kanone 50 mm, 2 MGs 7,92 mm
Besatzung: 5 Mann
Länge: 5,41 m
Breite: 2,95 m
Höhe: 2,44 m
Panzerung: 10-37 mm
Motor: 300 PS
Reichweite: 140 km
Höchstgeschwindigkeit: 40 km/h

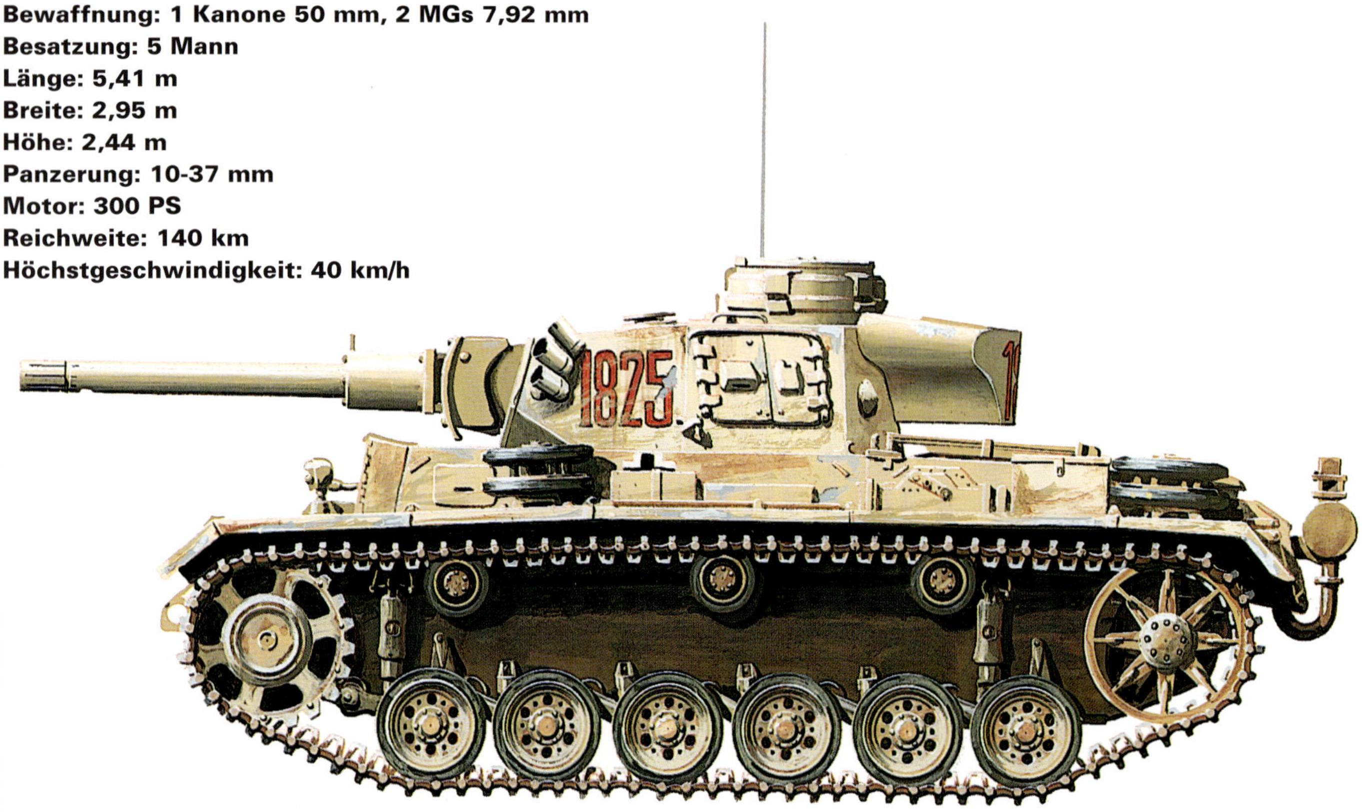

magnetische Minen am Fahrzeug hängenblieben. Diese Beschichtung wurde von nun an serienmäßig auf alle deutschen Panzer aufgetragen.

TAUCHFÄHIGE PANZER

Neben den 5500 PzKpfw III, die als Kampfpanzer gebaut wurden, wurden viele weitere Chassis für andere Aufgaben gefertigt. Mehr als 10 000 Chassis bildeten die Grundlage für das Sturmgeschütz. Diese Selbstfahrlafette verfügte über feste Türme mit 75- oder 100-mm-Kanonen in unterschiedlichen, größeren Längen als die Kanonen der Kampfpanzer. Auf anderen Chassis wurden Flammpanzer, Führungsfahrzeuge und gepanzerte Beobachtungsstände für Artilleriebeobachter gebaut. Der tiefgreifendste Umbau war wohl die tauchfähige Version, die für die nie durchgeführte Operation „Seelöwe", die Invasion Englands, gebaut wurde. Bei diesen Panzern wurden alle Luken und Öffnungen versiegelt, die Auspuffanlage mit einem Rückschlagventil ausgerüstet und ein flexibler, schwimmender Schlauch als Schnorchel montiert. So konnten die Fahrzeuge mit eigenem Antrieb bis zu einer Tiefe von 7,5 m unter Wasser fahren und völlig überraschend auftauchen.

Die PzKpfw III wurden ursprünglich im Einsatz von den etwas schwereren PzKpfw IV unterstützt, die über die vielseitigere 75-mm-Kanone verfügten. Ein Panzerbataillon mit vier Kompanien hatte in der Regel drei Kompanien mit dem PzKpfw III und eine mit dem PzKpfw IV. Als der Krieg sich in die Länge zog und die Panzer der Alliierten immer besser geschützt waren, zeigte es sich, dass der größere Turm des Unterstützungspanzers zu einem entscheidenden Faktor in der Operationsführung wurde. Er ermöglichte den Einbau längerer Versionen der großen Kanone, die mit panzerbrechender Munition auf die übliche Kampfentfernung bis zu 92 mm Panzerung knacken konnte. Darüber hinaus verschoss sie im Notfall auch Spreng- und Nebelmunition und Schrapnell.

VERBESSERTE PZKPFW IV

Die erste Version des PzKpfw IV, die die verbesserte Kanone erhalten sollte, war die Ausführung F. Die Kanone benötigte jedoch mehr Entwicklungszeit als das Fahrzeug, so dass die alte L724 eingebaut werden musste. Als im Februar 1943 die L/43 endlich verfügbar war, waren 460 der 650 bestellten PzKpfw IV bereits fertiggestellt. Die restlichen Panzer mit der neuen Kanone wurden als Ausf F2 bezeichnet, die alten Modelle als F1. Die neue Kanone war etwas schwerer als die L/24, so dass der Panzer etwas kopflastig wurde. Schlimmer wurde es dann mit der Kanone L/48 der Ausf H, die noch einmal 375 mm länger war. Um das Problem zu lösen, wurde die Aufhängung vorn mit zusätzlichen Schraubenfedern versehen.

Die Ausführung G löste im März 1943 die Ausführung F2 ab. Diese Panzer unterschieden sich nur in kleineren Details.

In den folgenden zehn Monaten wurden fast 1700 Exemplare der Ausf G gebaut, bevor sie wiederum von der Ausf H abgelöst wurde. An diesem Punkt war geplant, die Produktion des PzKpfw IV zu Gunsten des PzKpfw V „Panther" bzw. des PzKpfw IV „Tiger" auslaufen zu lassen. Als sich dann herausstellte, dass die Produktion der neuen Panzer viel zu langsam anlief, um die Nachfrage zu befriedigen, wurde der PzKpfw IV weitergebaut. Neben der Kanone L/48 erhielt die Ausf H eine bessere, 80 mm starke Hauptpanzerung. Dazu erhielt sie leichte Kettenschürzen ähnlich denen, mit denen die älteren Modelle nachgerüstet wurden. Diese sollten Schutz gegen Hohlladungsgeschosse bieten, wie sie vom amerikanischen Raketenwerfer Bazooka, dem britischen PIAT und den sowjetischen Panzerabwehrgranaten verschossen wurden. Insgesamt wurden bis zum Juli 1944 3775 Exemplare der Ausf H gebaut.

Dann konzentrierte man sich auf die Produktion der einfacheren Ausführung J mit noch dickerer Front- und Turmpanzerung. Die Platten der Kettenschürzen wurden durch einfacheres, aber ebenso effektives Drahtgeflecht ersetzt. Die Ausführung J blieb bis zum Ende des Kriegs 14 Monate später in der Produktion. Insgesamt wurden 1750 Exemplare gebaut.

Wie bei den meisten anderen Panzern seiner Zeit wurde auch beim PzKpfw IV das „Chassis" (obwohl es sich rein technisch um eine selbsttragende Konstruktion handelt) als Grundlage für alle möglichen

RECHTS: Ein spätes Modell des PzKpfw III im Dienst der SS-Panzerdivision „Das Reich" während der Schlacht bei Kursk im Juli 1943. Der „III" konnte der 76-mm-Kanone des sowjetischen T-34 nicht standhalten und erlitt schwere Verluste.

PzKpfw III (SdKfz 141) Ausf J

Bewaffnung: 1 Kanone 50 mm, 2 MGs 7,92 mm
Besatzung: 5 Mann
Länge: 5,52 m
Breite: 2,95 m
Höhe: 2,5 m
Panzerung: 10-50 mm
Motor: 300 PS
Reichweite: 140 km
Höchstgeschwindigkeit: 38 km/h

anderen Kettenfahrzeuge benutzt. Am besten und bekanntesten waren der Sturmpanzer IV mit 150-mm-Haubitze, der Jagdpanzer IV mit der 75-mm-Kanone KwK 40L/48 sowie der Flakpanzer IV mit vier 20-mm-Flugabwehrkanonen. Außerdem diente der PzKpfw als Grundlage für Selbstfahrlafetten der Artillerie.

Die PzKpfw III und IV waren beide für sich betrachtet gute Panzer, aber 1940 technisch bereits überholt. Trotzdem blieben die PzKpfw IV in den richtigen Händen und in der richtigen Situation bis zum Ende des Krieges absolut tödliche Waffen. Ihre eckigen Aufbauten und Türme allerdings und die Einschnitte an den vorderen Ecken waren ein echter Kugelfang. Diese Verwundbarkeit konnte nur durch immer mehr Panzerung ausgeglichen werden, die die Fahrzeuge wiederum immer schwerer werden ließ.

Da die Leistung der Motoren sich nicht

RECHTS: Der PzKpfw IV wurde in größerer Stückzahl hergestellt als jeder andere Panzer im Zweiten Weltkrieg. Seine Bedeutung wird oft unterschätzt. Dieses Modell der Ausführung A rast während der Operation Barbarossa im Sommer 1941 an einer brennenden russischen Stadt vorbei.

PzKpfw IV (SdKfz 161)
Ausf J

Bewaffnung: 1 Kanone 75 mm, 2 MGs 7,92 mm
Besatzung: 5 Mann
Länge: 7,02 m
Breite: 2,88 m
Höhe: 2,68 m
Panzerung: 10-80 mm
Motor: 300 PS
Reichweite: 320 km
Höchstgeschwindigkeit: 38 km/h

im gleichen Maß erhöhte, wurden die Panzer mit der Zeit immer langsamer und schwerfälliger. Die letzten Versionen des PzKpfw IV waren fast 5 t schwerer als die Ausführung D und daher auch um 5 km/h langsamer. Dass das Fahrwerk das Gewicht so mühelos verkraftete, ist ein Beweis für die Qualität dieser Konstruktion.

GROSSE KATZEN

Während die ersten Prototypen des PzKpfw auf Fehler geprüft wurden und sich der PzKpfw IV noch in der Planungsphase befand, dachte die Führung der Wehrmacht bereits über größere, bessere Panzer nach, die dann über 30 t wiegen sollten. Es hatte schon immer ein Interesse an größeren und stärkeren Panzern gegeben, es war allerdings nach der Pleite mit dem Neubaufahrzeug-Projekt deutlich abgeflacht.

Am 20. November 1941 aber fiel den deutschen Truppen ein intakter sowjetischer T-34/76 in die Hände (die Bezeichnung weist auf die 76,2-mm-Bordkanone hin, spätere T-34/85 hatten stärkere Kanonen). Es wurde schnell klar, dass ein derartiger Panzer, ganz gleich wie teuer er in Entwicklung, Produktion und Unterhalt war, für Deutschland keinen Luxus, sondern eine Notwendigkeit darstellte. Im gleichen Monat noch erhielten MAN und Daimler-Benz Aufträge für die Planung eines neuen Panzers mit einer 75-mm-Kanone, 60 mm Front- und Turmpanzerung (später sogar auf 100 mm erhöht) und einer Höchstgeschwindigkeit von 55 km/h. Beide Firmen stellten ihre Entwürfe im April 1942 vor.

Der Daimler-Benz VK3002 ähnelte dem T-34. Der Turm saß so weit vorn, dass die Rohrblende praktisch eine Verlängerung der Frontpanzerplatte darstellte. Er sollte einen Dieselmotor erhalten (angesichts des in Deutschland herrschenden Kraftstoffmangels eine wichtige Überlegung) und lief auf sieben mittelgroßen, versetzt angeordneten Laufrädern in einem einfachen blattgefederten Fahrwerk. Die Prüfungsbehörden billigten dem Entwurf erhebliches Potential zu und bemängelten lediglich die Krupp-Version L/48 der neuen 75-mm-Bordkanone KwK 42. Stattdessen entschied man sich für eine L/70-Version von Rheinmetall. Auf Befehl von ganz oben wurde die Produktion von 200 Exemplaren angeordnet, und der Bau des Prototyps konnte beginnen.

OBEN: Um sich gegen den T-34 mit der starken 76-mm-Kanone zu behaupten, erhielten spätere Versionen des PzKpfw IV lange 75-mm-Bordkanonen.

DANN KAM DER PANTHER

Die Konstruktion von MAN war wesentlich konventioneller. Sie ähnelte dem erfolgreichen PzKpfw IV, obwohl die flachen Panzerplatten, aus denen die Wanne geschweißt wurde, nun so abgeschrägt waren, dass sie einen Treffer ablenkten. Gesehen hatte man das beim T-34 und bei Walter Christie. Der MAN hatte einen stärkeren Ottomotor von Maybach. Er leistete über 600 PS. Das Fahrwerk arbeitete mit Drehstabfederung und acht Achsen mit jeweils paarweise versetzt angeordneten, gummibereiften Rädern und 500 mm breiten Ketten. Der von Rheinmetall für die Bordkanone KwK 72 L/70 gebaute Turm wurde so weit nach hinten verlegt, dass der Panzer die Kanone immer nach vorn richten konnte. Das war beim Daimler-Benz, besonders mit der Kanone L/70, nicht möglich.

Mit der Unterstützung von Albert Speers Rüstungsministerium wurde dieser Entwurf schließlich für den PzKpfw V Panther ausgewählt. Der Bau des Daimler-Benz-Prototyps wurde gestoppt und im Mai 1942 wurden Prototypen aus Weichstahl bei MAN bestellt. Sie wurden im September ausgeliefert. Die Wehrmacht und Waffen-SS hatten so große Probleme an der Ostfront, dass die sofortige Produktion des neuen Panzers angeordnet wurde, was natürlich in der Folge zu Schwierigkeiten führte. Die ersten Fahrzeuge waren bereits im November fertig. Bereits bei der Planung hatte man sich viele Gedanken über den Herstellungsprozess

PzKpfw V Panther (SdKfz 171) Ausf D

Bewaffnung: 1 Kanone 75 mm, 2 MGs 7,92 mm
Besatzung: 5 Mann
Länge: 8,86 m
Breite: 3,42 m
Höhe: 2,98 m
Panzerung: 16-100 mm
Motor: 700 PS
Reichweite: 200 km
Höchstgeschwindigkeit: 46 km/h

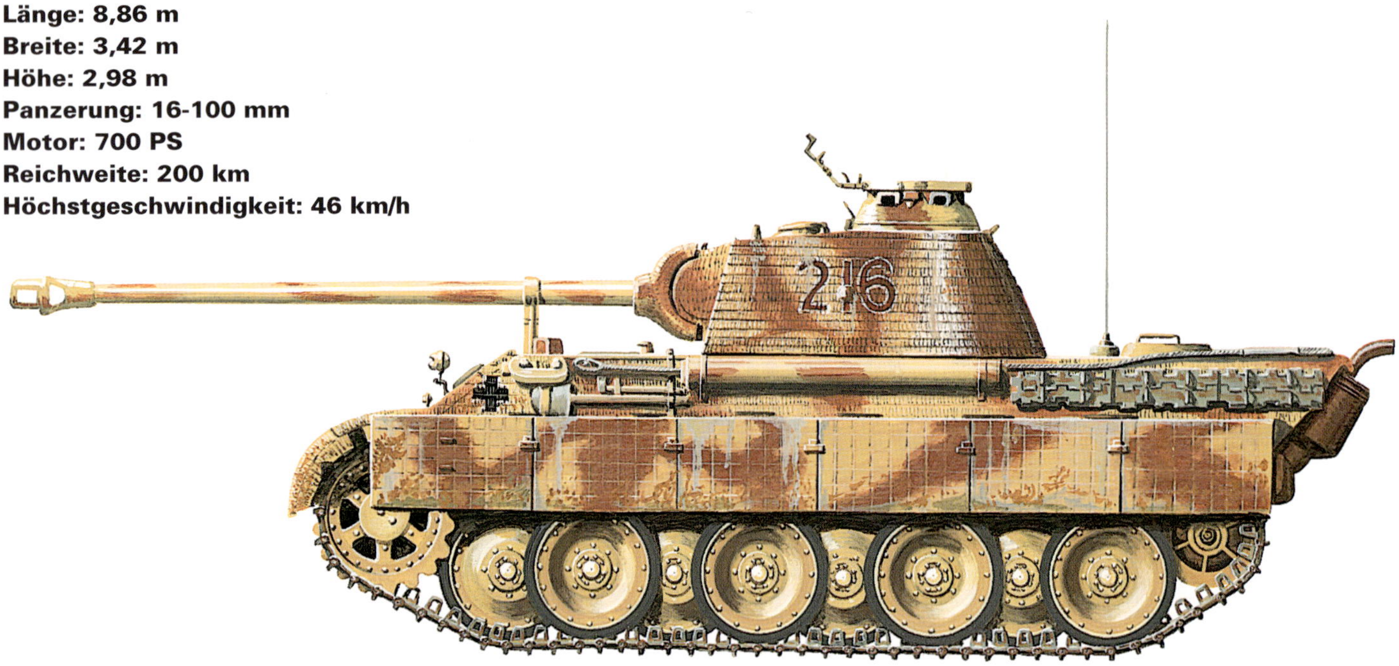

LINKS: Die großen Entfernungen, die die deutschen Panzerdivisionen in Russland überwinden mussten, forderten ihren Tribut von Mensch und Maschine. Der Maybach-Motor dieses PzKpfw IV Ausf D ist hier zur Reparatur ausgebaut worden.

gemacht, was sich denn auch auszahlen sollte. Bis zum Ende des Krieges waren in der zweieinhalbjährigen Bauzeit mehr als 5500 Panther entstanden. Dazu kamen 700 Chassis für andere Zwecke. Und das alles geschah in einer Zeit, in der in Deutschland die Ressourcen immer knapper wurden. Schon zu Beginn der Planungsphase hatte man erkannt, dass die taktischen Anforderungen an einen schweren Panzer bei dem vorgegebenen Gewicht von 30-35 t nicht zu erfüllen waren. Die Produktionsversionen des Panther wogen denn auch über 45 t. Selbst mit den bärenstarken 700-PS-Motoren waren sie längst nicht so leistungsfähig wie geplant. Die Höchstgeschwindigkeit lag bei nur noch 45 km/h, dafür stimmten aber Watfähigkeit, Geländegängigkeit und Kletterfähigkeit.

DAS DEBÜT BEI KURSK

Von der Ausführung A mit der 60-mm-Frontpanzerung, einer frühen Version der L/70-Kanone und 645-PS-Motor wurden nur 20 Stück gebaut. Sie litten von Anfang an unter grundlegenden Mängeln. Diese zu beseitigen, war nicht ganz einfach, weil das Rüstungsministerium sich absolut weigerte, das Entwicklungsprogramm zwecks Fehlerbehebung zu unterbrechen oder auch nur zu verlangsamen, um die Verbesserungen gleich zu integrieren. Die Laufrollen verloren zum Beispiel in lieber Regelmäßigkeit ihre Gummireifen. Um sie zu ersetzen, mussten fünf Räder ausgebaut werden. Die Ausführungen B und C hatten andere Getriebe und kleinere Änderungen zur Beseitigung der gröbsten Fehler. Auch sie wurden nur in kleiner Zahl hergestellt. Die erste echte Produktionsversion war die Ausführung D. Sie wurde ab Januar 1943 in vier Produktionsstätten hergestellt. Im April wurden alle Panzer wieder zwecks neuer Änderungen zurückgerufen, und so waren sie erst im Mai bei der Truppe. Den ersten Einsatz hatte der Panther im Juli 1943 bei Kursk in der größten Panzerschlacht des Zweiten Weltkriegs – wahrscheinlich sogar aller Zeiten – mit insgesamt 6000 Panzern. Allerdings gab es in Kursk noch nicht genügend Panther, um die Überlegenheit des T-34 über die PzKpfw III und IV auszugleichen. Außerdem waren sie noch nicht gefechtserprobt. Es war ein schwerer taktischer Fehler, den unerprobten, längst nicht ausgereiften Panther in kleiner Zahl mit unerfahrenen Besatzungen einzusetzen. Die Rote Armee hatte so die Gelegenheit, sich den neuen Panzer in Ruhe anzusehen und Gegenmaßnahmen zu ergreifen, bevor er überhaupt in nennenswerter Anzahl am Gefecht teilnehmen konnte.

Die nächste Version des Panther erschien während der Schlacht bei Kursk. Er hieß nun Ausführung A, während der alte A nun D1 hieß. Der D1 war zum D2 geworden. Die Ausführung A hatte eine oben abgerundete Kuppel für den Kommandanten, ein ausgezeichnetes Kugellager für das 7,92-mm-MG in der Frontpanzerplatte (das bei den vorangegangenen Versionen völlig fehlte) und andere Detailverbesserungen. Abgelöst wurde diese Version Ende Februar 1944 von der Ausführung G. Dabei handelte es sich im wesentlichen um einen Lückenbüßer, der möglichst viele Komponenten des nie gebauten Panther II übernahm. Trotz alledem war er eine äußerst wirksame Waffe. Ein Großteil der Konstruktion des Panther II leitete sich aus dem erprobten und bewährten PzKpfw VI Tiger ab. Ein Element dieses größten deutschen Panzers fand sich auch beim Panther Ausf G – die Laufrollen aus Ganzstahl, die das Problem mit den Gummireifen ein für allemal aus der Welt schafften. Dazu kamen bessere Nebelbecher, die inzwischen einen wesentlichen Teil der Verteidigungsbewaffnung darstellten, Granaten- und Bombenwerfer und eine noch stärkere Frontpanzerung. Sie lag nun bei 120 mm und konnte jeder Panzerabwehrwaffe widerstehen. Die alliierten Panzertruppen, die ab Sommer 1944 in der Normandie viel Mühe hatten, die Panther auszuschalten, merkten schon bald, dass sie vier oder fünf M4 Sherman oder andere mittlere Panzer brauchten, um einen einzigen Panther A oder G aufzuhalten. Auch dann war es noch eine gefährliche Aktion, denn zu seiner massiven Panzerung hatte der Panther noch die 75-mm-Kanone L/70.

DER PANTHER IN UNTERZAHL

Will man die Panzer des Zweiten Weltkriegs bewerten, ist der Panther ein idealer Prüfstein, an dem sich alle anderen Panzer messen lassen müssen. Viele Experten sind der Meinung, dass er in diesem Krieg der beste Panzer überhaupt war. Er wurde zweifellos zu früh eingeführt und hätte mehr Zeit für die Erprobung und Verbesserung benötigt. Trotz alledem handelt es sich um eine absolut ausgewogene Konstruktion. Die Kombination der 75-mm-Bordkanone KwK 42 L/70 mit der massiven Panzerung beweist ein gutes Verständnis für das technisch Machbare unter den damaligen Bedingungen. Die Kanone war erheblich stärker als die der meisten anderen Panzer dieser Zeit. Die Mündungsgeschwindigkeit lag bei über 1000 m/sek und das panzerbrechende Geschoss wog 6,75 kg. Damit konnte die Kanone auf normale Entfernung eine 140 mm starke Panzerung durchbrechen und einen Sherman auf 2000 m vernichten. Trotzdem war sie nicht übermäßig schwer oder unhandlich. Der Sherman sollte erst 1944 eine vergleichbare Waffe erhalten. Aber auch damit konnte er die Front- oder Turmpanzerung des Panther nicht durchbrechen. Diese war so abgeschrägt, dass auftreffende panzerbrechende Geschosse abgelenkt wurden und stark genug für Spreng- oder Hohlladungen, die aus der Kampfentfernung abgefeuert wurden (die Entfernung, auf die der Feind zerstört wird und der eigene Panzer nicht gefährdet ist). Nur ein Faktor sprach gegen den Panther – die zu geringe Stückzahl. Vom Sherman wurden fast 50 000 Exemplare gebaut, vom Panther hingegen weniger als 6000. Die von den Alliierten geforderte Überlegenheit von Fünf zu Eins war so schon sichergestellt. Dazu kamen dann noch die britischen und sowjetischen Panzer, die auch eine ganze Reihe Panther ausschalteten.

DER FURCHTEINFLÖSSENDE TIGER

Der nicht mehr gebaute Panther II, der im Sommer 1945 in die Produktion gehen sollte, wäre mit Sicherheit noch großartiger geworden. Wie bereits erwähnt, sollte er Komponenten aus dem PzKpfw VI Tiger erhalten – stärkere Panzerung an der Wanne, einen kleineren Turm mit Raumbild-Entfernungsmessgerät und die furchteinflößende 88-mm-Kanone KwK 36. Dazu sollte er den weiter verbesserten Motor HL 230 und das Getriebe AK 7-400 erhalten. Über die Leistung kann man nur spekulieren, aber mit 200 zusätzlichen PS wäre selbst der schwerere Panther II wohl schneller als sein Vorgänger gewesen. Es ist müßig darüber zu diskutieren, ob die Zuverlässigkeit gelitten hätte.

Die Prototypen für den späteren PzKpfw VI Tiger wurden 1942 zum ersten Mal vorgeführt – am 20. April, zu Hitlers Geburtstag. Die Wurzeln des schweren deutschen Panzers reichen zurück in das Jahr 1937, als es die ersten Diskussionen über den 30/35-t-Panzer gab.

Henschel erhielt den Auftrag, zwei Fahrzeuge nach den Vorgaben für den „Durchbruchswagen" DW.1 zu bauen. Ein fahrbereiter Prototyp war bereits gebaut, als die Firma den Auftrag erhielt, sich auf ein noch schwereres Fahrzeug, den VK6501, zu konzentrieren. Dieser 65-t-Panzer mit 75-mm-Bordkanone und mehreren MGs in Nebentürmen sollte als PzKpfw VII in die Produktion gehen. 1940 wurde das Vorhaben storniert, obwohl zwei Prototypen schon fertig gestellt waren und sich in der Erprobung befanden.

DIE PROTOTYPEN VON HENSCHEL

Henschel hatte in der Zwischenzeit die Arbeit an dem „leichteren" schweren Panzer fortgesetzt und den Prototyp DW.2 mit einem realistischeren Kampfgewicht von 32 t, fünf Mann Besatzung und der 75-mm-Bordkanone L/24 aus dem PzKpfw IV gebaut. Als das deutsche Rüstungsministerium 1940 die Firmen Daimler-Benz, Henschel, MAN und Dr. Ferdinand Porsche, Leiter des deutschen Panzerausschusses, um Pläne für einen 30-t-Panzer bat, legte Henschel einen Vorschlag auf der Basis des DW.2 vor. Die Firma erhielt den Auftrag, vier Prototypen für die Erprobung als „Vollketten-Kraftfahrzeug" VK3001(H) zu bauen.

Dr. Porsche baute einen Prototyp unter der Bezeichnung VK3001(P). Henschel baute im folgenden März die zwei ersten Prototypen, die beiden nächsten folgten sechs Monate später. Die Konstruktion ähnelte dem Panzerkampfwagen IV, hatte aber sieben versetzt angeordnete Laufrollen pro Seite, aufgehängt an Drehstäben, und drei Stützrollen. Er sollte mit der 75-mm-Kanone L/48 ausgestattet werden, aber nach der Untersuchung des erbeuteten T-34/76 im November galt er schon als überholt – bevor das Chassis überhaupt erprobt worden war. Das Projekt VK3001 wurde als Panzer prompt storniert und die Prototypen des VK3001(H) wurden zu Selbstfahrlafetten umgebaut. Ein ähnlicher 36-t-Prototyp wurde bei Henschel als VK3601(H) für die neue 75-mm-Kanone mit konischer Bohrung bestellt. Auch dieses Projekt wurde storniert, in diesem Fall allerdings aus rein wirtschaftlichen Gründen.

DIE 88-MM-KANONE

Die 75-mm-Bordkanone hatte sich im Frühsommer 1940 im Kampf gegen die mittleren britischen und französischen Panzer als unzureichend erwiesen. Es war zum Beispiel nicht gelungen, die britischen Matilda II bei Arras kampfunfähig zu schießen. Daher wurde nun befohlen, die 88-mm-Fliegerabwehrkanone FlaK 36 für einen neuen Panzer umzurüsten, der die Panzer der Alliierten auf 1500 m durchbrechen und gleichzeitig einer ähnlichen Waffe standhalten konnte. Bei der FlaK 36 handelte es sich um eine Flugabwehrwaffe, die als gezogenes Panzerabwehrgeschütz zum Einsatz kam und in beiden Funktionen ausgezeichnete Ergebnisse lieferte. Die Entwicklungsabteilung im Rüstungsministerium wollte eine Kanone kleineren Kalibers mit konischer Bohrung, die durch höhere Geschwindigkeit die gleichen Ergebnisse liefern sollte. Solche Waffen liefen bereits in der Erprobung als gezogene Panzerabwehrgeschütze und erwiesen sich als äußerst wirksam. Leider brauchte man das knappe und äußerst begehrte Wolfram für die Geschosse. Eine derartige Kanone hätte auch weit reichende Folgen für den Panzer gehabt – man hätte ihn kleiner und somit leichter machen können. Letztendlich scheiterte der Plan, weil nicht genügend Wolfram beschafft werden konnte.

Bei Henschel und Porsche wurden im Mai 1941 jeweils einzelne Prototypen für die umgerüstete FlaK 36, dann als 88-mm-KwK 36 L/56 bezeichnet, bestellt. Die Fahrzeuge liefen unter der Bezeichnung VK4501(H) und VK4501(P). Beide benutzten natürlich ihre vorherigen Arbeiten zum 30-t-Panzer als Grundlage. Porsches Konstruktion sah einen Hybridantrieb mit Benzin- und Elektromotor, lange Drehstäbe und andere Neuheiten vor. In den Versuchen war aber der konventionellere Henschel überlegen, obwohl er mehr als 10 t über dem angestrebten Gewicht lag. Im August 1942 wurde die Produktion des VK4501(H) als PzKpfw VI Tiger Ausf H befohlen. Vorsichtshalber erhielt auch Porsche einen Auftrag über 90 Chassis, für den Fall, dass Henschel bei der Produktion auf Schwierigkeiten stoßen sollte.

UNTEN: Die SS-Panzerdivision „Wiking" im Winter 1941/42 an der Ostfront. Dieser Panzerkampfwagen IV, Ausführung G, hat Kettenschürzen, die aber keinen Schutz gegen den wahren Feind boten: den gnadenlosen russischen Winter.

DER ELEFANT

Henschel konnte schließlich die Produktion ohne Probleme aufnehmen. Die von Porsche gebauten Chassis wurden als Jagdpanzer umgerüstet. Sie erhielten die 88-mm-Panzerabwehrkanonen PaK 43/2 L/71 auf einer Lafette mit begrenztem Schwenkbereich, die in einem festen gepanzerten Aufbau saß. Das Fahrzeug wurde nach seinem Erbauer als Panzerjäger Tiger (P) Ferdinand bezeichnet. Später wurde es dann in Elefant umgetauft. Diesen Namen hatte es bei den Panzerjägerbesatzungen ohnehin von Anfang an. Diese riesigen Fahrzeuge – über 8 m lang, fast 3,5 m breit und 65 t schwer – kamen zum ersten Mal bei der Operation Zitadelle, der Offensive im Kursk-Bogen, zum Einsatz. Trotz der Frontpanzerung von 200 mm, die jedem sowjetischen Geschoss standhielt, waren die Elefanten zu verwundbar. Sie waren den sowjetischen Pionieren mit Sprengladungen schutzlos ausgesetzt, weil sie keine MGs hatten. Dazu kamen eine gewisse Unzuverlässigkeit und ungenügende Munitionsvorräte. So konnten sie im Gefecht ihren Wert nicht unter Beweis stellen.

Der Tiger von Henschel wurde unterdessen immer besser. Obwohl er nach dem PzKpfw V Panther erschienen war, wirkte die Konstruktion schon veraltet. Er hatte nicht die abfallenden Linien des kleinen Panzers, sondern ähnelte eher dem PzKpfw IV. Für seinen Schutz sorgte allein die Dicke der Panzerung.

Der Tiger hatte eine Frontpanzerung von 110 mm, die Seitenwände der Wanne waren oben 60 mm und unten 82 mm dick. Sogar die Unterseite und der Turmdeckel waren noch 26 mm dick gepanzert. Die Platten waren miteinander verschweißt. Um die Wanne möglichst verwindungssteif zu bekommen, wurden die größten erhältlichen Platten benutzt. Beim Prototyp hatte sich nämlich gezeigt, dass die Wanne unter Verwindungen litt, sobald die Bordkanone nicht nach vorn abgefeuert wurde. Seiten und Hinterteil des Turms bestanden beispielsweise aus einer einzigen, 80 mm dicken Platte. Dazu kam ein flaches, senkrechtes Frontstück von 100 mm Dicke, nur durchbrochen zur Aufnahme der 110 mm dicken Rohrblende. Die ersten 250 Tiger hatten den 645 PS starken Motor HL 210. Später wurde dann die einfachste 700-PS-Version des HL 230 eingebaut (in Wahrheit waren die Leistungsunterschiede zwischen den beiden Motoren geringer), der den Tiger auf die beachtliche Höchstgeschwindigkeit von 37 km/h brachte. Selbst mit einem 567-l-Tank hatten diese Ungetüme auf der Straße eine

RECHTS: Die Panzerdivision „Das Reich" erhielt im Juli 1943 den neuen Panther.

PzKpfw V Panther (SdKfz 171) Ausf A

Bewaffnung: 1 Kanone 75 mm, 2 MGs 7,92 mm
Besatzung: 5 Mann
Länge: 8,86 m
Breite: 3,42 m
Höhe: 2,98 m
Panzerung: 16-110 mm
Motor: 700 PS
Reichweite: 200 km
Höchstgeschwindigkeit: 46 km/h

PzKpfw V Panther (SdKfz 171) Ausf G

1 75-mm-Kanone L/70
2 MG 34, 7,92 mm
3 MG 34, 7,92 mm
4 Lüfter
5 Panzerkuppel
6 Waffengehäuse
7 Zielfernrohr
8 Ladeluke/Notausstieg
9 Mikrofon und Kopfhörer des Kommandanten
10 Luke für Funker
11 Schwenkgetriebe
12 Handrad für Einstellung der Höhe
13 Motorlüfter
14 Kühllufteinlass
15 75-mm-Munition
16 Ausgleichs/Höhenrichtmaschinen
17 Rückstoßausgleicher
18 Behälter für verbrauchte 75-mm-Munition
19 Maybach-Motor
20 Waffenreinigungszeug
21 Ersatzkettenglieder
22 MG-Munition
23 Sitz des Richtschützen
24 Sitz des Funkers
25 Instrumentenbrett
26 Behälter für verbrauchte MG-Munition
27 Hydraulische Seitenrichtanlage
28 Kompressor
29 Bremsgestänge
30 Steuerhebel
31 Fahrersitz
32 Feuerpedal für MG
33 Kühlluftkanal für Kettenbremse
34 Getriebe
35 Kettenbremse
36 Öldruckpumpe
37 Batterien
38 Endantrieb
39 Zahnrad
40 Stützrolle
41 Endanschlag
42 Stoßdämpfer
43 Schwingenlager
44 Kurbelschwingarm
45 Versetzt angeordnete Laufrollen
46 Leitrad
47 Drehstabfederung

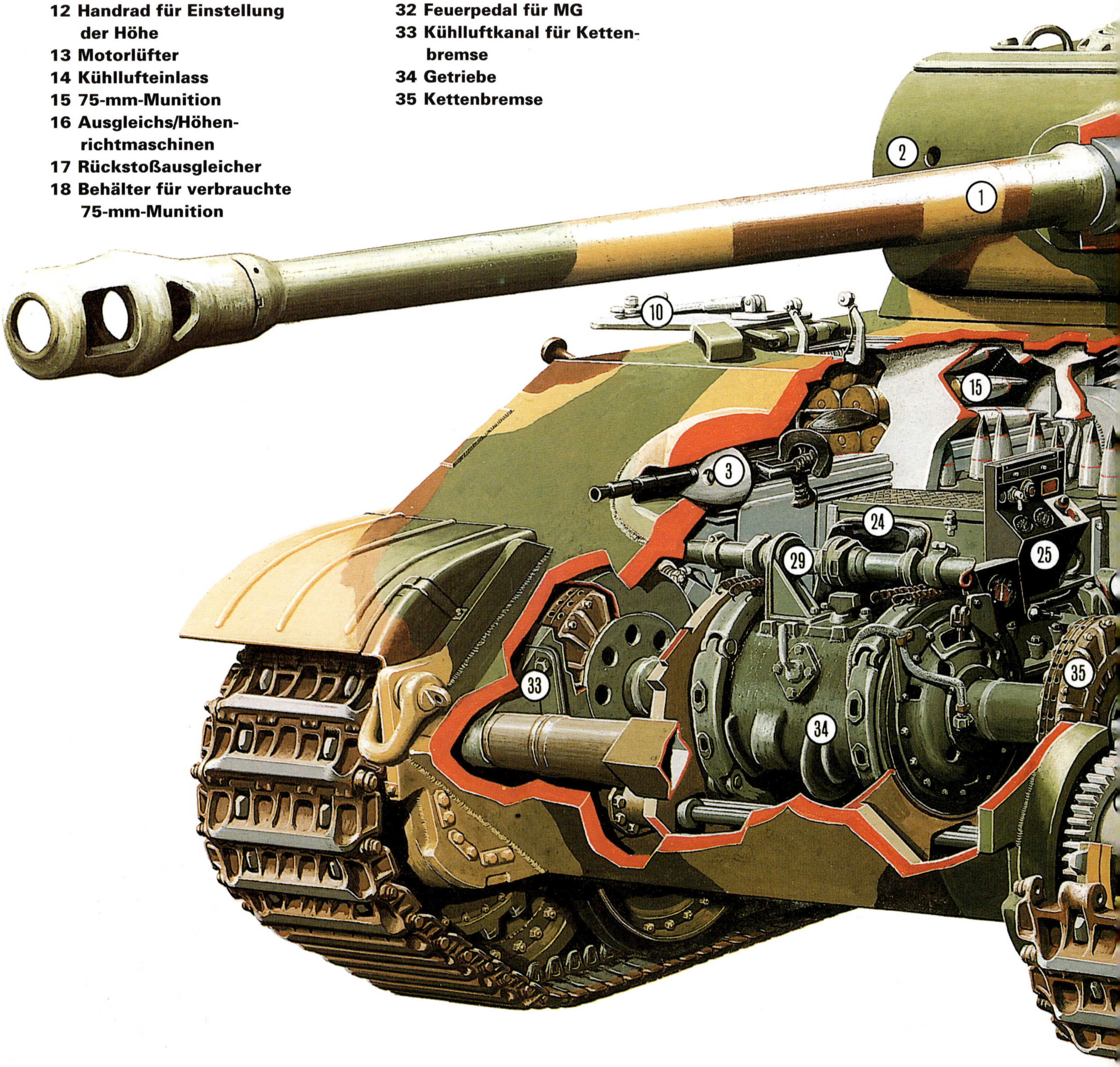

5
6
7
8
1 Microfon
9
11
12
13
14
17
18
19
20
21
23
26
27
28
31
32
36
37
39
40
41
42
43
44
45
46
47

Links: Die verbesserte Panzerung dieses PzKpfw V Panther Ausf G (Mitte) machte ihn immer noch nicht zu einem sicheren Fahrzeug für die Besatzung.

Reichweite von nur 120 km. Im Gelände lag sie knapp über der Hälfte davon.

VERSETZTE LAUFROLLEN

Die Erfahrungen, die Henschel mit dem Fahrwerk des VK3001 und VK3601 gemacht hatte, sollten sich beim Entwurf des Tigers als äußerst wertvoll erweisen. Dieser hatte acht Achsschenkel, an denen die großen, versetzt angeordneten Laufrollen saßen. Abgefedert wurden sie über Drehstäbe, und die Rollen waren so groß, dass auf die Stützrollen verzichtet werden konnte. Die ersten Tiger hatten gummibereifte Laufrollen; ab Februar 1944 waren sie dann aus Ganzstahl mit Innenfederung. Die Ausführung H des Tiger – die später in Ausführung E umbenannt wurde – hatte eigentlich nie solche Probleme mit den Gummireifen wie der Panther, nur musste die Besatzung die neue Lösung mit wesentlich schlechterem Fahrkomfort bezahlen.

DER TIGER AUSFÜHRUNG H

Für die Ausführung H gab es zwei verschiedene Ketten – in 725 mm Breite für das Gefecht und in 520 mm für die Überführung. Um die letztgenannten Ketten aufzuziehen, musste die Besatzung die vier äußeren Laufrollen ausbauen. Ging der Panzer dann ins Gefecht, begann das Ganze von vorne, und die Laufrollen wurden mit viel Mühe wieder eingebaut. Die versetzt angeordneten Laufrollen sorgten für ausgezeichneten Fahrkomfort unter allen Bedingungen, hatten aber einen großen Nachteil. Zwischen den Laufrollen konnte sich Schlamm festsetzen. Wenn der Panzer dann für längere Zeit nicht im Einsatz war und die Temperaturen sanken, fror der Matsch fest und konnte nicht entfernt werden. Wenn ein Tiger beispielsweise nach einer längeren Schlammfahrt über Nacht stehenblieb, konnte es passieren, dass er am nächsten Morgen nicht mehr einsatzbereit war. Die Führer der Roten Armee kamen schnell dahinter und planten ihre Angriffe so, dass sie diese Schwäche ausnutzen konnten.

Der Tiger gab seinen Einstand im September 1942 bei der Belagerung von Leningrad (heutiges St. Petersburg) in einem Gelände, das für jeden Panzer ungeeignet war. Die Tiger standen in offenem Gelände ohne jede Deckung. Auf der anderen Seite standen sorgfältig platzierte schwere Panzerabwehrkanonen. Dass es schwere Verluste gab, war deshalb kein Wunder. Als nach der Landung der Alliierten in der Normandie die Panzerschlachten im Westen stattfanden, hatten sich die Besatzungen besser auf den Tiger eingestellt. Sie wussten nun, dass sie besser aus dem Hinterhalt angriffen. Dort konnten sie ihre starke Panzerung und die schwere Kanone optimal einsetzen, und ihre Nachteile wie die geringe taktische Beweglichkeit, die niedrige Höchstgeschwindigkeit und die magere Reichweite fielen nicht so ins Gewicht. So zeigten sich die Tiger bei den Schlachten um die Brückenköpfe der Alliierten 1944 in der Normandie von ihrer besten Seite. Sie trafen dort auf schmale Pfade, hohe, dichte Hecken und kleine Felder. In einem Fall vernichtete ein Tiger mindestens 25 Panzer der 7. britischen Panzerdivision (Desert Rats).

MICHAEL WITTMANN

Das Gefecht fand am 13. Juni 1944 in der Nähe des Dorfes Villers Bocage im Verlauf der Operation Epsom statt. Diese war ein Teil der Schlacht um Caen. Kommandant des Tigers war SS-Obersturmführer (Leutnant) Michael Wittmann von der schweren SS-Panzerabteilung 11. Wittmann soll in seinen zwei Jahren als Panzerkommandant nicht weniger als 119 Panzer (andere Berichte sprechen von 138) abgeschossen haben. Die Tiger stellten ihren Wert dann auch im Winter während der Ardennenoffensive in den stark bewaldeten Bergen unter Beweis. Hier und in Caen erwarb sich der Tiger seinen Ruf als unbesiegbare Kampfmaschine. Neben dem Kampfpanzer gab es den Tiger auch in einer Ausführung als Panzerbefehlswagen. Dieser verfügte über taktische Plotbretter und zwei zusätzliche Funkgeräte. Eines stellte die Verbindung zur Luftnahunterstützung her, das andere die zur Division.

Bis auf den Kugelfang war der Turm wohlgeformt. Er bestand aus 100 mm dicken Panzerplatten. Die Seiten waren waagerecht und senkrecht angewinkelt und bildeten eine Raute. Diese Form setzte sich in der Wanne fort. Anders als beim Vorgängermodell waren die Platten angeschrägt, um ankommende panzerbrechende Geschosse abzulenken. Dieses Merkmal wurde aus dem erbeuteten T-34 übernommen. Der PzKpfw „Tiger II" Ausf B ist im Prinzip eine Weiterentwicklung des Panther, mit dem er viel mehr Gemeinsamkeiten aufweist.

DER TIGER II

Eines teilte der Tiger mit beiden Vorgängern: Den 700-PS-Maybach-Motor. Während er für den 45 t schweren Panther ausreichte und mit dem 55 t schweren Tiger I schon seine Mühe hatte, war er mit einem Fahrzeug mit einem Kampfgewicht von knapp 70 t eindeutig überfordert.

RECHTS: Der legendäre Tiger des SS-Obersturmführers Wittmann (ganz links). Die Ringe am Kanonenrohr stehen für die Zahl der abgeschossenen Panzer.

Der Tiger II hatte daher eher dürftige Fahrleistungen. Er schaffte zwar immer noch 40 km/h auf der Straße, die Beschleunigung war aber nicht der Rede wert und der Verbrauch stieg in astronomische Höhen. Trotz 865-l-Tank lag die Reichweite im Gelände nur bei 60 km, auf der Straße war sie knapp doppelt so hoch. Schlimmer noch, die Maschine musste immer unter Volllast laufen, was natürlich schnell zu Problemen und Defekten führte. Warum man sich ausgerechnet für den Maybach HL 230 entschieden hat, ist nicht klar. Es gab stärkere Alternativen wie z.B. den 1050-PS-Motor von Daimler-Benz, der für den nie gebauten „Maus“ vorgesehen war, oder den noch stärkeren HL 234. Dieser hätte bei kaum höherem Kraftstoffverbrauch viel bessere Fahrleistungen geboten. Es gab auch schon Dieselmotoren mit ähnlicher Leistung. Sie hätten weniger verbraucht und obendrein einen Kraftstoff, der wesentlich besser verfügbar war.

Wie die beiden anderen schweren deutschen Panzer hatte der Tiger II einen Turm mit Hydraulikantrieb.

Er ließ sich aber auch manuell bedienen, wenn der Motor nicht lief oder, was häufig passierte, er keinen Kraftstoff mehr hatte. Das hydraulische System war ohnehin nicht besonders genau, so dass die Richtschützen oft freiwillig auf die manuelle Bedienung zurückgriffen. Um den Turm um ein Grad zu drehen, musste das 250-mm-Handrad zweimal gedreht werden. Das bedeutet 720 Umdrehungen, um einen Kreis mit dem Turm zu beschreiben. Wie der Tiger I (zumindest die ersten 500 Exemplare) konnte der Tiger II mit einem Schnorchel versehen werden. Bei entsprechender Vorbereitung, was allerdings ein paar Stunden kostete, konnte er für bis zu zweieinhalb Stunden bei einer Wassertiefe von 4 m untertauchen. Ein unangenehmes Merkmal aus dem alten Tiger wurde beseitigt: Die Laufrollen waren nun nicht mehr versetzt

PzKpfw VI Tiger (SdKfz 181) Ausf E

Bewaffnung: 1 Kanone 88 mm, 2 MGs 7,92 mm
Besatzung: 5 Mann
Länge: 8,45 m
Breite: 3,7 m
Höhe: 2,93 m
Panzerung: 25-100 mm
Motor: 700 PS
Reichweite: 140 km
Höchstgeschwindigkeit: 38 km/h

angeordnet. Sie überlappten sich nur noch ganz gering, wodurch das Problem der unfreiwilligen Aufenthalte im tiefsten Winter gelöst wurde.

Abgesehen von den mechanischen Problemen wegen des unterdimensionierten Motors war der Tiger II im Allgemeinen populär. Richtig eingesetzt, war er wahrhaftig unschlagbar. Die Kombination aus ausgezeichneter Kanone und starker Panzerung machte ihn zum stärksten Panzer des Zweiten Weltkriegs. Die Besatzungen nannten ihn „Königstiger", die Alliierten „King Tiger" oder „Royal Tiger". Insgesamt wurden zwischen dem Frühsommer 1944 und dem Ende des Krieges ein Jahr später 485 Exemplare gebaut. Damit war die Produktionsgeschwindigkeit fast genau so hoch wie beim Tiger I, von dem innerhalb von zwei Jahren 1350 Stück gebaut wurden.

DER PANZERJÄGER KÖNIGSTIGER

Vom Tiger II wurde nur eine einzige Variante produziert, der Panzerjäger Tiger Ausf B mit einer schrägen Frontpanzerung von 250 mm und einer 128-mm-Panzerabwehrkanone vom Typ PaK 44 L/55. Ihr Hochgeschwindigkeitsgeschoss von 28,3 kg hätte wohl auch ein Panzerschiff durchschlagen, wenn es Gelegenheit dazu gehabt hätte. Bei einem Gewicht von knapp 72 t war der immer noch benutzte HL 230 nun völlig überfordert. Seine Unzuverlässigkeit war wesentlich besorgniserregender als die des Panzers selbst.

In Deutschland wurde in der zweiten Hälfte des Zweiten Weltkriegs viel Energie und Mühe auf die Entwicklung von Waffen verwandt, die nie über das Stadium des Prototypen hinauskamen. Ein rationaler denkender Mensch als Hitler (der diese Projekte oft genug angeregt hatte) hätte sie rechtzeitig storniert. Auch die Panzer waren von diesem Denken betroffen, und so hatte Ferdinand Porsche bereits 1942 die Idee für ein wahres Monster. Der Panzer sollte über 150 t wiegen, die Panzerung zwischen 40 und 350 mm stark sein, und er sollte eine 150-mm-

RECHTS: Die 88-mm-Bordkanone des Tiger II konnte es mit jedem anderen Panzer aufnehmen. Es wurden aber zu wenige Tiger gebaut, um den Gegner an zwei Fronten aufzuhalten. Dieser Tiger der Ausführung B wurde im offenen Gelände von Shermans erwischt und durch Treffer in die Kette kampfunfähig geschossen.

Panzerjäger Tiger (PaK 43/2) Elefant (SdKfz 184)

Bewaffnung: 1 Kanone 88 mm, 2 MGs 7,92 mm
Besatzung: 5 Mann
Länge: 8,14 m
Breite: 3,63 m
Höhe: 2,97 m
Panzerung: 20-200 mm
Motor: 700 PS Maybach
Reichweite: 150 km
Höchstgeschwindigkeit: 38 km/h

PzKpfw VI Königstiger Ausf B (SdKfz 182)

Bewaffnung: 1 Kanone 88 mm, 2 MGs 7,92 mm
Besatzung: 5 Mann
Länge: 8,45 m
Breite: 3,76 m
Höhe: 2,93 m
Panzerung: 25-100 mm
Motor: 700 PS
Reichweite: 170 km
Höchstgeschwindigkeit: 35 km/h

oder 128-mm-Kanone erhalten. Des Weiteren war eine koaxiale Kanone vom Kaliber 75 mm geplant. Als Triebwerk war ein 1200-PS-Ottomotor vorgesehen, der die Kraft über Elektromotoren an die Ketten gab. Für die Federung sah Porsche natürlich wieder die langen Drehstäbe vor. 24 kleine Laufrollen waren zu je vier Stück auf Rollenwagen verteilt und teilweise versetzt angeordnet. Als der erste Prototyp des „Mammut" 1943 erschien, wurde klar, dass der fertige Panzer mit Turm und Bewaffnung um die 190 t wiegen würde.

Trotz alledem schlug sich der Prototyp in der Erprobung erstaunlich gut, zur Überraschung seiner Kritiker im Oberkommando der Wehrmacht. Er erreichte mit dem zugegebenerweise überforderten 1080-PS-Daimler-Benz-Motor eine Höchstgeschwindigkeit von 20 km/h. Eigentlich war auch ein 1200-PS-Motor vorgegeben. Der Panzer mit dem merkwürdigen Kosenamen „Maus" war zu schwer für die vorhandenen Brücken und konnte daher bis zu einer Tiefe von 8 m tauchen. Dafür gab es Schnorchel für Motor und Besatzung. Wie ein Experte bemerkte, gab es nie eine taktische Verwendung für den Maus und trotzdem wurden bis zum Zusammenbruch des deutschen Reichs insgesamt neun Prototypen gebaut. Zu diesem Zeitpunkt gab es sogar schon einen Auftrag über 150 Stück.

Aus verschiedenen Gründen war das Oberkommando der Wehrmacht gegen Porsches Panzer eingestellt und reagierte so ähnlich wie seinerzeit die französische Auswahlkommission angesichts des Schneider-Kampfwagens: Es wurde ein Gegenentwurf in Auftrag gegeben. Er wurde von Henschel entwickelt und sah natürlich aus wie ein aufgeblasener Tiger II. Wie der Maus sollte er über eine 150-mm-Bordkanone KwK 44 L/38 und eine koaxiale 75-mm-Kanone verfügen. Der E100 war etwas leichter als der Maus – der Begriff „leicht" ist hier natürlich relativ. Mit einer Panzerung zwischen 50 und 200 mm wurde ein Bruttogewicht von 140 t errechnet. Als der Krieg zu Ende ging, befand sich ein Prototyp gerade im Bau. Er wurde nicht mehr vollendet.

Zweifellos zählten die deutschen mittleren und schweren Panzer gegen Ende des Zweiten Weltkrieges zu den besten Panzern überhaupt. Geschlagen wurden sie nicht durch bessere Panzer oder gar bessere Taktik und Kampfkraft, sondern ausschließlich durch die Überzahl des Gegners. Die Amerikaner bauten von einem einzigen Typ – dem M4 Sherman – mehr Panzer als Deutschland insgesamt. Dazu kamen auch noch die ungefähr 40 000 T-34, die von der Sowjetunion gebaut wurden.

DIE PANZER DER ROTEN ARMEE

Der Panzer, der sicherlich den größten Einfluss auf die deutschen Panzerbauer hatte, war der sowjetische T-34, der wiederum auf eine Konstruktion von Walter Christie zurückgeht. So hatte der Amerikaner einen Einfluss auf den Panzerbau, der weit über seinen persönlichen Erfolg auf diesem Gebiet hinausreicht. Der sowjetische Konstrukteur Michail Kotschkin, der zusammen mit Alexander Morosow und Nikolai Kutscherenko in der Komintern-Fabrik bei Charkow an einem mittleren 20-t-Panzer arbeitete, nutzte die sowjetische BT-Reihe als Ausgangspunkt.

PzKpfw VI Tiger (SdKfz181) Ausf E

1 88-mm-Kanone L/56
2 7,92-mm-MG 34
3 7,92-mm-MG 34
4 Munition für 7,92-mm-MG
5 Nebelwerfer
6 Notausstieg
7 Sitz des Kommandanten
8 Seitenrichthandrad des Kommandanten
9 Schießluke
10 Seitenrichtgetriebe
11 Schutzschild für den Kommandanten
12 Seitenrichthandrad des Richtschützen
13 Höhenrichthandrad des Richtschützen
14 Sitz des Richtschützen
15 Feuerpedal für MG
16 Doppelfernrohr
17 Luftreinigungsanlage
18 Maybach-Motor
19 Funkgerät
20 Behälter für 88-mm-Munition
21 Fußhebel für hydraulisches Seitenrichten
22 Hydraulische Seitenrichtanlage
23 Scheibenbremse
24 Lenkung
25 Lenkrad
26 Getriebe
27 Fahrersitz
28 Handbremse
29 Gaspedal
30 Fußbremse
31 Kupplung
32 Stoßdämpfer
33 Drehstabfederung
34 Überlappende Laufrollen
35 Panzerkuppel
36 Kupplungshebel für Lüftung
37 Steuerung für Lufteinlassventil
38 Handeinspritzpumpe
39 Benzinhahn
40 Stauraum für MG-Munition

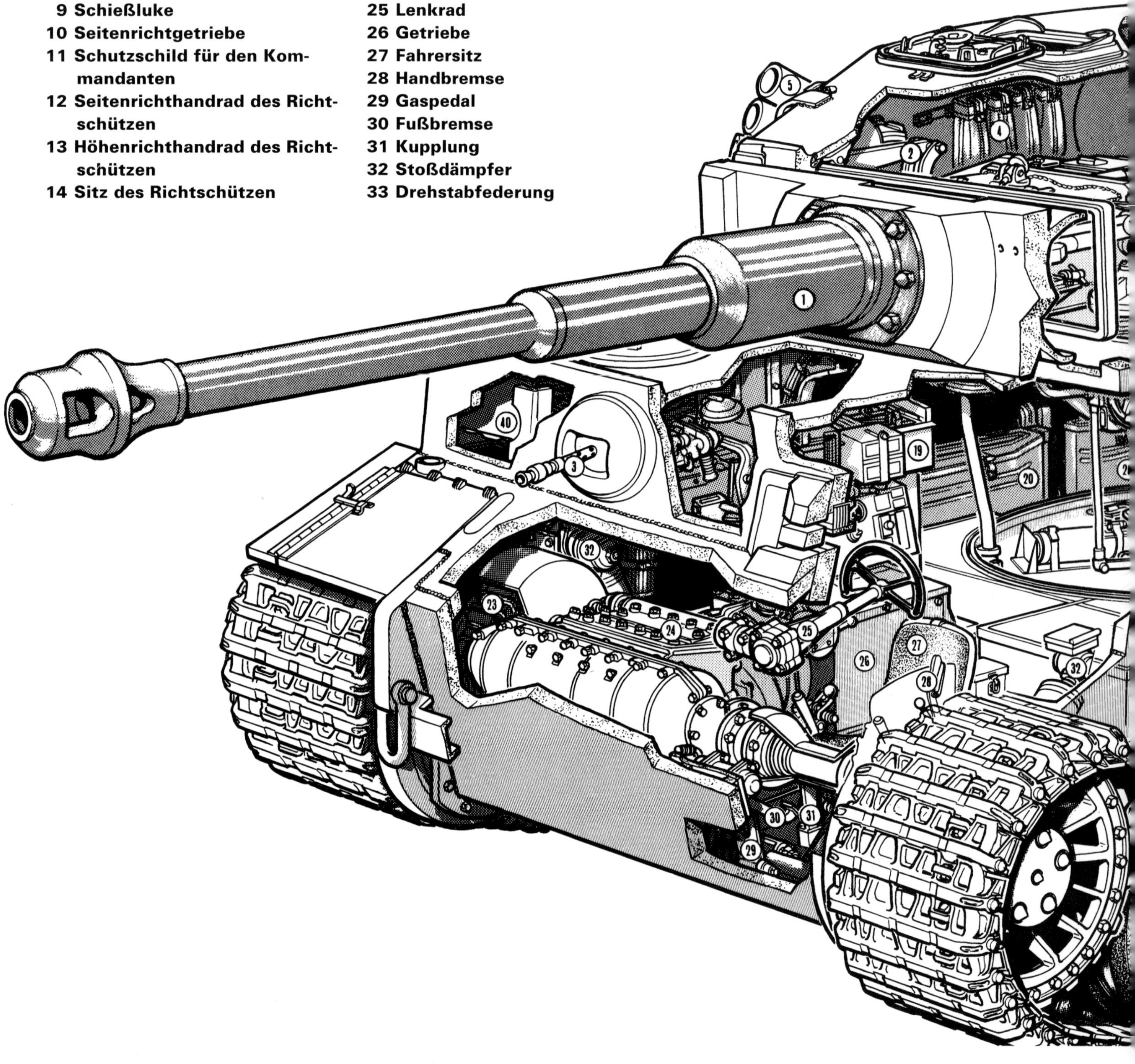

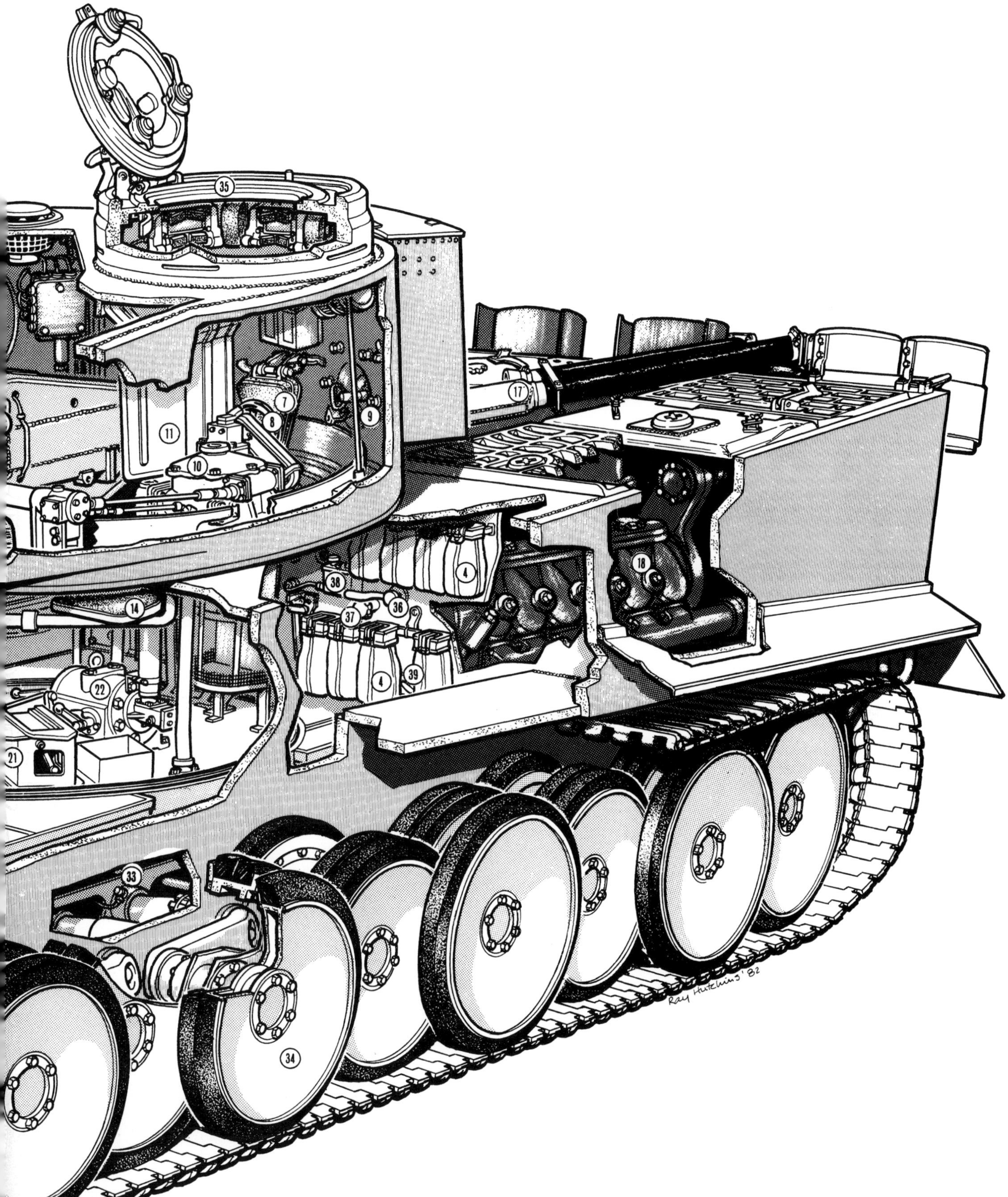
35
7
8
9
10
11
17
4
18
14
38
36
37
39
4
22
21
33
34
Ray Hutchins '82

Diese leitete sich wiederum vom Christie M-1928 ab. Der A-20 war ein Rad-/Kettenfahrzeug nach dem Christie-System, hatte eine abgeschrägte Panzerung an Turm und Wanne, eine 45-mm-Kanone L/46 und einen zuverlässigen 450-PS-Dieselmotor, der ihm eine Höchstgeschwindigkeit von 65 km/h verlieh. Der A-20 war seinen Konkurrenten in fast allen Punkten überlegen. Der einzige Schwachpunkt, die Kanone, wurde durch eine kurze 76,2-mm-Kanone L/26,5 abgelöst. Unter der Bezeichnung A-30 ging der Panzer 1939 in die Produktion.

DER T-34

Kotschkin war nicht überzeugt davon, dass die Möglichkeit des Panzers, auch auf Rädern zu fahren, so wichtig war, dass man die Einschränkungen, z.B. bei der Kettenbreite, in Kauf nehmen musste. Also verzichtete er beim T-32 darauf und konnte nun breitere Ketten montieren. Als Vorteile stellten sich ein geringerer Bodendruck und verbesserte Traktion ein. Der T-32 war im Prinzip dem A-20/30 sehr ähnlich, hatte aber fünf Laufrollen statt vier. Sie waren nun so groß, dass er auf Stützrollen verzichten konnte. Er war etwas langsamer als sein Vorgänger, der darüber hinaus auch besser geschützt und bewaffnet war. Trotzdem hielt Kotschkin den T-32 für das Fahrzeug mit mehr Entwicklungspotential. Daher benutzte er den T-32 als Grundlage für den T-34.

Mit einer etwas besseren Panzerung von bis zu 45 mm und einer etwas stärkeren Version des V-2-Motors drehte der Prototyp des T-34 1940 seine ersten Runden. Kurz darauf starb Kotschkin an einer Lungenentzündung.

Morosow übernahm den Job als Chefkonstrukteur und machte den Panzer produktionsreif. Er hatte eine stärkere Ausführung der 76,2-mm-Kanone mit dem längeren Rohr L/30.5, die eine Mündungs-

KV-1A

Bewaffnung: 1 Kanone 76,2 mm, 3 MGs 7,92 mm
Besatzung: 5 Mann
Länge: 7,41 m
Breite: 3,49 m
Höhe: 2,87 m
Panzerung: 30-75 mm
Motor: 500 PS
Reichweite: 160 km
Höchstgeschwindigkeit: 35 km/h

geschwindigkeit von 610 m/sek erreichte. Damit war das 6,25 kg schwere panzerbrechende Geschoss in der Lage, auf normale Entfernung eine Panzerung von bis zu 55 mm zu durchschlagen. Die zeitgenössischen deutschen PzKpfw III und IV konnte es sogar über die doppelte Kampfentfernung mit einem Frontaltreffer ausschalten. Ergänzt wurde die Bewaffnung durch zwei 7,62-mm-MGs Degtjarewa, eines koaxial angebracht, das andere an der Frontplatte. Die Ketten waren breiter als bei jedem anderen Panzer zuvor, und die doppelten Laufrollen waren in unterschiedlichen Abständen zueinander angeordnet. Die Schraubenfedern saßen innerhalb der Wanne. So kam der T-34 noch durch, wo seine Konkurrenten längst passen mussten. Das Fassungsvermögen der Tanks betrug 615 l, ein Viertel davon in außen montierten Tanks, die nach der Benutzung abgeworfen wurden. Damit erreichte der T-34 die beachtliche Reichweite von 450 km.

T-34/76A

Bewaffnung: 1 Kanone 76,2 mm, 2 oder 3 MGs 7,62 mm
Besatzung: 4 Mann
Länge: 7,08 m
Breite: 3,21 m
Höhe: 2,62 m
Panzerung: 14-45 mm
Motor: 500 PS
Reichweite: 250 km
Höchstgeschwindigkeit: 50 km/h

VARIANTEN DES T-34

Die ersten Serienmodelle des T-34 gingen im Juni 1940 aus Fabriken in Charkow, Leningrad und Stalingrad an die Rote Armee. In diesem Jahr wurden aber nur etwa 120 Stück hergestellt. Als Hitler im Sommer 1941 die Sowjetunion überfiel, galten die Fabriken in Charkow und Leningrad als gefährdet und wurden zusammen mit einem Großteil der wichtigsten sowjetischen Industriebetriebe hinter den Ural verlegt. Die Panzerfabriken wurden in Tscheljabinsk aufgebaut, wo sie zusammen mit einer bereits vorhandenen Traktorenfabrik den Ort Tankograd bildeten. Dort blieb die sowjetische Panzerindustrie bis zum Zusammenbruch der Sowjetunion Anfang der 90er Jahre. Die erste Variante des T-34 war im Westen als T-34/76 bekannt und blieb bis 1942 in der Produktion.

Bis dahin war auch eine stärkere Version der Kanone 1939 verfügbar – das Modell 1940 F34. Die Länge des Rohrs wurde auf 41,2 Kaliber (d.h. das 41,2-fache seines Kalibers) gebracht, und die Mündungsgeschwindigkeit betrug nun 680 m/sek. Neben der neuen Kanone erhielt der T-34 in der Version T-3/76B auch eine neue Panzerung und einen Turm aus Gussstahl. Die Produktion lag in diesem Jahr bei etwa 5000 Stück. 1943 erschienen die ersten T-34/76C mit schwererer Panzerung, anderer Turmluke und zahlreichen Detailänderungen. Die Produktion lag nun schon bei über 10 000 Stück und sollte bis zum Kriegsende auf dieser Höhe bleiben.

DER TREUE T-34/85

Gegen 1943 waren die Planungen zu einer Umkonstruktion weit vorangeschritten, die den Einbau der viel stärkeren 85-mm-Kanone D-5T85 ermöglichten. Es wurde

LINKS: Die ersten Versionen des schweren Panzers KV-1 wurden im Winterkrieg gegen Finnland erprobt. Der hier gezeigte KV-1C hat eine verbesserte Frontpanzerung und einen stärkeren 600-PS-Motor.

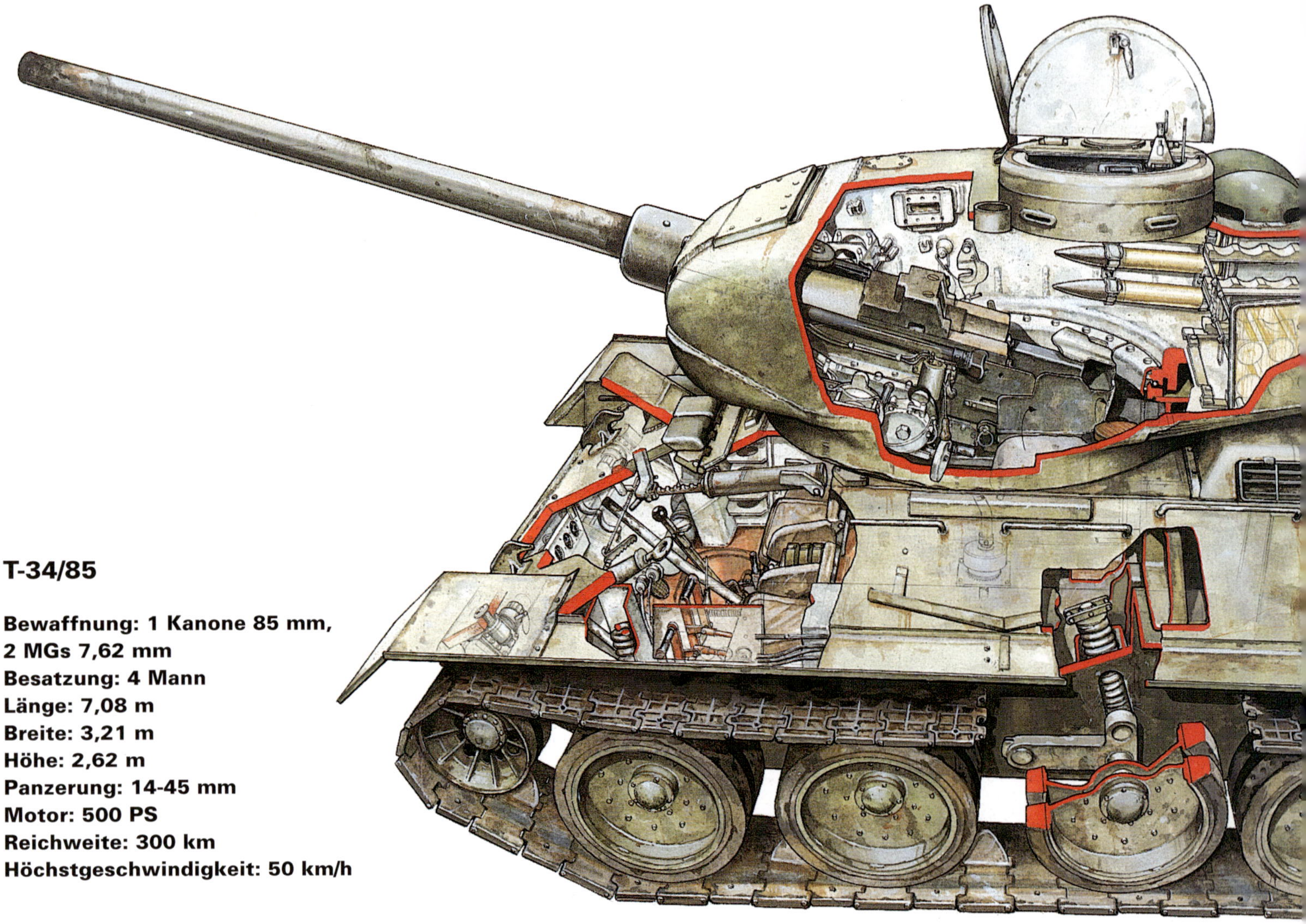

T-34/85

Bewaffnung: 1 Kanone 85 mm,
2 MGs 7,62 mm
Besatzung: 4 Mann
Länge: 7,08 m
Breite: 3,21 m
Höhe: 2,62 m
Panzerung: 14-45 mm
Motor: 500 PS
Reichweite: 300 km
Höchstgeschwindigkeit: 50 km/h

aber beschlossen, auch die Entwicklung des T-34/76 voranzutreiben. Das Ergebnis dieser Arbeit war der T-34/76 D mit einem sechseckigen, geschweißten Turm, der wesentlich größer als die früheren Ausführungen war und nun endlich die benötigte Ellenbogenfreiheit bot. Der gefährliche hintere Überhang wurde dabei auch gleich beseitigt. Der T-34/76E war im Prinzip ähnlich, hatte aber eine höhere Kuppel für den Kommandanten. Der T-34/76F besaß den gleichen Turm, aber aus Gussstahl.

Zur Unterbringung der wesentlich größeren 85-mm-Kanone brauchte der T-34 einen völlig neuen Turm. Krylow, der inzwischen Morosow als Chefkonstrukteur abgelöst hatte, wählte eine Ausführung, die auch an den größeren KV-1 passte, der zusammen mit dem ersten T-34 in die Produktion gegangen war. Dieser Turm war viel größer und schaffte Platz für einen fünften Mann. Nun musste der Kommandant sich nicht mehr mit ablenkenden Nebentätigkeiten wie dem Laden der Kanone befassen. Die Kanone selbst war der 88-mm-KwK des Tigers absolut ebenbürtig. In der ursprünglichen Form war das Rohr 51,5 Kaliber lang und verfeuerte seine 9,36 kg schweren Massivgeschosse mit einer Geschwindigkeit von 792 m/sek.

Die verbesserte Version ZIS-53 war noch 3,1 Kaliber länger und erreichte eine Mündungsgeschwindigkeit von 800 m/sek. Damit konnte sie eine 100 mm dicke Panzerung auf 1000 m Entfernung durchbrechen. Die neue Version des Panzers ging im Dezember 1943 als T-34/85 in die Produktion. Schon im ersten Monat lieferte Tankograd fast 300 Stück. 11 000 weitere Exemplare wurden 1944 hergestellt, und bis zum Kriegsende folgten noch einmal 10 000 Stück. Die Produktion lief weiter bis 1964.

SCHWERE SOWJETISCHE PANZER

Der T-34/85 blieb bis in die 50er Jahre bei der Roten Armee und den Streitkräften des Warschauer Paktes im aktiven Dienst. Danach diente er als Ausbildungsgerät. Mehr als 50 Jahre nach der Entstehung des ersten Exemplars gibt es immer noch Streitkräfte in der Dritten Welt, die diesen Panzer benutzen.

Während des Zweiten Weltkriegs wurden beide Versionen des T-34 auch zu Flammenwerfern umgebaut. Andere dienten als Bergungspanzer. Zu diesem Zweck wurde entweder einfach der Turm entfernt, oder es wurden eine Winde und ein Kranhaken montiert. Nach dem Zweiten Weltkrieg wurden einige T-34 mit Räumschaufeln und Minenräumwalzen ausgestattet. In der Tschechoslowakei dienten sie auch als Brückenlegepanzer. Einige syrische T-34 wurden zu Selbstfahrlafetten umgebaut und erhielten eine Haubitze D-30 anstatt des Turms. In Nordvietnam

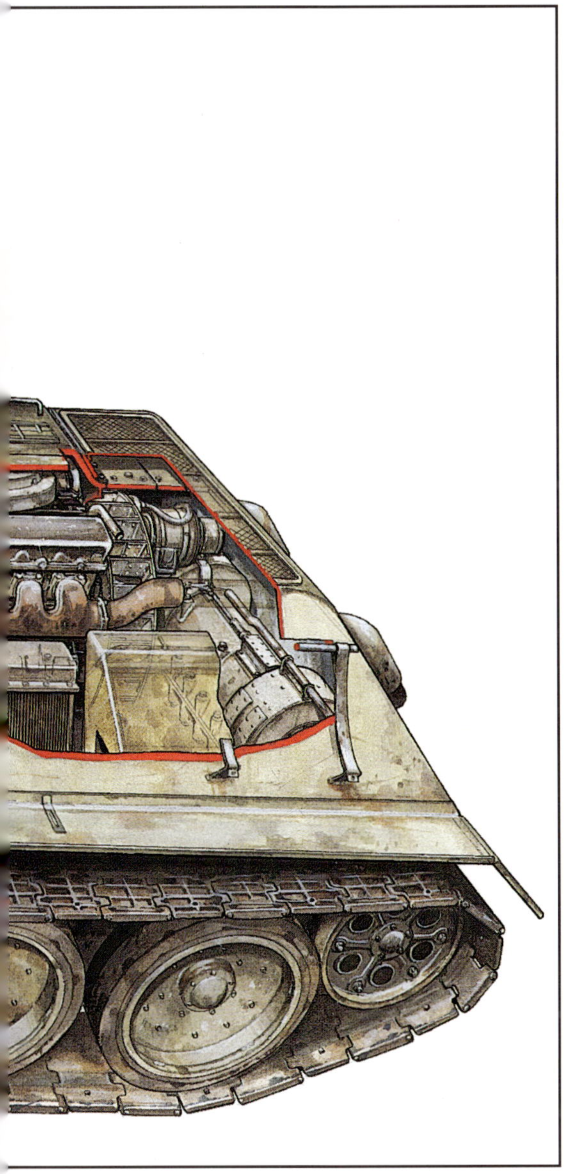

Oben: Nur wenige Waffen hatten so viel Einfluss auf den Ausgang des Zweiten Weltkriegs wie der T-34. Mehr als 40 000 Exemplare trugen entscheidend dazu bei, den Durchmarsch der deutschen Truppen in Richtung Osten aufzuhalten.

wurden andere Türme mit 37-mm-Zwillings-MGs eingebaut.

Wie schon vorher erwähnt, stieß das Konzept des schweren Panzers in den 30er Jahren in der Sowjetunion auf starke Begeisterung. Die Entwicklung begann mit dem T-28 und setzte sich über den T-35 mit dem T-100 und SMK fort. Alle hatten mehrere Türme, die noch auf eine veraltete Philosophie zurückgingen. Sie waren denn auch nicht sehr erfolgreich. Es blieb aber die Idee, einen schwereren Panzer als den T-34 zu bauen. Anfang 1939 machte sich in der Kirow-Fabrik in Leningrad eine Gruppe unter Kotin an den Entwurf zu einem neuen Fahrzeug, dem KV-1. Der Name weist auf den Marschall Klimenti Woroschilow hin. Das Fahrzeug ähnelte dem T-100/SMK, hatte aber nicht die Nebentürme für die MGs und nur eine Kanone in einem konventionellen Turm. Der Prototyp stand im September 1939 zur Erprobung bereit und schon am Ende des Jahres wurde der Befehl zur Produktion erteilt, zusammen mit dem T-34. Der KV-1 hatte wegen seiner 77 mm dicken Wanne ein Kampfgewicht von 47,5 t. Sein V-12-Dieselmotor vom Typ V-2K leistete nun 600 PS und brachte das schwere Fahrzeug auf 35 km/h. Der Turm war groß genug für drei Mann und bestand aus verschweißten Stahlplatten, an den Seiten 75 mm und oben 30 mm dick. Der Mechanismus der 76,2-mm-Kanone wurde durch eine Rohrblende aus Gussstahl geschützt. 1943 wurde der Entwurf aktualisiert und erhielt einen neuen Turm. Es handelte sich um die gleiche Version für die 85-mm-Kanone, die auch im T-34/85 eingebaut war. Unterdessen hatte es schon drei Versionen des KV-1 mit immer dickerer Panzerung gegeben. KV-1A und KV-1B hatten eine Zusatzpanzerung vorn an Wanne und Turm, während der KV-1C insgesamt stärker gepanzert war. Eine vierte Variante, der KV-1s (das „s" steht für „skorostnoj" = „schnell"), hatte weniger Panzerung als der ursprüngliche KV-1 und schaffte mit einem niedrigeren Kampfgewicht von 43 t nun 45 km/h.

STALINS PANZER

Das Konstruktionsteam, das die Panzer der KV-Reihe entwickelt hatte, erhielt Anfang 1943 den Auftrag, ein Nachfolgemodell zu bauen. Das Fahrwerk basierte auf dem für den T-100/SMK entwickelten System. Jede Seite hatte kleine Laufrollen an sechs Achsschenkeln, die über Drehstäbe gefedert waren. Dazu kamen drei Stützrollen. Drei Prototypen standen im Herbst zur Erprobung bereit, und es zeigte sich schnell, dass die Konstruktion vorzügliche Anlagen hatte. Die voll verschweißte Wanne war bis zu 120 mm dick, der Turm aus Gussstahl war das aus dem KV-85 (der KV-1 mit der stärkeren Kanone) und dem T-34/85 bekannte Modell. Der Panzer erhielt den Namen IS-85. IS steht für Josef Stalin, und deshalb taucht bei der Umschreibung in anderen Sprachen auch das Kürzel JS auf. Der Hauptunterschied zwischen KV und IS lag im niedrigeren Fahrwerk des letzteren. Dadurch stiegen auch die Ketten nicht mehr so stark an, worunter die Kletterfähigkeit litt. Gleichzeitig war es nun aber möglich, dass die Aufbauten über die Ketten ragten und das Gesamtgewicht in Grenzen hielten. So konnte auch ein größerer Turmdrehkranz installiert werden. Das tatsächliche Kampfgewicht des IS-85 lag 2 t unter dem des KV-85, ein Beweis für die sorgfältige Arbeit der Konstrukteure, besonders angesichts der Tatsache, dass die Panzerung an

LINKS: Vor dem Zweiten Weltkrieg waren die britischen Truppen in aller Welt verstreut und verteidigten das Empire. Der leichte Vickers-Armstrong Mk VI, der hier in der ägyptischen Wüste patrouilliert, war der britische Standardpanzer im Zweiten Weltkrieg. Bewaffnet war er mit dem altehrwürdigen 7,7-mm-Vickers-MG aus dem Ersten Weltkrieg.

wichtigen Stellen um 50 mm verstärkt wurde.

Der IS-85 wurde in begrenzter Stückzahl als IS-1 gebaut, als die Konstrukteure den Auftrag erhielten, eine Version mit stärkerer Bordkanone zu bauen, zunächst mit 100 mm und dann die D-25 mit 122 mm. Die letzte Version verfeuerte ein 25 kg schweres panzerbrechendes Geschoss mit einer Geschwindigkeit von 780 m/sek. Damit konnte sie auf 1000 m eine homogene Panzerung von 160 mm durchbrechen. Der Panzer mit der D-25 wurde als IS-122 entwickelt und ab Ende Oktober 1943 als IS-2 gebaut. Bis zum Ende des Jahres waren über 100 Exemplare fertiggestellt, bis Ende 1944 folgten weitere 2200 Stück. Dieser IS-2 war schon eine beeindruckende Waffe. Aber die Entwicklung blieb hier keinesfalls stehen.

Der IS-2

Petrov, der den Gussstahlturm für die 85-mm-Kanone entwickelt und für den IS-2 verbessert hatte, machte sich nun daran, einen noch besseren Turm zu bauen. Der flache Turm in der Form einer umgedrehten Schüssel, zwischen 25 und 230 mm dick, blieb bis in die 80er Jahre das Erkennungszeichen der sowjetischen Panzer. Sogar der bis zum Ende der 80er Jahre gebaute T-80 blieb dieser Form treu. Weiterhin findet sich der Turm auch bei den Schützenpanzern und Kampfpanzern der Volksrepublik China. Die Wanne des IS-2 wurde ebenfalls völlig umkonstruiert und verstärkt. Dabei erhielt sie ihr charakteristisches Merkmal – die Frontpanzerplatte in der Form eines umgekehrten „V". Trotzdem blieb das Kampfgewicht unter 46 t – über 10 t weniger als der Tiger I und 20 t weniger als der Tiger II. Der verbesserte Panzer mit der Bezeichnung IS-3 hatte den gleichen Bodendruck wie der T-34/76A. Angesichts der Schlammwüsten auf dem flachen Land in der Sowjetunion war dies von ganz entscheidender Bedeutung. Der IS-3 war seinen beiden deutschen Rivalen eindeutig überlegen, sowohl in der Feuerkraft (trotz niedrigerer Feuergeschwindigkeit) als auch im Panzerschutz.

Wenn der IS-3 überhaupt einen Fehler hatte, war es die Enge im Innenraum, trotz der Reduzierung der Besatzung auf vier Mann. Die Munitionsvorräte waren ebenfalls dürftig – gerade einmal 28 Schuss für die Bordkanone. IS-2 und IS-3 waren noch viele Jahre im aktiven Dienst in der Sowjetunion und bei ihren Verbündeten.

BRITISCHE PANZER IM ZWEITEN WELTKRIEG

Obwohl Großbritannien bereits am 3. September 1939 Deutschland den Krieg erklärt hatte, waren seine Panzertruppen erst im folgenden Frühjahr in ernsthafte Gefechte verwickelt.

Der deutsche Feldzug im Jahr 1940, der über die Niederlande, Luxemburg und Belgien nach Frankreich führte, machte Engländern und Franzosen schlagartig klar, dass sie Entschlossenheit und Eroberungswillen Hitlers jahrelang unterschätzt hatten, obwohl die Anzeichen dafür eigentlich nicht zu übersehen waren. Ein Großteil des in England stationierten britischen Heeres wurde zur Verteidigung Frankreichs eingesetzt. Nach einem knappen Monat war davon fast nichts mehr übrig. Was nicht erbeutet worden war, war vernichtet. Nur ein äußerst glücklicher Umstand konnte für die Briten das allerschlimmste verhüten. Hitler hatte der Wehrmacht tatsächlich befohlen, am 26. Mai nicht weiter vorzustoßen und die Reste der Alliierten in Dünkirchen unbehelligt zu lassen. So konnten 338 000 Soldaten (ein Drittel davon Franzosen und Belgier) entkommen und später weiterkämpfen.

DER SIEG BEI ARRAS

Die Briten hatten Anfang 1940 die 1. Panzerdivision in Europa und dazu die 7. Panzerdivision in Ägypten. Sie verfügten über leichte Panzer vom Typ Mk VI, die Infanteriepanzer Mk I und II und die Kreuzerpanzer Mk I, II, III und IV. Die besten darunter waren die Kreuzerpanzer Mk III und IV und der Infanteriepanzer Mk II (Matilda) Ein Großteil der 1. Panzerdivision ging mit den britischen Expeditionsstreitkräften nach Frankreich und kämpfte am 21. Mai in Arras – ein Name, den britische Panzersoldaten nur ungern erwähnten – die erste Schlacht seit 23 Jahren. Die Division setzte 58 Matilda I ein, die nur über MGs verfügten, und dazu 16 Matilda II mit Zweipfünder-Kanonen sowie eine unbekannte Zahl von leichten Panzern des Typs Mk VIB.

Die britischen Panzer mussten 190 km auf ihren Ketten zurücklegen, um zu ihren Verteidigungsstellungen in der Nähe von Waterloo zu gelangen. Viele verließen sich auf Karten, die sie unterwegs gekauft hatten. Es war in der Tat sogar für die Besatzungen überraschend, dass bis auf einen Panzer alle ihr Ziel erreichten, und das trotz der Angriffe der deutschen Luftwaffe. Die Infanteriepanzer konnten den deutschen 37-mm-Panzerabwehrkanonen standhalten, und es gelang ihnen unter einigen Verlusten, die deutschen Stellun-

Infanteriepanzer Mk II Matilda II

Bewaffnung: 1 Zweipfünder-Kanone, 1 MG 7,92 mm
Besatzung: 4 Mann
Länge: 6,02 m
Breite: 2,8 m
Höhe: 2,62 m
Panzerung: 20-78 mm
Motor: 2 AEC-Diesel mit je 190 PS
Reichweite: 257 km
Höchstgeschwindigkeit: 24 km/h

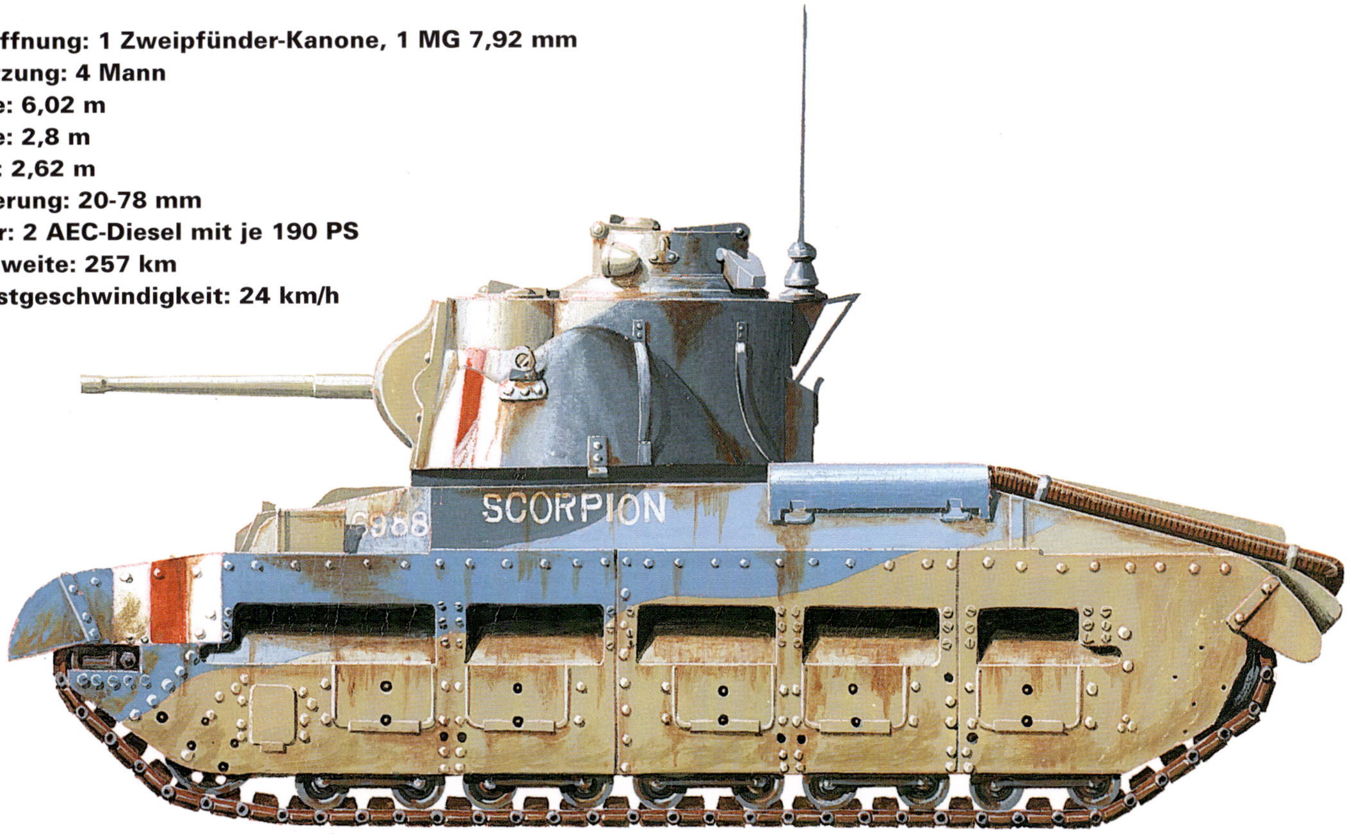

LINKS: Der von Vickers im Rahmen eines knappen Budgets gebaute Mk I Matilda war in seiner Rolle der Infanterieunterstützung 1940 hoffnungslos überfordert. Er war zwar gut gepanzert, aber die Ketten waren verwundbar und die Höchstgeschwindigkeit lag bei lächerlichen 13 km/h.

gen zu überrennen. Als sie dann von den Panzern der 7. deutschen Panzerdivision unter Erwin Rommel angegriffen wurden, gelang es ihnen, sechs PzKpfw III und drei PzKpfw IV sowie eine unbekannte Zahl von PzKpfw II zu vernichten. Der Sieg war aber sehr kurzlebig und wurde durch einen peinlichen Zwischenfall beendet. Die Matildas wurden von französischen SOMUA-35 angegriffen, die sie für deutsche Panzer hielten. Die Deutschen gaben schließlich den Matildas mit ihrer Panzergranate aus der 88-mm-Panzerabwehrkanone den Rest. Es handelte sich dabei um die Kanone, die später in den Tiger eingebaut wurde.

MATILDAS UND CRUISER

Der Matilda II war mit seiner 78 mm dicken Hauptpanzerung zweifellos zäh, aber wegen des hohen Gewichts hatte man bei der Geschwindigkeit Abstriche machen müssen. Die Cruiser Mk III und IV wiederum boten anständige Fahrleistungen, waren dafür aber mit der Zweipfünder-QF-L Kanone miserabel bewaffnet und obendrein schlecht geschützt.

Dieses Manko wurde später durch zusätzliche Panzerplatten ausgeglichen. Im Kampf stellte sich schon bald heraus, dass die nächste Generation der schweren Kreuzerpanzer unter den gleichen Mängeln litt. Der A15 Mk VI „Crusader" ähnelte in Form und Konstruktion stark dem Mk V „Covenanter", besaß aber den erprobten und bewährten (und auch nicht mehr ganz aktuellen) 350-PS-Liberty-Motor von Nuffield anstelle des 12-Zylinder-Boxers von Meadows. Weiterhin hatte er auf jeder Seite eine zusätzliche Laufrolle. Die Hauptbewaffnung blieb fast unverändert, abgesehen von einem zusätzlichen MG-Turm neben dem Fahrer. Als die Pan-

OBEN: Der Mk II Matilda stellte gegenüber seinem Vorgänger eine echte Verbesserung dar. Er diente der 8. Armee in Nordafrika bis 1943. Diese Aufnahme entstand im Januar 1941 und zeigt Soldaten in England beim Tarnen des Panzers.

zerung später verstärkt wurde, fiel dieser Turm wieder weg – sehr zur Begeisterung der Soldaten, die darin arbeiten mussten. Ebenfalls weggelassen wurde ein zweites MG in der Wanne, das vom Fahrer bedient wurde.

Der 19 t schwere Crusader wurde wie schon der Covenanter vor ihm direkt vom Reißbrett bestellt, bevor der erste Prototyp überhaupt zum Laufen gebracht war. Auch diesmal resultierte diese Vorgehensweise in starker Unzuverlässigkeit. Der Crusader hatte seinen ersten Einsatz im Juni 1941 bei der Operation Battleaxe, dem missglückten britischen Angriff mit zwei Spitzen auf Sollum und den Halfaya-Pass in der nordafrikanischen Wüste. Es sind wohl mehr Crusader aufgrund mechanischer Defekte ausgefallen als von den deutschen Panzern vernichtet wurden. Die Zweipfünder-Kanone des Crusader war der beste Beweis dafür, welche Fortschritte die Technik seit ihrer Einführung im Jahr 1934 gemacht hatte. Spätere Versionen des Crusader erhielten eine 57-mm-Sechspfundkanone mit Rohrlänge von 42,9 Kalibern. Die Mündungsgeschwindigkeit lag bei 853 m/sek, ausreichend für das 2,75 kg schwere Geschoss, um auf die normale Kampfentfernung eine Panzerung von 80 mm zu durchschlagen. Diese Kanone war den 50-mm-Kanonen des PzKpfw III überlegen und konnte sich sogar neben der 75-mm-Kanone L/43 sehen lassen, die in den letzten PzKpfw IV eingebaut wurde. Der 57-mm-Sechspfünder wurde zur Standard-Bordkanone der britischen Panzer. Abgelöst wurde sie zunächst durch eine 75-mm-Version und viel später durch einen kolossalen 17-Pfünder.

Die letzte Ausführung des Crusader, der Crusader III, hatte eine Panzerung von bis zu 51 mm. Er wurde rechtzeitig zur Schlacht von El Alamein im Oktober/November 1942 fertig und führte sich gut ein. Als im nächsten Jahr die Alliierten zur Invasion von Italien ansetzten, war er aber schon wieder veraltet. Da er als unterlegen galt, kam er kaum noch zum Einsatz. Insgesamt wurden etwa 5300 Crusader gebaut. Das Chassis fand auch Verwendung bei gepanzerten Planierraupen, Bergungspanzern, beweglichen Flugabwehrbatterien und Beobachtungsposten. Mit dem Crusader verschwand auch das Konzept des Kavalleriepanzers, dessen letzter Vertreter er gewesen war. Die Idee hatte sich inzwischen als unbrauchbar erwiesen, was sich auch daran zeigte, dass Bewaffnung und Panzerung des Crusader einem ständigen Verbesserungsprozess unterworfen waren. Danach orientierten sich die mittleren britischen Panzer mehr an den deutschen Vorbildern. Es gab allerdings ohnehin nicht viele mögliche Entwicklungsrichtungen, so dass auch die sowjetischen und amerikanischen Panzer kaum anders aussahen. Immer dickere Panzerungen erzwangen immer stärkere Kanonen, und so kam es zu einem Wettrüsten ohne Ende. Selbstverständlich wurden auch Schnelligkeit und Zuverlässigkeit nicht außer Acht gelassen.

DER BRITISCHE INFANTERIE-PANZER

Natürlich war der Kavalleriepanzer nur eine Waffe im britischen Panzerarsenal. Der Infanteriepanzer – schwerfällig, schwer gepanzert und leicht bewaffnet – war zu diesem Zeitpunkt auch noch mit im Spiel. Der Infanteriepanzer Mk III „Valentine“ (angeblich nach dem zweiten Vornamen von John Carden) basierte konstruktiv auf dem Cruiser Mk II, hatte aber auch Komponenten aus dem Cruiser Mk I und aus dem Matilda I.

Im Prinzip handelte es sich um eine Kompromisslösung. Die Panzerung war zwischen 8 und 65 mm dick und erfüllte damit eigentlich nicht die Kriterien für einen Infanteriepanzer. Der 135-PS-Ottomotor musste bald einem 131-PS-Diesel weichen, später kam dann ein 165-PS-Motor. Der Platz im Turm war für die zwei Mann wegen des Standard-Zweipfünders ziemlich eng. Später gab es einen Turm, der für drei Mann genau so wenig Platz bot, da er zunächst eine Sechspfund-Kanone und später eine 75-mm-Waffe aufnehmen musste. Der Valentine hatte das von Carden für die Kreuzerpanzer Mk I und II konstruierte Fahrwerk mit drei Laufrollen pro Rollenwagen, wog etwas über 16 t und erreichte auf der Straße 24 km/h, ungefähr die Hälfte eines zeitgenössischen Kreuzerpanzers. Ungewöhnlich für einen Infanteriepanzer war, dass der Valentine kein MG in der Wanne hatte, sondern nur ein Turm-MG. Als die ersten Sechspfund-Kanonen installiert wurden, musste das MG weichen, kehrte aber später an seinen Platz zurück. Die letzten Valentines hatten sogar ein Bren-MG für die Luftverteidigung in der Luke des Kommandanten.

Vickers hatte den Entwurf für den späteren Valentine dem Kriegsministerium im Februar 1938 vorgelegt, aber er sollte erst 16 Monate später akzeptiert werden. Der Grund für die Verzögerung lag wohl in dem Zweimann-Turm. Dieser widersprach den vernünftigen Einsatzgrundsätzen der Panzertruppe, wonach der Kommandant sich ohne Ablenkung auf die taktische Lage konzentrieren sollte. Vickers stand eine selbstladende Zweipfund-Kanone zur Verfügung, die das Problem gelöst hätte, sie war aber nie für den Panzer eingeplant. Als die Konstruktion schließlich akzeptiert wurde, sollte die Firma 275 Panzer auf dem schnellstmöglichen Weg liefern. Es wurde nie ein Prototyp gebaut, was aber vor dem Hintergrund des sich abzeichnenden Krieges durchaus verständlich ist. Außerdem hatten die meisten Bauteile sich ja schon in anderen Panzern bewähren können. Die ersten Valentines rollten im Mai 1940 aus den Werkshallen. Für die Schlacht in Frankreich kamen sie zu spät, dafür waren sie rechtzeitig in Nordafrika zur Stelle, wo sie sich mit der Wüste auseinander setzen mussten. In kleiner Zahl kamen sie auch im Pazifik zum Einsatz, und sechs Valentines nahmen zusammen mit sechs Tetrach in Madagaskar am ersten amphibischen Einsatz britischer Panzer teil. Der Infanteriepanzer Mk III Valentine wurde zwischen Mitte 1940 und Anfang 1944 in 11 Versionen gebaut. Er kam auf eine Stückzahl von 8275 Exemplaren. Dazu kommen noch 1420 Stück, die in Kanada von der Canadian Pacific Railroad Company gebaut wurden. Die meisten der letzten 1300 Panzer gingen an die Sowjetunion. Dort wurde die Zweipfund-Kanone in der Regel sofort ausgebaut und durch die viel stärkere 76,2-mm-Kanone ersetzt.

Die stärkste Eigenschaft des Valentine war seine Zuverlässigkeit, die viele der Mängel wieder ausgleichen konnte. Das Chassis bildete die Grundlage für eine Reihe gepanzerter Unterstützungsfahrzeuge einschließlich Brückenpanzern, Minenräumpanzern mit Walzen und Harken, gepanzerten Pionierzugmaschinen und

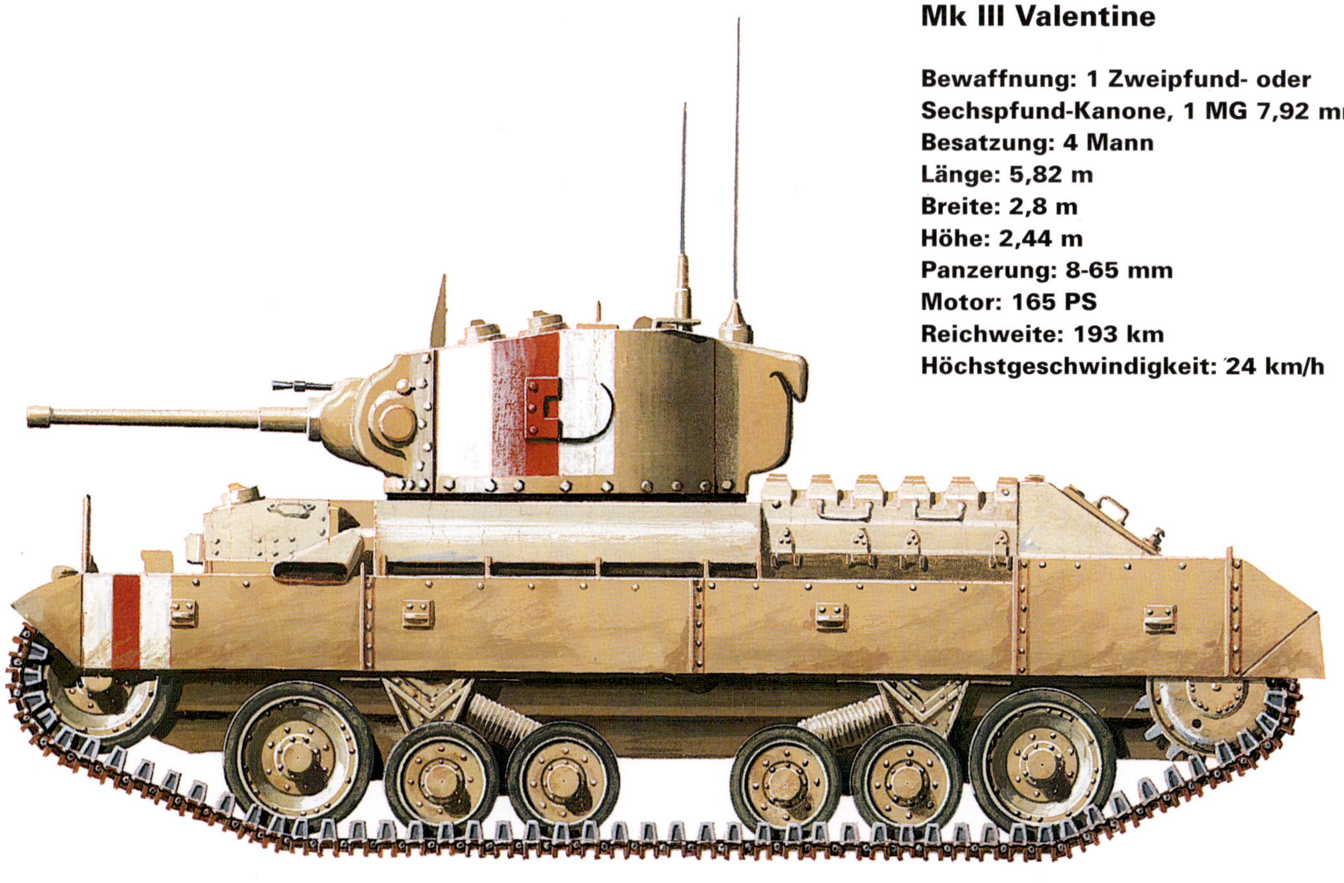

Mk III Valentine

Bewaffnung: 1 Zweipfund- oder Sechspfund-Kanone, 1 MG 7,92 mm
Besatzung: 4 Mann
Länge: 5,82 m
Breite: 2,8 m
Höhe: 2,44 m
Panzerung: 8-65 mm
Motor: 165 PS
Reichweite: 193 km
Höchstgeschwindigkeit: 24 km/h

LINKS: Der kompakte, schwer gepanzerte Matilda war ideal für die Nahunterstützung, besonders in der Pazifik-Region. Australische Infanteristen rücken hier langsam im Bereich Bougainville vor, unterstützt durch das 2./4. australische Panzerregiment.

Flammenwerfern. Außerdem entstand auf dieser Basis die Selbstfahrlafette Bishop, ein Lückenbüßer mit 25-Pfund-Haubitze und der wesentlich erfolgreichere Jagdpanzer Archer, der über eine 17-Pfund-Panzerabwehrkanone verfügte.

DER CHURCHILL

Nach dem Valentine folgte ein Panzer, der nach einem absolut missratenen Start der wichtigste britische Infanteriepanzer des Zweiten Weltkriegs werden sollte – der Infanteriepanzer A22 Mk IV „Churchill". Der Vorgänger des späteren Churchill wurde 1939 als aktuelle Version der schweren Panzer aus dem Ersten Weltkrieg vorgestellt. Es wurde im Allgemeinen erwartet, dass der kommende Krieg dem vor 20 Jahren ähneln würde. Also wurde ein Panzer entwickelt, der breite, tiefe Gräben durchqueren und hohe Hindernisse überklettern konnte. Er sollte unempfindlich gegen Granatsplitter und Panzerabwehrwaffen sein und mit seiner Bewaffnung Nahunterstützung gegen befestigte Verteidigungsstellungen leisten. Aufgrund dieser Vorgaben war der neue Panzer natürlich kaum mehr als eine aktuelle Version des Mk V, mit den typischen rautenförmigen Ketten, dem Bergebalken und den seitlichen Kettenkästen. Der Motorisierungsausschuss des britischen Heeres und Vickers-Armstrong ließen eine Machbarkeitsstudie durchführen. Daraus resultierte eine konventionellere Ausführung, die als A20 von Harland and Wolff gebaut werden sollte. Die Firma baute einen Prototyp mit dem 12-Zylinder-Boxer des Covenanter – ein von Harland entwickelter 300-PS-Diesel war nicht rechtzeitig fertig geworden – und dem Turm des Matilda II. Es wurden zwei Pilotfahrzeuge aus Weichstahl bestellt. Bis diese zur Erprobung bereitstanden, war aber klar geworden, dass die moderne Kriegführung sich in eine ganz andere Richtung entwickelt hatte.

PRODUKTIONSSTEIGERUNG

Im gleichen Monat, im Mai 1940, wurde dem Verteidigungsausschuss eine überarbeitete Version als A22 vorgelegt, die auch prompt genehmigt wurde. Den Auftrag erhielten Vauxhall/Bedford, die bereits am A20 mitgearbeitet hatten. Sie sollten buchstäblich aus dem Stand einen alternativen 12-Zylinder-Boxer bauen, indem zwei Sechszylinder-Reihenmotoren über ein gemeinsames Kurbelgehäuse verbunden wurden. Innerhalb von zwei Monaten legten Vauxhall/Bedford einen A22-Entwurf vor, der wesentliche Bestandteile des von Harland and Wolff entwickelten A20 enthielt. Dazu zählte unter anderem das Fahrwerk mit elf kleinen, schraubengefederten Laufrollen pro Seite. Kleine Laufrollen sind im Gelände im Nachteil, lassen sich aber billiger herstellen und einfacher austauschen als größere Exemplare. Es fällt auch nicht so stark ins Gewicht, wenn eine der zahlreichen kleinen Laufrollen ausfällt. Am 1. Juli wurde der Auftrag für die Produktion erteilt, und der Premierminister, dessen Namen der Panzer schließlich tragen sollte, entschied gegen den Protest der zuständigen Stellen, dass bis zum folgenden März 500 Exemplare herzustellen waren. Die Einstellung der Ingenieure zu dieser unmöglich auszuführenden Aufgabe lässt sich aus der Antwort eines der Ingenieure entnehmen, als er erfuhr, dass es keinen Prototyp geben sollte: „Oh doch, es wird fünfhundert Stück davon geben".

DIE ERSTEN PROBLEME

Trotz aller Probleme hatten Vauxhall/Bedford im Dezember 1940 das erste Fahrzeug für die Erprobung fertig, bereits sechs Monate nach Beginn der ersten Pla-

nungen. Leider war die Abteilung Panzerbau mit dem Turm nicht ganz so schnell, und so kam ein absolut ungeeignetes Exemplar zum Einsatz, das gerade für die Zweipfund-Kanone ausreichte.

Das zweite Element der Hauptbewaffnung war eine Dreipfund-Haubitze in der Frontplatte, die schon bald wieder aufgegeben wurde. Beim Mark II rückte ein Besa-MG an ihre Stelle. Der Churchill war 7,5 m lang und 3,25 m breit. Damit war sein Innenraum fast schon geräumig. Mit der 16-102 mm dicken Panzerung kam er auf ein Kampfgewicht von über 39 t. Die 350-PS-Maschine hatte Mühe, den Panzer auf 24 km/h zu bringen. Da sie ständig an der Grenze ihrer Leistungsfähigkeit lief, war sie berüchtigt für ihre Unzuverlässigkeit. Dazu kam die unglückliche Konstruktion des Motorraums. Selbst für kleinste Arbeiten musste der gesamte Motor ausgebaut werden.

Die ersten Serienversionen des Churchill rollten im Sommer 1941 aus dem Werk und werden manchem überzeugten Panzersoldaten das Herz gebrochen haben. Die Konstruktion an sich konnte es schon mit den besseren Panzern aus aller Welt aufnehmen. Der Panzer war aber mechanisch so unzuverlässig und so dürftig bewaffnet, dass sein Einsatz ziemlich zwecklos war. Dass einige Elemente ausgezeichnet geraten waren, ließ die Frustration nur noch größer werden. Die Steuerung von Merritt-Brown ließ den Panzer mit abnehmender Geschwindigkeit immer engere Kurvenradien fahren, so dass er schließlich auf der Stelle drehen konnte. Unter normalen Bedingungen wären die Probleme mit der Zuverlässigkeit in der Prototypenphase ausgemerzt worden, bevor die Serienversion angelaufen wäre. Ganz langsam bekam man die Probleme aber in den Griff. Die ersten 1000 Fahrzeuge wurden sechsmal zwecks Durchführung größerer Änderungen zum Hersteller zurückgerufen.

Die Versionen Mk III und Mk IV erhielten schließlich die lange erwartete Sechspfund-Kanone. Beim Mk III saß sie in einem unterdimensionierten verschweißten Turm. Beim MK IV gab es einen Turm aus Gussstahl. Trotzdem stand der Churchill im Oktober 1942 – als der Tiger schon drei Monate im Einsatz war und die ersten Panther ausgeliefert wurden – in einem so schlechten Ruf, dass die Produktion eingestellt wurde und die verbleibenden Exemplare als abgängig erklärt wurden.

DIE LEISTUNGEN DES CHURCHILL

Erstaunlicherweise blieb der Infanteriepanzer Mk IV Churchill nicht nur in der Produktion, es wurde sogar dank ständiger Verbesserungen und Beseitigung von Schwachpunkten ein ganz anständiges Fahrzeug daraus. Die Churchills reichten nie an die Leistungen der deutschen Panzer heran, konnten aber mindestens drei Tiger zerstören. Ein weiterer Tiger wurde fast unbeschädigt erbeutet und steht heute im Panzermuseum des britischen Heeres. In der siebten Version hatte sich der Churchill tiefgreifenden Änderungen unterzogen. Die Frontpanzerung war nun 150 mm dick, ein gegossener und verschweißter Turm trug eine 75-mm-Kanone, und die Aufhängung wurde ebenfalls verstärkt. Allerdings gab es nie einen stärkeren Motor, er wurde nur ein bisschen zuverlässiger. Zum Ende des Krieges war der Churchill bei den Besatzungen wie bei der Infanterie äußerst beliebt. Das britische Heer benutzte ihn bis 1952, in anderen Ländern blieb er bis zum Ende der 60er Jahre im Einsatz. Insgesamt wurden 5640 Stück gebaut, von denen einige für spezielle Zwecke umgerüstet wurden. Es gab Bergungspanzer, Minenräumer, Brückenpanzer und Straßenbaugerät (mit

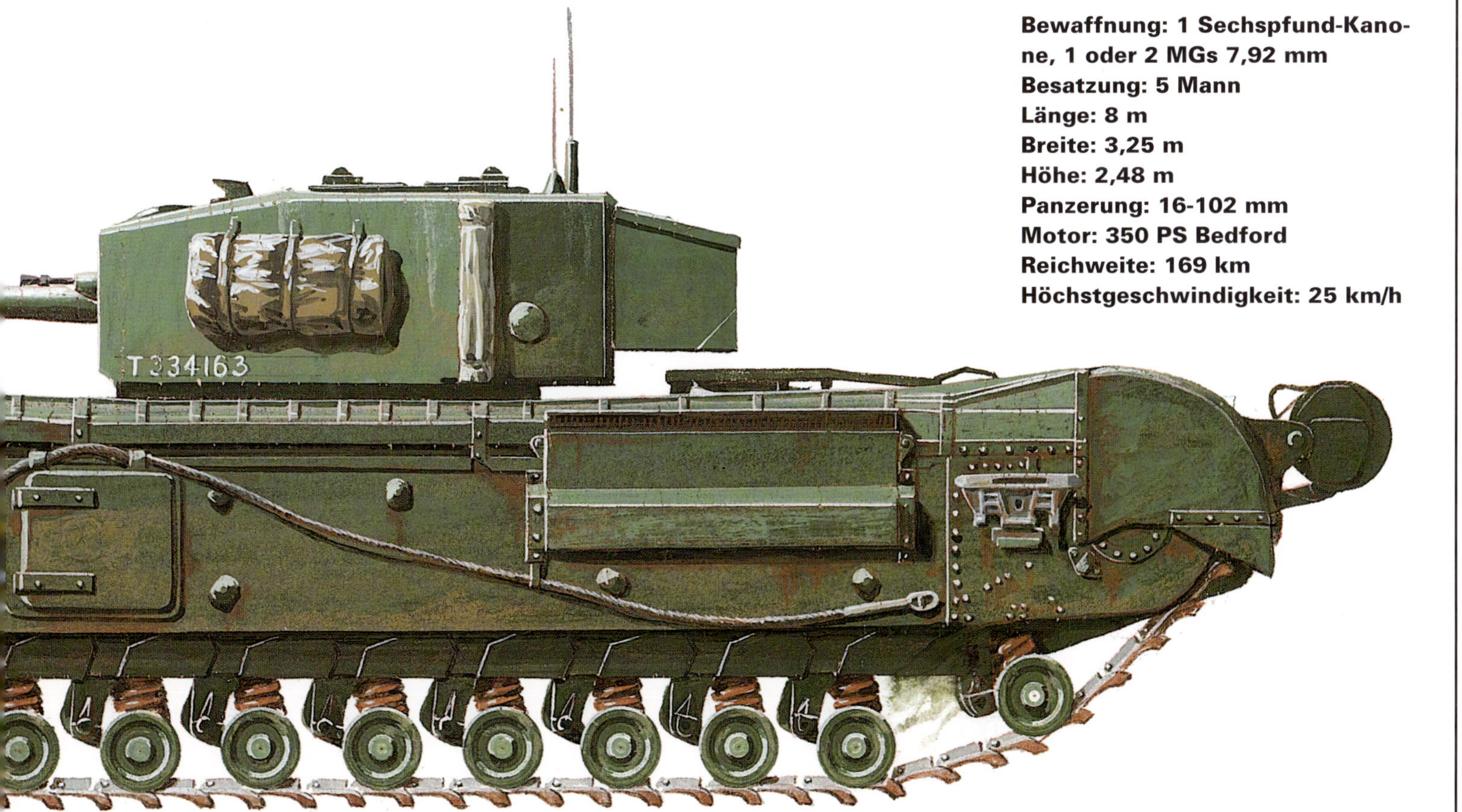

Mk IV Churchill

Bewaffnung: 1 Sechspfund-Kanone, 1 oder 2 MGs 7,92 mm
Besatzung: 5 Mann
Länge: 8 m
Breite: 3,25 m
Höhe: 2,48 m
Panzerung: 16-102 mm
Motor: 350 PS Bedford
Reichweite: 169 km
Höchstgeschwindigkeit: 25 km/h

Oben: Im Juni 1940, während der Schlacht um Frankreich, arbeiteten die britischen Panzerfabriken rund um die Uhr. Hier wird ein Mk IV Cruiser gebaut.

Rollen von Juteleinen verstärkt durch Rohrgerüste). Mit Hilfe des Crocodile-Geräts, das auch an andere britische Panzer passte, wurde er zum Flammenwerfer umgerüstet. 1943 gab es die ersten Pläne für eine verbesserte Version, aber die ersten sechs Prototypen ließen bis zum Januar 1945 auf sich warten. Der A43 „Black Prince“ (der Name ist ungewöhnlich, weil alle britischen Panzer sonst mit

Mk III Pionierpanzer („Straßenbaugerät“)

Bewaffnung: Mörser 29 mm
Besatzung: 5 Mann
Länge: 8 m
Breite: 3,25 m
Höhe: 2,48 m
Panzerung: 16-102 mm
Motor: 350 PS Bedford
Reichweite: 100 km
Höchstgeschwindigkeit: 25 km/h

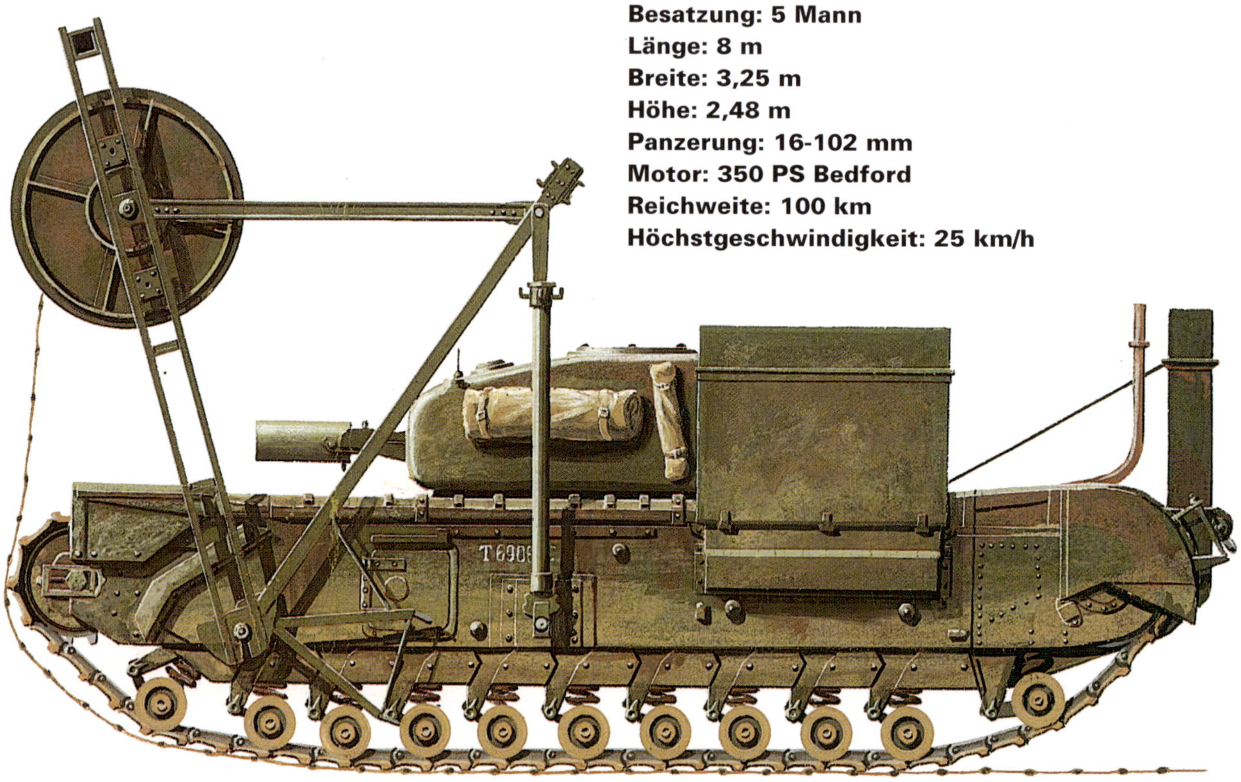

Mk VI Churchill Crocodile

Bewaffnung: 1 Kanone 75 mm, 1 MG 7,92 mm, Flammenwerfer
Besatzung: 5 Mann
Länge: 8 m
Breite: 3,25 m
Höhe: 2,48 m
Panzerung: 16-102 mm
Motor: 350 PS
Reichweite: 100 km
Höchstgeschwindigkeit: 25 km/h

„C“ beginnen) war nicht mehr und nicht weniger als ein britischer Tiger. Er wog 50 t und hatte die mit dem A30 „Challenger“ eingeführte 17-Pfund-Kanone. Der Black Prince kam nie zum Einsatz und wurde am Ende des Krieges endgültig eingemottet.

Der Wüstenkrieg in Nordafrika hatte einen beträchtlichen Einfluss auf die britische Art, Panzer zu bauen. Es wurde schnell erkannt, dass die vorhandenen Kavalleriepanzer der Belastung nicht gewachsen waren. Die Infanteriepanzer wiederum waren zu schwer.

Natürlich war auch die Zuverlässigkeit ein großes Problem. Anfang 1941 wurden die Vorgaben für einen schweren Kreuzerpanzer, den A27, bekanntgegeben. Er sollte über 70 mm Panzerung und die Sechspfund-Kanone auf einem 1520 mm großen Drehkranz verfügen. Das Gewicht wurde auf 25 t festgelegt. Als Motor sollte der zu diesem Zeitpunkt noch in der Entwicklung befindliche Rolls-Royce/Leyland Meteor dienen. Er basierte auf dem erfolgreichen R-R Merlin, der viele der besten Flugzeuge der Royal Air Force antrieb. Mit 27 l hatte er etwa genau so viel Hubraum wie der Liberty (in den Ausmaßen war er allerdings kleiner), er leistete allerdings 600 PS statt der 400 PS des Vorgängers. Die Probleme mit der Fertigstellung dieses Motors verzögerten das ganze Projekt. Also wurde als Übergangslösung der A24 bei Nuffield Mechanisations and Aero in Auftrag gegeben. Er trug immer noch den Codenamen „Cromwell“, später sollte allerdings daraus der Kreuzerpanzer „Cavalier“ werden. Das Ergebnis war wiederum unzureichend. Der Panzer hatte viele Merkmale des Crusader einschließlich der durchaus akzeptablen Kraftübertragung von Christie, des unterdimensionierten Liberty-Motors und der gerade noch annehmbaren Wanne. Das einzige echte Unterscheidungsmerkmal war der eckige Turm, der groß genug für die Sechspfund-Kanone war. Der A24 wurde nie als Kanonenpanzer eingesetzt, viele Exemplare dienten allenfalls als Beobachtungsposten für die Selbstfahrlafetten der Artillerie und als Bergungspanzer. Das einzige Positive, was sich über ihn sagen lässt, ist die Tatsache, dass er der letzte Panzer war, der direkt vom Reißbrett bestellt wurde.

DER CENTAUR

Anfang 1942 war der Meteor-Motor immer noch nicht produktionsreif. Wiederum einigte man sich auf eine Übergangslösung. Sie hieß A27 und verband die Neukonstruktion von Turm und Wanne mit dem alten Liberty-Motor und dem Fahrwerk des Crusader. Daraus wurde der Cruiser Tank A27L Mk VIII „Centaur“, der überwiegend für die Ausbildung benutzt wurde. Als der Meteor-Motor endlich verfügbar war, wurden die meisten A27L auf A27M umgerüstet und als „Cromwell“ bezeichnet. Der bekannteste unter den Centaur war wohl der Mk IV mit einer 95-mm-Haubitze für die unterschiedlichsten Munitionsarten. Sie verfeuerte unter anderem eine Hohlladung, die auf normale Kampfentfernung 110 mm Panzerung durchschlagen konnte. Der Centaur Mk IV war besonders bei der Landung der Alliierten in der Normandie im Juni 1944 erfolgreich in der Nahunterstützung. Die Truppen feuerten schon damit, bevor die Panzer überhaupt die Schiffe verlassen hatten. So legten sie die Küste und die angrenzenden Landstreifen unter Sperrfeuer. Dabei boten sie eine Leistung, die ihnen niemand zugetraut hätte und wuchsen weit über die ihnen zugedachte Rolle hinaus.

Niemand hatte geglaubt, dass der Centaur sich für das Gefecht eignen würde, denn dafür war er eigentlich viel zu langsam. Sein 395-PS-Motor musste mit einem Kampfgewicht von 28 t fertig werden. So war der Centaur allenfalls für eine Spitzengeschwindigkeit von 44 km/h gut. Aber mit einer Panzerung, die an den dicksten Stellen 100 mm und den dünnsten immer noch 20 mm maß, war er dem Crusader weit überlegen. Dazu hatte er außerdem eine bessere Kanone. Der Mk

III war in dieser Beziehung sogar noch besser, denn er hatte die stärkere 75-mm-Kanone. Bei dieser Waffe handelte es sich im Grunde um einen aufgebohrten Sechspfünder. So konnte sie ohne große Probleme in die vorhandenen Türme eingebaut werden. Außerdem konnte die 75-mm-Kanone die amerikanische Munition der M3 Grant und M4 Sherman verschießen, was eine starke Arbeitserleichterung für die Logistiker darstellte.

DIE BEWAFFNUNG DES CROMWELL

Der A27M Cromwell (das „M“ steht für den Meteor-Motor) erschien im Januar 1942 als Prototyp. Es sollte noch ein ganzes Jahr dauern, bevor seine Einführung genehmigt wurde. Das lag nicht etwa daran, dass der Prototyp ungewöhnlich viele Fehler aufwies oder das Meteor-Programm sich weiter verzögert hatte, sondern an einer neuen Einstellung im britischen Kriegsministerium. Nun sollte eine neue Waffe erst perfekt sein, bevor sie an die Truppe ausgegeben wurde. Und das war sie nach einem Jahr dann auch. Die britischen Panzertruppen besaßen zum ersten Mal einen Panzer aus einheimischer Fertigung, der voll und ganz befriedigen konnte. Er schaffte 60 km/h und hatte eine Kanone, die jeden Feind ausschalten konnte. Die Cromwell Mk I und Mk II hatten die Sechspfund-Kanonen, während es sich beim Mk III und Mk IV um Centaur mit der gleichen Kanone, aber stärkerem Triebwerk handelte. Der Cromwell Mk V war serienmäßig mit der 75-mm-Kanone ausgerüstet, der Mk VI in einer Version für die Nahunterstützung hatte sogar eine 95-mm-Kanone. Wie jeder britische Panzer vom Matilda II an hatte er einen hydraulisch angetriebenen Turm. Eine Ausnahme stellte lediglich der Churchill dar, bei dem der Turm elektrisch angetrieben wurde. In der Praxis war das System nicht so exakt, wie sich die Schützen es vorgestellt hatten. Daher schwenkten die meisten den Turm per Hand. Eine Drehung um 90° dauerte etwa 90 Sekunden.

Zu seinem Schutz hatte der erste Cromwell eine bis zu 76 mm dicke Panzerung. Vom Mk V an waren die Türme geschweißt und nicht mehr vernietet. Insgesamt gab es acht verschiedene Versionen des Cromwell mit weiteren Nebenversionen. Die Typen Mk VII und Mk VIII waren aktualisierte Varianten früherer Modelle mit einer Hauptpanzerung von 101 mm. Außerdem hatten sie breitere Ketten und weitere Detailmodifikationen.

DER CHALLENGER

Die beträchtlichen Verzögerungen bei der Produktion des Cromwell sorgten dafür, dass er zum großen Teil durch den M4 Sherman verdrängt wurde. Als der Cromwell nämlich endlich einsatzbereit war, war der M4 Sherman bereits in großer Zahl an britische und amerikanische Panzertruppen ausgeliefert worden. Trotzdem trug der Cromwell bis zum Rest des Krieges seinen Teil bei, wenn er auch für den Tiger kein ernstzunehmender Gegner war. Unter den entsprechenden Umständen gab es für den Tiger ohnehin keinen Gegner, der eine Chance gehabt hätte. Auf alle Fälle war der Cromwell anständig gebaut und konnte sein nicht unbeträchtliches Gewicht in die Waagschale werfen.

Bereits recht früh in der Entwicklung hatte man sich entschieden, den Cromwell auch als Grundlage für die viel stärkere 76-mm-17-Pfund-Panzerabwehrkanone zu nutzen. Diese war der deutschen 88-mm-Kanone in jeder Hinsicht ebenbürtig. Sie konnte auf 1000 m eine Panzerung von 130 mm durchschlagen. Selbst als die Länge von 55 Kaliber auf 49 gekürzt wurde, reichte die Kraft immer noch für eine Panzerung von 102 mm. Dieser neue Panzer sollte der A30 Challenger werden. Es handelte sich im Prinzip um einen ver-

Mk VIIw A24 Cromwell

Bewaffnung: 1 Kanone 75 mm, 1 MG 7,62 mm
Besatzung: 5 Mann
Länge: 6,8 m
Breite: 3,1 m
Höhe: 2,67 m
Panzerung: 8-76 mm
Motor: 600 PS
Reichweite: 120 km
Höchstgeschw.: 56 km/h

Mk VIIw A24 Cromwell

Bewaffnung: 1 Kanone 75 mm, 1 MG 7,62 mm
Besatzung: 5 Mann
Länge: 6,8 m
Breite: 3,1 m
Höhe: 2,67 m
Panzerung: 8-76 mm
Motor: 600 PS
Reichweite: 120 km
Höchstgeschwindigkeit: 56 km/h

längerten Cromwell mit einer zusätzlichen Laufrolle und einem 1780 mm großen Turmdrehkranz. Mit diesem Kranz konnte auch ein größerer Turm eingebaut werden, der nicht nur die stärkere Kanone aufnahm, sondern auch Platz für einen vierten Mann bot, der sich um die Munition kümmerte. Da das MG in der Wanne weggelassen wurde, konnte man die Besatzung auf fünf Mann beschränken. Insgesamt wurden 250 Challenger gebaut, obwohl sie ein schweres Manko aufwiesen. Sie waren nicht nur schlechter geschützt als ihre potentiellen Gegner, sondern sogar als die Panzer, die sie unterstützen sollten. In der Bemühung, das Gewicht möglichst niedrig und die Leistung annehmbar zu halten, hatte man an der Panzerung gespart.

Das war der schlimmste Fehler des Challenger. Daneben ließ er sich schwer lenken, weil das Verhältnis von Länge zu Breite des Teils der Ketten, der mit dem Boden in Kontakt kam, jenseits jeder annehmbaren Norm lag. Die Notlösung, die Kette einfach zu verlängern, hatte sich als ausgesprochen unpraktisch erwiesen. Da nichts Besseres zur Verfügung stand, erhielten die mit dem Cromwell ausgerüsteten Einheiten den Challenger, um zusätzliche Feuerkraft zu haben. Die Ausfallquote zum Ende des Krieges war gering, was wohl darauf zurückzuführen ist, dass der Challenger nicht gerade an der Front zum Einsatz kam.

EIN SCHRITT ZURÜCK

Was für Vor- oder Nachteile die Cavalier, Centaur, Cromwell und Challenger auch hatten, eines ist klar: Verglichen mit Crusader und Covenanter waren sie ein Rückschritt. Sie hatten keine abgeschrägte Panzerung. Der Schutz war einzig und allein durch die Dicke der Platten gewährleistet. Die Deutschen und Sowjets waren in dieser Beziehung schon weiter. Die Amerikaner brachten hingegen noch ähnliche Konstruktionen bei ihren mittleren Panzern, zumindest bis 1941 der M3 in den Dienst gestellt wurde. Allerdings gab es während dieser Zeit noch kontroverse Diskussionen um den Nutzen einer solchen Panzerung. Es wurde behauptet, dass das Abschrägen der Panzerung um 30° nichts einbrächte, da die Panzer ohnehin in verschiedenen Winkeln aufeinander trafen und so den Effekt entweder aufhoben oder verstärkten.

Die Konstrukteure des schweren Kampfpanzers A33 blieben 1943 bei den geraden Platten und stellten den Schutz durch massiven Einsatz von Metall sicher. Dieser Panzer basierte auf den späteren Cromwells, hatte aber andere Laufrollen. Die Frontpanzerung betrug nun 114 mm. Damit war das Kampfgewicht auf knapp 46 t angewachsen. Die Höchstgeschwindigkeit war nun auf 45 km/h beschränkt. Angesichts der vorgesehenen taktischen Rolle war das durchaus noch akzeptabel. Trotzdem kam der „Excelsior“ nicht über das Prototypstadium hinaus. Auch der schwere Kampfpanzer A39 kam nicht weiter. Bei ihm handelte es sich aber eher um einen Jagdpanzer, der gegen die verschiedenen Versionen des Tigers zum Einsatz kommen sollte. Die Kanone, ein massiver 32-Pfünder im Kaliber 94 mm, saß in einem starren Aufbau und konnte nur um 20° geschwenkt werden. Die ersten Planungen begannen 1942, der Prototyp erschien aber erst 1947, und bis dahin gab es keinen Bedarf mehr für ein solches Ungetüm.

Der letzte britische Kreuzerpanzer, der A344 Comet, basierte ebenfalls auf dem Cromwell und war für die 17-Pfund-Kanone wesentlich besser geeignet als der A30, der ja nur eine Notlösung darstellte. Der Comet hatte eine bessere Gestaltung als der Cromwell, einen neuen Turm, der nun elektrisch angetrieben war, und ein modifiziertes Fahrwerk. Es folgte im Prinzip immer noch dem Muster von Christie, hatte aber kleinere Laufrollen und vier Stützrollen. Da das Gewicht unterdessen auf 33,5 t gestiegen war, brachte der Meteor-Motor den Comet auf gerade einmal 52 km/h. Dieser Motor sollte übrigens bis weit nach dem Krieg die Standardmotorisierung der mittleren britischen Panzer bleiben.

Ein Tank mit einem Fassungsvermögen von 527 l ermöglichte eine Reichweite von etwa 200 km. Das entsprach in etwa dem, was die anderen Panzer mit dem Meteor-Motor und die meisten anderen zeitgenössischen mittleren Panzer mit Ottomotor schafften. Der Comet war so geländegängig, dass oft behauptet wurde, er sei der erste Panzer gewesen, dessen Durchkommen im Gelände nur noch von der Leidensfähigkeit der Besatzung abhing. Der erste Prototyp lief im Februar 1944, und die ersten Serienmodelle waren zum Anfang des folgenden Jahres bei der Truppe. Sie stießen im Allgemeinen auf Lob und Zustimmung. Das hatten sie auch verdient, denn der Comet war in der Tat ein ausgezeichneter Panzer. Insgesamt entstanden 1200 Exemplare, die bis 1958 noch beim britischen Heer ihren Dienst leisteten. Andere Exemplare wurden verkauft und waren zwei Jahrzehnte später immer noch im Einsatz.

Wenn der Cromwell und seine Versionen schon recht gute Panzer waren (zumindest einige, andere wiederum um so weniger), dann sollte es noch besser kommen und zwar in der Gestalt des A41 „Centurion“, von dem später noch die Rede sein wird. Wenn man sich den britischen Panzerbau im Zweiten Weltkrieg ansieht, so gibt er zumindest in der ersten Hälfte ein trauriges Bild ab. Die Briten waren den deutschen Panzern nie gewachsen und hinkten auch weit hinter den sowjetischen Entwicklungen her. Hätten die britischen Panzertruppen nicht so viele Fahrzeuge von der anderen Seite des Atlantiks erhalten, wären sie mit dem Gegner nie fertig geworden. Die gleichgültige Einstellung gegenüber dem Bau von Panzern hatte sich aus den 30er Jahren in die ersten Kriegsjahre herübergerettet und sollte dafür sorgen, dass die britischen Soldaten oft mit Fahrzeugen in den Krieg gingen, die ihnen keine große Überlebenschance boten. Zum Glück besserte sich die Situation langsam durch die Unterstützung der Amerikaner.

AMERIKA GEHT IN DEN KRIEG

Der Wendepunkt für die britischen Streitkräfte war sicherlich Hitlers Entschluss, nach dem japanischen Überraschungsangriff auf Pearl Harbor den Vereinigten Staaten den Krieg zu erklären. Als Churchill die Neuigkeiten vernahm, erklärte er, dass der Krieg nun gewonnen sei. Er sollte zwar Recht behalten, aber bis dahin vergingen noch zweieinhalb Jahre. Bis zu dieser Kriegserklärung hatten die Vereinigten Staaten bereits Großbritannien

RECHTS: Die bis 1941 in allen britischen Panzern eingebaute Zweipfund-Kanone war den deutschen 50- und 75-mm-Kanonen in Bezug auf Reichweite und Durchschlagskraft klar unterlegen. Als der hier abgebildete Mk III Crusader 1942 endlich eine Sechspfund-Kanone bekam, hatten die deutschen Panzer wiederum stärkere Exemplare erhalten.

mit Waffen und Material beliefert – und das trotz beträchtlicher Einwände seitens der Isolationisten und der deutschstämmigen Gruppen. Zuerst mussten die Briten noch bezahlen, später gab es das „Leih- und Pachtgesetz“. Allerdings war das, was geliefert wurde, selten auf dem neuesten Stand.

Mit dem Kriegseintritt der Vereinigten Staaten sollte sich auch das ändern. Schon bald erhielten die britischen Panzerdivisionen modernstes Material in großer Menge – wie übrigens auch die Sowjetunion. Als die Invasion von Sizilien und Italien anstand, hatten die Alliierten bereits ihre Erfahrungen gesammelt, die Amerikaner hingegen hatten gerade erst begonnen zu kämpfen.

Als die US Army 1939 die endgültige Version des leichten Panzers M2, den M2A4, erhielt, war schon abzusehen, dass diese Konstruktion kein Entwicklungspotential mehr hatte. Trotzdem waren die im folgenden Jahr erschienenen ersten M3 lediglich Abwandlungen des älteren Fahrzeugs. Der M3 war stärker gepanzert und deshalb nun 12,5 t schwer. Außerdem gab es einfache Verbesserungen am Fahrwerk. Was blieb, waren die fünf MGs des Vorgängermodells. In den folgenden zwei Jahren wurden etwa 5800 M3 gebaut, von denen viele als „Leihgabe“ über den Atlantik an das britische Heer gingen. Diese Modelle erhielten einen 220 PS starken Neunzylinder-Sternmotor für Diesel, während die ersten Modelle noch einen 250-PS-Ottomotor von Continental hatten.

Die Briten entfernten die zwei starren, nach vorn gerichteten MGs aus den Plattformen über den Ketten und erhielten so zusätzlichen Lagerraum. Sie nannten die Panzer „General Stuart“ I und II. Der Kosename „Honey“ beweist, wie sehr sie ihn bis zum Ende des Krieges schätzten.

Zunächst setzten die Briten den Stuart I als Kreuzerpanzer ein. Er konnte mit dem A13 und dem Crusader durchaus mithalten und war wesentlich zuverlässiger. Die neuen Besitzer fanden sich mit den dürftigen Leistungen der 37-mm-Bordkanone L/50 ab. Dafür bekamen sie eine Höchstgeschwindigkeit von 55 km/h und eine Panzerung von bis zu 64 mm geboten. Viel Platz gab es im Stuart I allerdings nicht. Dafür sorgten die vier Mann der Besatzung, zwei im Turm und zwei weitere im Fahrerraum vorn in der Wanne. Viel Platz ging auch dadurch verloren, dass die Getriebehauptwelle von der Nabe des senkrecht eingebauten Sternmotors nach vorn mitten durch den Panzer lief, um die vorderen Zahnräder anzutreiben. Diese Konstruktion kostete nicht nur viel Platz, sie war auch ungünstig, weil sie die Kette beim Rücklauf unter Spannung setzte. Das Platzproblem sollte noch schlimmer werden, zumindest im Kampfraum, denn der M3A1 erhielt eine Turmbühne – einen

Leichter Panzer M3A1 (Stuart Mk III & IV)

Bewaffnung: 1 Kanone 47 mm, 4 MGs 7,62 mm
Besatzung: 4 Mann
Länge: 4,86 m
Breite: 2,4 m
Höhe: 2,5 m
Panzerung: 25-38 mm
Motor: 250 PS
Reichweite: 140 km
Höchstgeschwindigkeit: 55 km/h

falschen Boden, der sich mit dem Turm drehte und daher mit seiner gesamten Fläche über der Antriebswelle sitzen musste. Der erste M3 hatte keine mechanische Turmschwenkeinrichtung, und die ganze Prozedur des Schwenkens war unnötig kompliziert. Der Richtschütze kam nicht an das entsprechende Handrad und musste dem Kommandanten seine Anweisungen zubrüllen. Der M3A1 hatte dann einen hydraulisch betriebenen Turm, der nun auch aus verschweißtem Gussstahl bestand und nicht mehr vernietet war. Die Wanne bestand erst in der letzten Version M3A3 aus verschweißtem Gussstahl. Diese Version hatte auch einen weiter verbesserten Turm. Vom M3A1 (bei den Briten Stuart III und IV) wurden etwa 5300 Stück gebaut. Dazu kamen knapp 3500 M3A3 (Stuart V), womit dieser Typ der am meisten verbreitete leichte Panzer im Zweiten Weltkrieg war.

Einen M3A2 hat es übrigens nie gegeben. Er wurde storniert, bevor er überhaupt in die Produktion ging.

DIE VARIANTEN VON M3 UND M5

Die leichten Panzer M2 und M3 wurden im Arsenal von Rock Island entwickelt und von Firmen der Schwerindustrie hergestellt. 1941 machte sich Cadillac, eine der Marken von General Motors, daran, einen M3 umzurüsten. Er erhielt zwei V8-

M5A1 (Grant)

Bewaffnung: 1 Kanone 37 mm, 2 MGs 7,62 mm
Besatzung: 4 Mann
Länge: 5,2 m
Breite: 2,46 m
Höhe: 2,58 m
Panzerung: 12-67 mm
Motor: 2 x 121 PS
Reichweite: 160 km
Höchstgeschwindigkeit: 64 km/h

OBEN: Bei den US-Truppen als M5 und bei den Briten als Stuart Mk VI bekannt, war der M5 als schneller Aufklärungspanzer geplant. Dank eines Kreiselstabilisators konnte die 37-mm-Bordkanone auch bei schneller Fahrt genau schießen.

Motoren aus dem Automobilbau und dazu das Automatikgetriebe Hydra-Matic. Die Bedenken, ob diese Kombination ihrer Aufgabe gewachsen sei, wurden rasch zerstreut, als der Prototyp M3E2 die 800 km von der Fabrik bis zum Erprobungsgelände auf eigenen Ketten zurücklegte. Nach einigen Detailmodifikationen wurde die Konstruktion im Februar des folgenden Jahres als leichter Panzer M5 akzeptiert. Neben dem anderen Triebwerk hatte der „neue“ Panzer einen längeren Aufbau, ein höheres Hinterdeck und eine abgeschrägte Frontpanzerplatte anstatt der bis dahin üblichen rechteckigen Version. Danach erschien der M5A1 mit dem für den M3A3 entwickelten Turm. Die Produktion des M5 wurde Ende 1944 eingestellt. Bis dahin hatten etwa 8900 Stück die Werkshallen verlassen. Auch dieses Modell kam in großer Zahl als Stuart VI bei den britischen Truppen zum Einsatz. Gegen 1944 war der „leichte Panzer“ eine ganze Klasse größer und schwerer als die gleiche Fahrzeugkategorie zehn Jahre zuvor. Der M3A3 brachte etwa 14,5 t auf die Waage, der M5A1 war noch eine ganze Tonne schwerer. Trotzdem erreichten beide die beachtliche Höchstgeschwindigkeit von 58 km/h. Wenn sie überhaupt leicht waren, dann allenfalls in Bezug auf die Bewaffnung, denn sie hatten lediglich eine 37-mm-Bordkanone. Da sie aber ihre Aufgabe in der Aufklärung hatten und sich zumindest nach offizieller Ansicht nicht auf Feuerkämpfe einlassen sollten, die sie nur verlieren konnten, war das kein allzu schwerwiegender Nachteil. In den letzten beiden Kriegsjahren sah man denn auch oft Stuarts, die ihres Turms beraubt waren und als Aufklärungsfahrzeuge und gepanzerte Versorgungs- und Sanitätsfahrzeuge dienten. Ohne Turm waren sie noch schneller und ließen sich auch einfacher tarnen. Auf der Grundlage des M5 wurde auch die selbstfahrende Haubitze M8 gebaut, mit einer 75-mm-Gebirgshaubitze

M3A1 „Lee"

Bewaffnung: Je 1 Kanone 75 mm und 37 mm, 3 MGs 12,7 mm
Besatzung: 6 Mann
Länge: 6,06 m
Breite: 2,92 m
Höhe: 3,36 m
Panzerung: 38-51 mm
Motor: 340 PS
Reichweite: 150 km
Höchstgeschwindigkeit: 42 km/h

im Turm. Die große Popularität der Reihe M3/M5 sorgte dafür, dass sie nicht aus dem aktiven Einsatz verschwand. Die US Army hatte sogar zwei weitere Entwicklungsaufträge erteilt – den M7, der nicht über das Prototypstadium hinauskam und bereits da längst ein mittlerer Panzer war sowie den M22. Dieser sollte von den britischen Truppen eingesetzt werden, wozu es aber nur einmal kam. Sie nannten ihn „Locust" (Heuschrecke).

DER M22 KOMMT AUS DER LUFT

Der M22 war das amerikanische Gegenstück zum britischen Tetrach und sollte von Luftlandetruppen eingesetzt werden. Der Entwicklungsauftrag sah ein Gewicht von 7,5 t, eine Besatzung von drei Mann, eine 37-mm-Kanone und drei 7,62-mm-MGs vor. Die Panzerung sollte bis zu 25 mm dick sein. Ausgewählt wurde eine Konstruktion von Marmon-Herrington. Diese Firma baute hauptsächlich Traktoren für die Landwirtschaft, hatte aber auch schon den leichten Panzer T-16 exportiert und einige Panzerwagen gebaut. Der Prototyp des M22, der T9, erschien im Herbst 1941. Sein Gewicht von 8 t wurde als zu schwer befunden, so dass er einige Abspeckungsmaßnahmen über sich ergehen lassen musste.

Die vorher genietete Konstruktion verfügte nun über eine geschweißte Wanne und einen Turm aus Gussstahl. Diesen Maßnahmen fielen auch die hydraulische Seitenrichtanlage, der Kreiselstabilisator für die Kanone und die MGs in der Wanne zum Opfer. Das nun entstandene Fahrzeug kam mit einem luftgekühlten 162-PS-Motor von Avco-Lycoming auf 65 km/h.

Das Einsatzverfahren für den M22 war schon etwas ungewöhnlich. Speziell ausgerüstete Flugzeuge vom Typ C54 Skymaster, eine militärische Version der viermotorigen Douglas DC 4, sollten jeweils ein Fahrzeug als Außenlast befördern. Die Türme wurden vorher abgebaut und mit Hilfe einer eingebauten Winde durch eine vergrößerte Ladeklappe in den Rumpf des Flugzeugs verladen. Überraschenderweise schafften sechs Mann die ganze Verladeaktion bequem in einer halben Stunde. Das Fahrzeug wurde neben die Ladeklappe gefahren und der Turm an der Winde befestigt. Nachdem der Turm hochgezogen war, wurde der Rest des Panzers unter das Flugzeug gefahren. Es musste an einem bestimmten Punkt zwischen den Fahrwerksbeinen, genau unter dem Schwerpunkt des Flugzeugs, stehen. Eine zweite Winde, deren Haken an den vier Ecken des Fahrzeugs befestigt wurden, zog es hoch, bis vier Federhaken am Flugzeug in vier Zapfen am Panzer einrasteten. Am Zielort wurden die Haken am Flugzeug gelöst und der Panzer fiel ganze 35 cm tief auf den Boden. Der Fahrer stieg ein und fuhr zur Ladeklappe, wo der Turm wieder auf den Panzer gesetzt wurde. Die ganze Entladeprozedur dauerte nur zehn Minuten.

1944-1945 IM EINSATZ

Der Nachteil der DC4 bestand darin, dass sie nicht im Gelände landen konnte. Außerdem konnte das Entladen nicht unter feindlichem Beschuss erfolgen. Daraus ergab sich, dass der M22 nur auf befestigten Flugplätzen weit hinter der Front abgesetzt werden konnte, was seinen Gefechtswert natürlich schmälerte. Die

LINKS: Im Rahmen des Leih- und Pachtgesetzes von 1940 erhielten die britischen Panzerdivisionen den starken, gut geschützten mittleren Panzer M3. Damit verschob sich das Gewicht zwischen den Alliierten und den Achsenmächten. Um eine niedrigere Silhouette zu erhalten, wurde die hier gezeigte britische Version ohne Kuppel gebaut.

britischen Luftlandetruppen kamen deshalb auf ein wesentlich einfacheres System, ihre leichten Panzer direkt auf das Gefechtsfeld zu bringen. Sie beauftragten die General Aircraft Company, das größte Segelflugzeug aller Zeiten zu bauen. Das Hamilcar hatte eine Spannweite von 33,5 m und eine Nutzlast von 8 t. Der ganze Bug ließ sich aufklappen. Dann fuhr der Tetrach oder M22 einfach rückwärts eine Rampe hoch. Am Zielort verließ er das Flugzeug auf dem gleichen Weg. Der Tetrach wurde am Abend der Invasion der Normandie als erster Panzer auf dem Luftweg verlegt. Es war aber mehr ein Schauspiel, denn praktischen Nutzen hatte es nicht. Die auf dem Luftweg eingeflogenen Locust der 6. Luftlandedivision kamen im März 1945 bei der Überquerung des Rheins zu ihrem ersten und einzigen Einsatz. Sie waren nach den Kriterien von 1941 gebaut und inzwischen hoffnungslos veraltet. Nachdem bereits 830 Exemplare fertiggestellt waren, wurden die Aufträge für die restlichen 1100 Panzer storniert. Der leichte Panzer Mk VIII Harry Hopkins, der die Nachfolge des Tetrach antreten sollte, war mit 8,5 t zu schwer für das Segelflugzeug und kam deshalb nie zum Einsatz.

DER CHAFFEE

Der letzte amerikanische Versuch im Zweiten Weltkrieg, einen leichten Panzer zu bauen, fiel schon fachmännischer aus. Im April 1943 leiteten der US-Kampfmittelausschuss und Cadillac ein Programm zur Entwicklung eines Nachfolgers für den M5 ein. Erhalten blieben der V8-Motor, das automatische Getriebe und das Christie-Fahrwerk der von Buick gebauten Selbstfahrlafette M18. Beim M18 handelt es sich um die einzige amerikanische Selbstfahrlafette des Zweiten Weltkriegs, die eine eigenständige Konstruktion und keine Abwandlung eines anderen Panzerfahrzeugs darstellt. Die Prototypen des M5 wurden im Oktober ausgeliefert, und der neue Panzer wurde im Juli 1944 als M24 genehmigt. Zu diesem Zeitpunkt war die Produktion schon drei Monate gelaufen. Das britische Heer erwarb in den letzten Kriegsmonaten noch ein paar M24, die von Briten und Amerikanern bei der Überquerung des Rheins und danach eingesetzt wurden. Der M24 kam später im Koreakrieg und bei den französischen Streitkräften in Indochina zum Einsatz. Die Briten nannten den M24 „Chaffee“ nach Adna R. Chaffee, dem „Vater der US-Panzertruppe“. Chaffee war das letzte Mal neben George Patton bei den Erprobungen von Christies M1928 zu sehen. Im August 1941 starb er an Krebs und die US Army übernahm die Bezeichnung schnell. Die Experten – unter ihnen zahlreiche Panzersoldaten – bezeichneten den Chaffee als vorzüglichen Panzer.

Mit 18,5 t Kampfgewicht hatte der M24 Chaffee die ursprüngliche Vorstellung von einem leichten Panzer weit hinter sich gelassen. Mit seiner 25-mm-Frontpanzerung der Wanne und den 38 mm am Turm, mit der starken 75-mm-Bordkanone M6 und der Höchstgeschwindigkeit von 55 km/h konnte der Chaffee alle Vorgaben für einen Kavalleriepanzer problemlos einhalten, nur war dieser Panzertyp 1944 längst nicht mehr gefragt. Obwohl er scheinbar überholt war, wurden doch noch 5000 M24 gebaut, 80% davon allein im letzten Kriegsjahr.

Diese Panzer waren in unterschiedlichen Formen in aller Welt noch bis zum Ende der 70er Jahre, ja sogar noch danach, im Einsatz. Oft erhielten sie noch ein modernes Feuerleitsystem. Die staatliche französische Waffenschmiede GIAT nahm sich den Chaffee als Vorbild und baute zusammen mit der norwegischen Firma Thune-Eureka eine stark modernisierte Version. Eine Reihe dieser Panzer wurde 1975 und 1976 vom norwegischen Heer beschafft. Woraus sich schließen lässt, dass ein guter kleiner Panzer immer zu gebrauchen ist.

MITTLERE US-PANZER

Als im September 1939 in Europa der Zweite Weltkrieg ausbrach, hatte die US Army noch zwei Jahre Zeit bis zu ihrem Eingreifen. Zu dieser Zeit verfügte sie über einen leichten und einen mittleren Panzer, die sich sehr ähnlich waren. Den US-Panzertruppen wurde sehr schnell klar, dass der mittlere Panzer M2 mit einer Hauptpanzerung von 32 mm, einer 37-mm-Bordkanone und einem winzigen Turmdrehkranz ein Fall für das Museum war. Die europäischen Panzer waren ihm weit überlegen und Entwicklungspotential hatte er auch nicht mehr. 1940 wurden daher neue Vorgaben erarbeitet, die eine Panzerung von bis zu 38 mm und eine 75-mm-Bordkanone vorsahen. Da ein geeigneter Turm nicht zur Verfügung stand, entschied man sich, das neue Fahrzeug auf der Grundlage des mittleren Panzers T5, Phase III, zu entwickeln. Dieser trug seine

OBEN: Die gepanzerte Planierraupe M4, eine der vielen Varianten des Sherman M4, die 1944 bei der Invasion der Normandie zum Einsatz kamen.

Hauptwaffe in einer begrenzt schwenkbaren Halterung auf der rechten Geschützplattform. Das Fahrzeug sollte entsprechend gepanzert werden und einen voll schwenkbaren Turm erhalten. Auf diesem Turm sollten eine 37-mm-Kanone und darüber ein MG sitzen.

Die seitlich montierte Hauptwaffe war nur eine Notlösung. Die Besatzungen sollten schon bald feststellen, dass sie im Kampf gegen andere Panzer völlig nutzlos war und allenfalls bei der Infanterieunterstützung akzeptable Ergebnisse lieferte. Trotzdem wurde im Spätsommer 1940 ein gerade erst erteilter Auftrag für 1000 M2A1 auf den Panzer nach den neuen Vorgaben umgestellt, der als mittlerer Panzer M3 gebaut wurde.

DER M3

Der neue M3 sah schon anders aus als der alte zerklüftete, eckige und einfach hässliche M2A1 mit seinen vielen Kugelfängen, und trotzdem hatte er vieles mit ihm gemeinsam. Aufhängung und Fahrwerk beispielsweise bestanden aus drei Rollenwagen mit je zwei Laufrollen an senkrechten Kegelfedern und Stützrollen an den oberen Aufhängungspunkten. Der hinten eingebaute Wright-Continental-Sternmotor mit 340 PS, der merkwürdigerweise anstatt des 400-PS-Motors seines Vorgängers zum Einsatz kam, brachte seine Kraft über eine Antriebswelle auf die vorderen Zahnräder, die mitten durch den Besatzungsraum verlief. Hier waren die Auswirkungen aber nicht ganz so schlimm wie bei den leichten Panzern, denn der M3 war ein gutes Stück größer.

Er bot sogar einer Besatzung von sechs Mann noch vernünftig Platz. In der ersten Ausführung wog der M3 etwas über 27 t. Sein bestes Stück im Gefecht war die 75-mm-Mehrzweckkanone M2, die allerdings nicht sehr intelligent eingebaut war. Sie basierte auf der französischen 75-mm-Kanone „Soixante-Quinze“ und war wesentlich besser als die zeitgenössischen deutschen und britischen Pendants. Sie konnte Sprengmunition genauso wie Panzersprenggeschosse verschießen, die letzteren mit einer Mündungsgeschwindigkeit von 567 m/sek. Damit konnte sie eine Panzerung von 60 mm durchbrechen.

Die M2 L/38 war allerdings nur eine Übergangslösung. Das Nachfolgemodell M3 hatte eine Rohrlänge von 38 Kalibern, eine Mündungsgeschwindigkeit von 700 m/sek und konnte weitere 10 mm durchbrechen. Die Kanone M3 wurde später in den Panzer M3 wie auch in einige M4 Sherman und M24 Chaffee eingebaut.

ENGLAND BESTELLT DEN M3

Zeitgleich mit der Ankunft der britischen Panzerkommission in Washington kam ein Auftrag über 1000 Exemplare des M3. Die Kommission bestand aus dem Industriellen Michael Dewar, dem Konstrukteur L.E. Carr und Generalmajor Douglas Pratt, der die britischen Panzer bei Arras geführt hatte und wohl mehr als jeder andere Brite über den Einsatz von Panzern im Gefecht wusste.

Die drei sollten eine wichtige Rolle bei der Beschaffung amerikanischer Panzer für das britische Heer spielen. Als Pratt den M3 zum ersten Mal sah, war er enttäuscht. Zugegeben, die Bordkanone war nicht schlecht, ihre Halterung und die der Turmkanone hingegen schon. Sie verfügte zwar über einen Kreiselstabilisator, um das Rohr im Ziel zu halten und genaues Schießen auch in voller Fahrt zu erlauben, aber das war schon alles. Der Panzer war erschreckende 3,1 m hoch, und der hoch aufragende Turm mit der Kuppel war extrem gefährdet.

Darüber hinaus war die Panzerung des M3 für einen Panzer seiner Größe eher dürftig. Die genieteten Verbindungen waren nicht sauber gegen geschmolzenes Blei aus aufprallenden Gewehrkugeln versiegelt, ein Problem, mit dem schon die ersten Panzer zu kämpfen hatten. Aber es gab nur zwei Alternativen: den M3 oder gar nichts. Dewar erhielt aus London die

M4A3 (Sherman IV)

Bewaffnung: 1 Kanone 75 mm, 2 MGs 7,62 mm, 1 MG 12,7 mm
Besatzung: 5 Mann
Länge: 5,9 m
Breite: 2,66 m
Höhe: 2,74 m
Panzerung: 12-51 mm
Motor: 450 PS
Reichweite: 161 km
Höchstgeschwindigkeit: 42 km/h

LINKS: „Virgin", ein Sherman V, der seine Feuerprobe erst noch bestehen muss, rollt während der Landung in der Normandie am 6. Juni an den Strand. Der Sherman war zweifellos der wichtigste Panzer der britischen und amerikanischen Truppen im Zweiten Weltkrieg. Allein die US-Automobilindustrie baute 40 000 Stück.

Genehmigung, 1250 Stück zu beschaffen unter der Bedingung, dass er so weit wie möglich an die britischen Vorstellungen anzupassen war. Er erhöhte den Auftrag sofort auf 3000 Stück, sagte aber, dass er nur 1500 abnehmen würde, wenn in der Zwischenzeit ein besseres Modell verfügbar war. Damit sicherte Dewar zu einem kritischen Zeitpunkt die Produktion mittlerer Panzer für die britischen Streitkräfte.

Die Kosten aber waren entsprechend hoch: Wenn man die Ersatzteile für andere Panzer, besonders den Valentine, dazuzählt, lagen sie bei etwa 240 Millionen Pfund. Damit war die britische Regierung an der Grenze ihrer Zahlungsfähigkeit angelangt. Deshalb verfiel US-Präsident Roosevelt im März 1941 denn auch auf die Lösung, nicht mehr gegen Barzahlung zu liefern, sondern im Rahmen des Leih- und Pachtgesetzes.

Der M3 war nur 18 Monate lang in der Produktion, vom April 1941 bis zum Oktober 1942, und trotzdem gab es eine unüberschaubare Anzahl an Varianten, speziell wenn man die nach England gelieferten Panzer berücksichtigt. Hergestellt wurde er von Unternehmen der Schwerindustrie wie Baldwin Locomotives, American Locomotives, Pressed Steel und Pullman. Den größten Teil aber – 3350 von 6250 Einheiten – lieferte Chrysler. Das war das erste Mal, dass die amerikanische Automobilindustrie am Bau von

M4A6 Sherman Firefly

1 17-Pfund-Kanone
2 MG M1919 7,62 mm
3 MG M2 12,7 mm
4 Turmkuppel
5 Sehrohr des Kommandanten
6 Luke des Ladeschützen
7 Funkgerät
8 Signalpistole
9 Stauraum für 17-Pfund-Munition
10 Sitz des Kommandanten

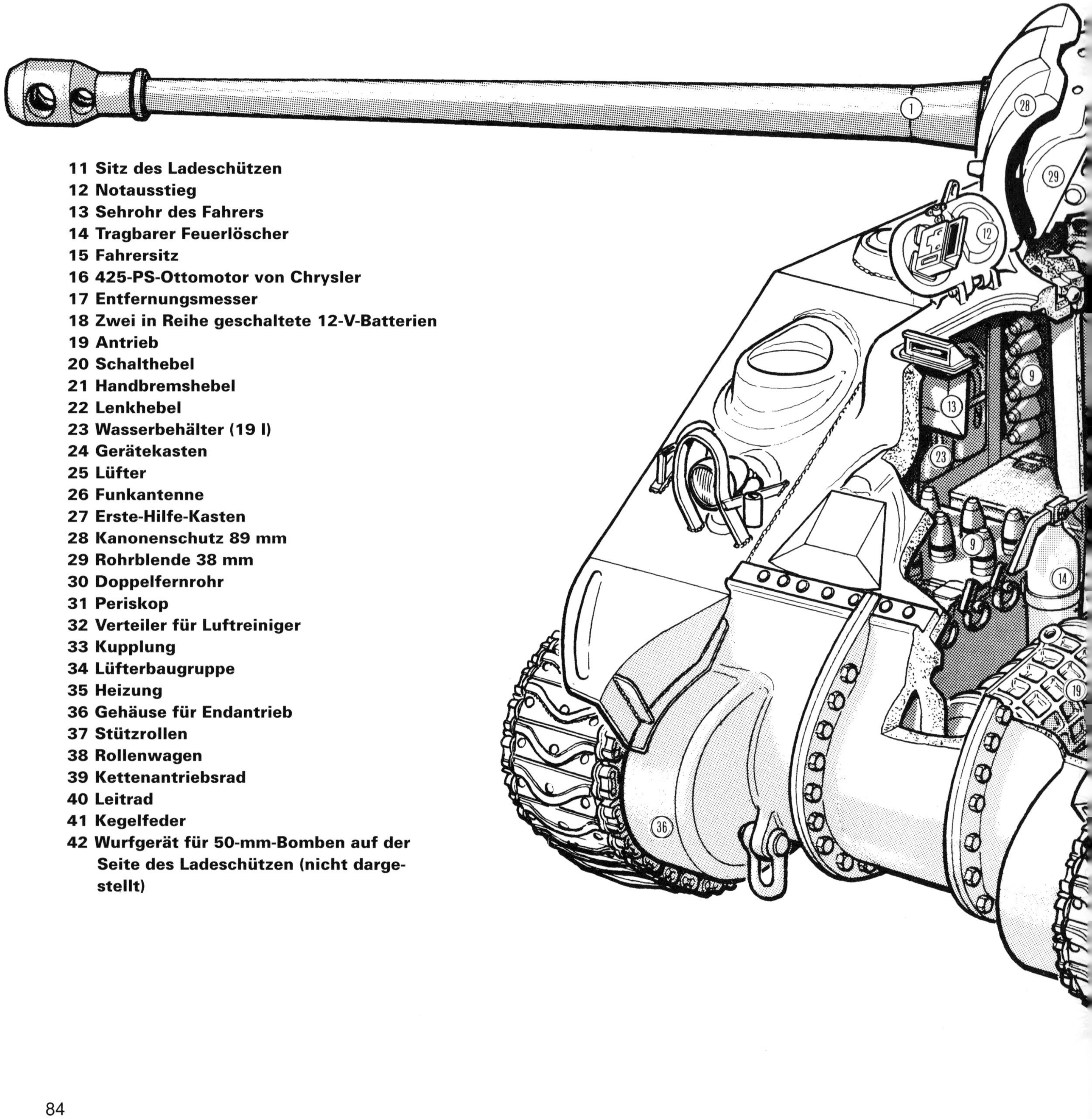

11 Sitz des Ladeschützen
12 Notausstieg
13 Sehrohr des Fahrers
14 Tragbarer Feuerlöscher
15 Fahrersitz
16 425-PS-Ottomotor von Chrysler
17 Entfernungsmesser
18 Zwei in Reihe geschaltete 12-V-Batterien
19 Antrieb
20 Schalthebel
21 Handbremshebel
22 Lenkhebel
23 Wasserbehälter (19 l)
24 Gerätekasten
25 Lüfter
26 Funkantenne
27 Erste-Hilfe-Kasten
28 Kanonenschutz 89 mm
29 Rohrblende 38 mm
30 Doppelfernrohr
31 Periskop
32 Verteiler für Luftreiniger
33 Kupplung
34 Lüfterbaugruppe
35 Heizung
36 Gehäuse für Endantrieb
37 Stützrollen
38 Rollenwagen
39 Kettenantriebsrad
40 Leitrad
41 Kegelfeder
42 Wurfgerät für 50-mm-Bomben auf der Seite des Ladeschützen (nicht dargestellt)

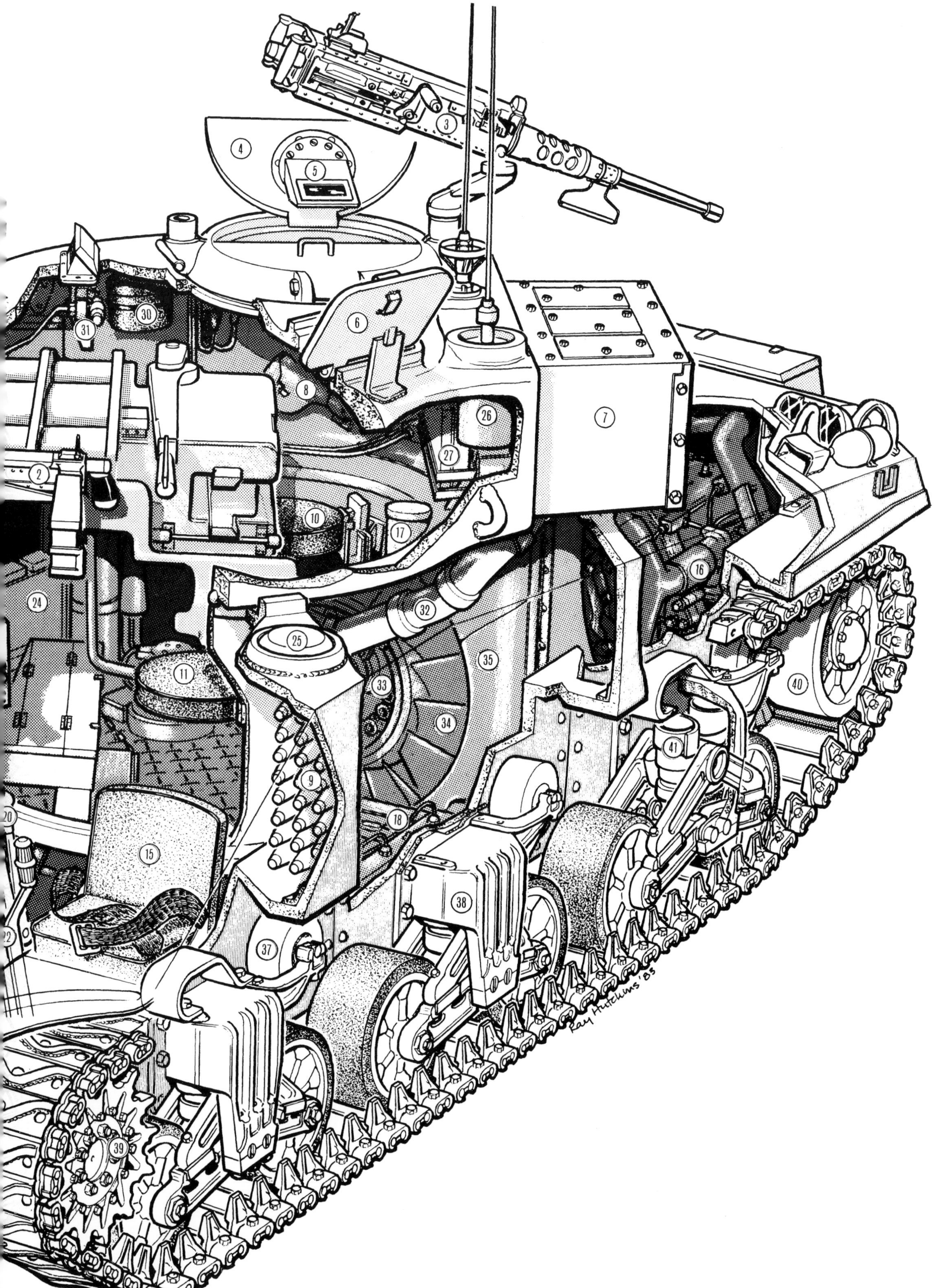
3
4
5
30
31
6
8
7
26
27
2
10
17
16
24
32
25
35
11
33
34
40
41
9
18
20
15
38
22
37
Ray Hutchins '85
39

Sherman Crocodile (Flammenwerfer)

Bewaffnung: Flammenwerfer (Reichweite 40 m), 3 MGs 12,7 mm
Besatzung: 5 Mann
Länge (mit Anhänger): 11,35 m
Breite: 2,81 m
Höhe: 2,95 m
Panzerung: 25-51 mm
Motor: 497 PS
Reichweite: 180 km
Höchstgeschwindigkeit: 40 km/h

Panzern für den Zweiten Weltkrieg beteiligt war.

Der wichtigste Unterschied zwischen den britischen und amerikanischen Modellen lag in der Ausführung des Turms. Allerdings entsprachen nicht alle Panzer, die an die britische Panzertruppe geliefert wurden, auch deren Vorgaben. Das wird besonders an der unterschiedlichen Namengebung für die M3 der britischen Einheiten deutlich. Es gab den „General Lee", verschiedene Versionen mit amerikanischem Turm, und daneben den „General Grant" mit britischem Turm. Dieser hatte eine wesentlich stärkere Frontpanzerung und verzichtete auf den zusätzlich aufgesetzten Turm.

GENERAL LEE UND GRANT

Der ursprüngliche M3 hatte eine vernietete Wanne und entweder den Wright-Sternmotor oder einen ähnlichen Dieselmotor von Guiberson. Es gab folgende vier Hauptversionen (bis auf den M3A2, von dem es nur zwölf Stück gab):

Den M3A1 mit einer ähnlichen Maschine und oberer Wannenhälfte aus Gussstahl von Alco, dem einzigen Hersteller, der in der Lage war, so große Gussteile zu fertigen; den M3A3 mit zwei GMC-Dieselmotoren 6-71 und geschweißter Wanne, den M3A4 mit genieteter Wanne und dem merkwürdigen Chrysler-Motor, bestehend aus insgesamt fünf Zylinderreihen von Automobilmotoren, die über eine gemeinsame Kurbelwelle verfügten und schließlich den M3A5 mit genieteter Wanne und den zwei GMC-Dieselmotoren. Alle fünf Versionen waren beim britischen Heer vom Frühjahr 1942 an als General Lee zu finden. Den General Grant mit dem von Carr konstruierten Turm gab es hingegen nur als M3 und M3A5. Die ersten M3 wogen knapp über 27 t, und an dem Gewicht sollte sich bei den folgenden Ver-

RECHTS: März 1944: Der M4 Sherman I war zwar leistungsfähig und zuverlässig, den deutschen Tigern aber in keiner Weise gewachsen. Dieser Panzer wurde bei Cisterna in der Nähe des alliierten Brückenkopfes Anzio in Süditalien zerstört.

sionen nicht viel ändern. Eine Ausnahme bildete lediglich der 29 t schwere M3A4, der wegen des größeren Motors 350 mm länger war. Der M3 hatte seinen ersten Einsatz im Mai 1942 bei Gazala und leistete zum Ende des Jahres einen entscheidenden Beitrag zum britischen Sieg bei El Alamein. Bis dahin hatte er sich bei den Besatzungen längst beliebt gemacht, denn er konnte einen PzKpfw IV auf Kampfentfernung vernichten. Mitte 1944 war der M3 ebenso schnell von der Front verschwunden wie er erschienen war. Er stand nun im Schatten des M4 Sherman.

Eine interessante Variante des M3 wurde in Kanada unter der Bezeichnung „Ram" gebaut. Der Ram benutzte den unteren Rahmen und das Fahrwerk des amerikanischen Panzers. Darauf wurde eine neue obere Wannenhälfte aus Gussstahl gesetzt und mit einem voll schwenkbaren Turm ausgestattet, der bei der Entwicklung im Jahr 1941 über eine Zweipfund-Kanone verfügte.

DIE KANADISCHEN RAMS

Dieser Turm sollte ursprünglich mit einer Sechspfund-Kanone bestückt werden und erhielt deshalb vorn eine Platte in der Größe dieser Kanone aufgeschraubt. Sobald diese Kanone tatsächlich verfügbar war, wurde sie in den Ram II eingebaut. Insgesamt stellte der kanadische Panzer mit Sicherheit eine Verbesserung gegenüber dem Original dar, wenn er auch über Elemente verfügte, an denen die Zeit längst vorübergegangen war. Dazu zählen die Notausstiegsluken im Turm und ein kleiner Turm für das MG. Der Panzer kam nie zu einem echten Einsatz, denn als er schließlich fertiggestellt worden war, stellte eine Sechspfund-Kanone für die potentiellen Gegner keine Gefahr mehr dar. Und für den Einbau einer 75-mm-Kanone war der Turm nicht geeignet. Trotzdem wurden etwa 1900 Ram II gebaut, die als Ausbildungsfahrzeuge Verwendung fanden. Auf der Basis des Ram II entstand außerdem eine Reihe von Spezialfahrzeugen wie der Mannschaftstransportwagen Ram Kangaroo und die Selbstfahrlafette Sexton. Ein weniger erfolgreicher Panzer aus dem britischen Empire – zumindest in Bezug auf die operativen Einsätze, weniger im Hinblick auf seine konstruktionellen Neuheiten – sollte ebenfalls auf der Basis des M3 entstehen, wozu es aber wegen der äußeren Umstände nicht mehr kam.

Die Ankündigung, dass Australien, ein Land ohne jede Erfahrung im Panzerbau, den Kreuzerpanzer AC 1 Sentinel bauen wollte, kam in der Tat etwas überraschend. Das Ergebnis, das die Ingenieure von Bradford & Kendall im Jahr 1941 präsentierten, war dagegen schon fast eine Sensation. Ihnen war gelungen, woran fast

Sherman DD (Amphibienfahrzeug)

Bewaffnung: 1 Kanone 75 mm, 3 MGs 12,7 mm
Besatzung: 5 Mann
Länge: 6,35 m
Breite: 2,81 m
Höhe: 2,95 m
Panzerung: 25-51 mm
Motor: 497 PS
Reichweite: 180 km
Höchstgeschwindigkeit: 40 km/h oder 4 Knoten

M24 „Chaffee"

Bewaffnung: 1 Kanone 75 mm, 2 MGs 7,62 mm, 1 MG 12,7 mm
Besatzung: 5 Mann
Länge: 5,9 m
Breite: 3,06 m
Höhe: 2,65 m
Panzerung: 12-38 mm
Motor: 2 x 110 PS
Reichweite: 281 km
Höchstgeschwindigkeit: 42 km/h

alle anderen Panzerbauer bislang gescheitert waren. Sie konnten eine gesamte Wannenhälfte, überdies noch die wesentlich aufwendigere Oberhälfte, aus einem Stück gießen. Das amerikanische Fahrwerk wurde im Verlauf der Entwicklung zu Gunsten einer französischen Konstruktion, die Hotchkiss für den H-35 gebaut hatte, verworfen. Der Wright-Sternmotor war ebenso wie das dazugehörige Getriebe nicht zu erhalten und musste deshalb gegen drei miteinander verbundene 115-PS-Cadillac-Motoren vom Typ 75 ausgetauscht werden. Zwei saßen nebeneinander und der dritte dahinter. Gemeinsam trieben sie das vordere Kettenantriebsrad über ein aus Australien stammendes unsynchronisiertes Fünfganggetriebe an. Die einzige 1941 verfügbare Kanone war der Zweipfünder, der prompt seinen Platz auf dem aus einem Stück gegossenen Turm fand. Es wurden drei Prototypen vom AC 1 gebaut, die im Januar 1942 der Erprobung unterzogen wurden. Dabei zeigten sich nur kleinere, leicht zu behebende Mängel. Echte Probleme stellten sich erst mit dem Versuch ein, eine Serienfertigung aus Komponenten aufzuziehen, die in ganz Australien hergestellt wurden. Man war sich bald einig, dass eine vernünftige Produktion nur in einem eigens dafür ausgerüsteten Werk möglich war. Dieses Werk entstand in Chullora in Neusüdwales. Dort wurden insgesamt 66 AC 1 Sentinel gebaut, die alle als Ausbildungsfahrzeuge dienten.

DIE ENTSTEHUNG DES SHERMAN

Wie bereits erwähnt, wurde der M3 durch den M4 Sherman abgelöst. Wenn man bedenkt, was für eine entscheidende Rolle dieser Panzer von 1942 an bei den Alliierten in Westeuropa gespielt hat, wird es einen kaum verwundern, dass die Zahl der Varianten noch viel unübersichtlicher war als beim M3. Es ist im Rahmen dieses Buches schlicht unmöglich, alle jemals gebauten Versionen und Unterversionen aufzuführen. Wir begnügen uns mit den grundlegenden Versionen und den häufigsten Varianten in Bezug auf Bewaffnung, Bauweise, Antrieb und Fahrwerk sowie mit interessanten Sonderversionen wie dem Minenräumer und dem Duplex-Antrieb.

Die Entwicklung des späteren M4 begann genau einen Tag nachdem der M3 Ende August 1940 in die Serienfertigung gegangen war. Zu diesem Zeitpunkt hatten sich die britischen Truppen gerade vor der heranrückenden Wehrmacht aus Frankreich gerettet, und Belgien, Frankreich und die Niederlande mussten mit den Besatzern klarkommen. Die Männer, die sich an die Entwicklung des M4 machten, konnten damals nicht ahnen, dass gerade dieser Panzer so entscheidend zur Befreiung Westeuropas beitragen würde. Eines war ihnen von Anfang an klar: Ganz gleich, wie die Konstruktion im Endeffekt aussehen würde, sie würde einen rundum schwenkbaren Turm mit einer stabilisierten Mehrzweckkanone erhalten. Der Prototyp wurde schließlich mit der Kanone M2 ausgerüstet, die Serienmodelle hingegen hatten bereits die M3. Dieser Turm sollte mit einem Schlag alle Probleme lösen, die beim M3 in den Versionen Lee und Grant aufgetreten waren. Mit dieser Gewissheit im Rücken gaben sich die Entwickler mit Motor, Fahrwerk und Aufhängung des M3 zufrieden. Sie konnten sicher sein, dass diese Komponenten im Gefecht erprobt waren, bevor der neue Panzer in die Produktion ging und dass irgendwelche Mängel bis dahin beseitigt sein würden. Der T6, wie der Panzer bis zu seiner

Einführung bei den Streitkräften hieß, erschien gleich in zwei Versionen.

Die eine hatte eine ziemlich eckige, geschweißte obere Wanne und sollte zum M4 werden. Die andere Version mit oberer Wannenhälfte aus Gussstahl war zwar schwieriger, dafür aber schneller herzustellen. Ansonsten hatte sie keine ausgesprochenen Vor- oder Nachteile. Sie wurde als M4A1 bezeichnet. Die beiden Typen wurden parallel nebeneinander gebaut. Die zehn beteiligten Firmen entschieden sich je nach ihren Möglichkeiten und Einrichtungen für die eine oder die andere Variante. Beide Panzer hatten eine 50 mm starke Frontpanzerung, einen Turm aus Gussstahl und den Wright-Continental-Sternmotor in seiner 400-PS-Version. Das Kampfgewicht war ebenfalls fast identisch und lag bei knapp über 30 t. So ergab sich auch die gleiche Höchstgeschwindigkeit von 35 km/h. Die Unter-

LINKS: Ein M4A3 (Sherman IV). Der Vorstoß der Alliierten durch Frankreich im Jahr 1944 profitierte von der Leistungsfähigkeit und Zuverlässigkeit des V8 mit 500 PS. Hier wurde erstmals ein Motor speziell für einen Panzer gebaut.

Cruiser Tank RAM Mk II

Bewaffnung: 1 Sechspfund-Kanone, 3 MGs 12,7 mm
Besatzung: 5 Mann
Länge: 4,34 m
Breite: 2,77 m
Höhe: 2,67 m
Panzerung: 25-89 mm
Motor: 400 PS
Reichweite: 100 km
Höchstgeschwindigkeit: 40 km/h

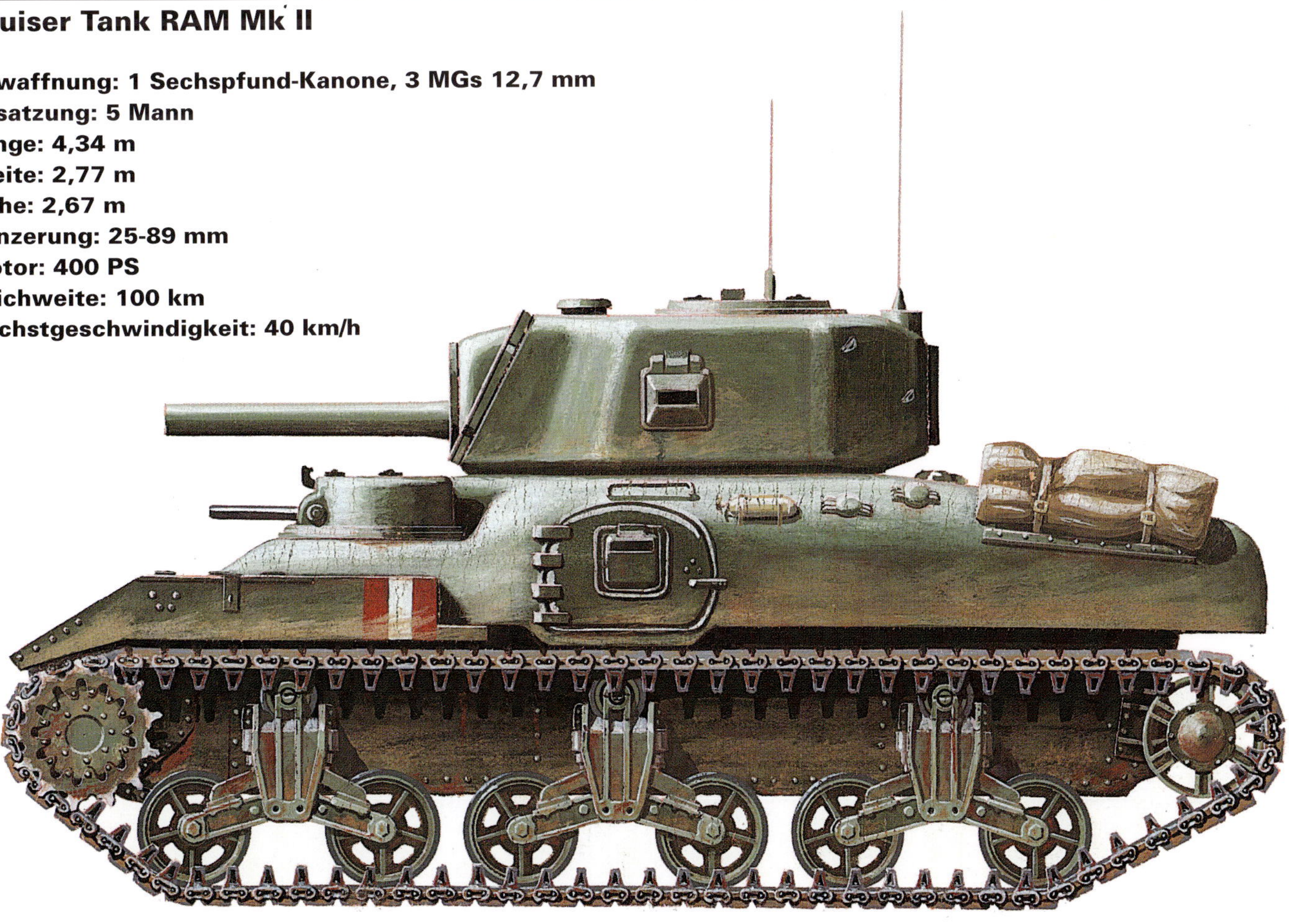

RECHTS: Ein Sherman Firefly im Einsatz während der harten Schlacht um Monte Cassino im März 1944. Der Firefly mit der starken britischen 17-Pfund-Kanone war der einzige Panzer, der den deutschen Panthern und Tigern Paroli bieten konnte.

schiede lagen eher im Detail und betrafen einzelne Panzer. So gab es Türme mit hydraulischem wie auch mit elektrischem Antrieb, je nachdem, welcher gerade verfügbar war.

Einige Exemplare hatten ein 12,7-mm-Fla-MG Browning M2 in der Luke des Kommandanten. Etwa ein Fünftel aller M4 erhielten eine 105-mm-Haubitze anstatt der Kanone M3 und wurden in der Nahunterstützung eingesetzt. Die Briten waren begeistert darüber, dass sie nun endlich einen brauchbaren mittleren Panzer erhalten sollten und benannten ihn nach William Tecumseh Sherman. Die Grundversion hieß Sherman I, der M4A1 Sherman II. Die Panzer für die Nahunterstützung erhielten zusätzlich das Kürzel „B". Das System wurde bei allen Folgeversionen beibehalten. Die US Army ging später ebenfalls dazu über, ihre M4 als Sherman zu bezeichnen. Insgesamt wurden etwa 8400 M4 Sherman und 9700 M4A1 Sherman gebaut. Zwei Drittel davon verfügten über die 75-mm-Kanone M3, der Rest hatte die 76,2-mm-Kanone M1. Diese Waffe war leistungsfähiger als die M3, aber trotzdem dem britischen 17-Pfünder und der deutschen 88-mm-Kanone klar unterlegen. Wie das deutsche Pendant war auch die M1 aus einer Flugabwehrwaffe entwickelt worden.

DER SHERMAN FIREFLY

Die neue Kanone verfeuerte ein 7 kg schweres panzerbrechendes Geschoss und war in der Lage, 100 mm Panzerung auf 1000 m zu durchschlagen. Für einen Tiger oder sogar einen Panther reichte das nicht unbedingt. Die M1 passte nicht auf den ursprünglichen Turm, und so kam ein Turm zum Einsatz, der aus einem noch in der Entwicklung befindlichen Panzer namens M233 stammte. Dieser Panzer sollte eine 90-mm-Kanone erhalten, und der Turm passte ohne jede Änderung auf den Drehkranz des Sherman. Der britische 17-Pfünder passte übrigens auch nicht richtig in den Turm und wurde förmlich hineingezwängt. Trotzdem entstand aus dieser Variante der wohl beste Sherman überhaupt – der Firefly. Die 75-mm-Kanone gab es später auch in verschiedenen Versionen des M4. Derartige Panzer erhielten bei den britischen Truppen das Kürzel „A" hinter der Typenbezeichnung (also z.B. Sherman IIA).

Eine zweite Version, der Sherman M4A2, hatte zwei GMC-Diesel, die über eine gemeinsame Kraftübertragung verfügten. Die Wanne war geschweißt, und es gab alle drei Versionen der Bordkanone. Der M4A3 hatte ebenfalls die geschweißte Wanne, hier war aber die Neigung der Frontpanzerplatte auf 47° erhöht worden. Der M4A3 verfügte über einen eigens von Ford entwickelten V8-Motor, den 500 PS starken GAA. Dieser Motor stellte einen beträchtlichen Fortschritt gegenüber den bisherigen Aggregaten dar, denn er war gleichzeitig zuverlässiger und leistungsfähiger. Der GAA brachte den etwas schwereren Panzer auf eine nun akzeptable Höchstgeschwindigkeit von 50 km/h. An dem neuen Motor lag es wohl in erster Linie, dass der M4A3 die wichtigste Sherman-Version wurde. Insgesamt wurden fast 11 500 Stück gebaut, 5000 davon mit der 75-mm-Kanone M3, weitere 3500 mit der 76,2-mm-Kanone M1 und der Rest mit der 105-mm-Haubitze M4. Die meisten blieben bei der US Army. Eine geringe Zahl – insgesamt 254 Stück – wurde mit einer zusätzlichen, 102 mm starken Panzerung vorn an der Wanne und 152 mm vorn am Turm ausgestattet. Diese M4A3E2 sollten während der alliierten Invasion in Frankreich in vorderster Front angreifen. Wegen der zusätzlichen Panzerung brachten sie 7 t mehr auf die Waage. Damit waren sie gerade noch so schnell wie der erste M4, aber einmal in Fahrt, waren sie nur noch schwer aufzuhalten. Einige M4A3 hatten waagerechte statt der senkrechten Kegelfedern und 585 mm breite Ketten (Normalversion: 420 mm). Die Änderungen wurden eigentlich eingeführt, um die Schwimmfähigkeit zu verbessern, die wahren Vorteile lagen jedoch in wesentlich besseren Fahreigenschaften auf weichem Boden, bedingt durch den erheblich reduzierten Bodendruck. Die derart modifizierten Panzer wurden bei der US Army als M4A3E8 bezeichnet, bei den Briten erhielten sie das Kürzel „Y".

NOCH STÄRKERE SHERMANS

Der M4A4 war der am meisten verbreitete Sherman bei der britischen Panzertruppe und wurde dort als Sherman V bezeichnet. Hier gab es anstatt des modernen Ford-Motors das wesentlich schlechtere Chrysler-Aggregat aus dem M3. Auch hier mussten wegen des Motors die Wanne und somit auch der Radstand verlängert werden, diesmal um 280 mm. 8000 Stück wurden produziert, ehe man schließlich die besseren Motoren von Ford oder Wright einbaute. Weniger als 100 Exemplare erhielten den 500-PS-Motor aus der Caterpillar-Raupe und liefen unter der Bezeichnung M4A6. Der größte Teil davon, allesamt in der Version E8, ging in die Sowjetunion, wo seit jeher Dieselmotoren benutzt wurden.

Als dem britischen Panzerausschuss Anfang 1943 die 76-mm-Kanone vorgeführt wurde, gab es beträchtliche Beunruhigung.

Wenn das alles war, was der Sherman bieten konnte, dann war er nach Ansicht der Briten den Tigern und Panthern nicht gewachsen. Und diese würden in immer größerer Zahl auftauchen, denn der Krieg im Westen verlagerte sich aus Nordafrika, wo die Wehrmacht noch war, nach Europa. Die Experten lagen mit ihrer Skepsis sicherlich richtig. Es war klar, dass der Sherman mit den großen deutschen Panzern nicht mithalten konnte. Gewonnen hat er den Krieg trotzdem, einfach durch seine Überzahl. 1943 allerdings war daran noch nicht zu denken, und die Briten forderten eine stärkere Kanone. Es hatte sich herausgestellt, dass der 17-Pfünder des

OBEN: Zur Invasion erhielten die Panzer der Alliierten Watgerät, um auf eigenen Ketten von den Landungsbooten zum Strand zu gelangen.

Carro Veloce L/6/40

Bewaffnung: 1 Kanone 20 mm, 1 MG 7,7 mm
Besatzung: 2 Mann
Länge: 3,84 m
Breite: 1,85 m
Höhe: 1,87 m
Panzerung: 6-40 mm
Motor: 68 PS
Reichweite: 100 km
Höchstgeschw.: 42 km/h

ansonsten eher unbefriedigenden A30 Challenger in der Lage war, auf die Kampfentfernung von 3000 m die 50-60 mm starke Frontpanzerung des PzKpfw IV Ausf H zu durchschlagen. Ein Treffer aus der 75-mm-Kanone des deutschen Panzers prallte hingegen an der keineswegs perfekten Panzerung des Challenger ab. Und so dachten einige britische Panzeroffiziere darüber nach, wie sie am besten die Kanone des Challenger in den Turm des Sherman einbauen konnten.

Am 30. Dezember 1943 fiel die Entscheidung, 2100 der wertvollen Sherman V zu der als Firefly bezeichneten Version umzubauen. Schließlich entfiel auch das in der Wanne installierte MG. Der mit dem MG und dem Schützen eingesparte Raum wurde für weitere 15 Schuss Munition genutzt. So entstand der einzige britische oder amerikanische Panzer, der in der Lage war, die Panther und Tiger 1944 und 1945 während der harten Schlachten in Frankreich, Holland und schließlich in Deutschland zurückzudrängen. Die Shermans kämpften sich von El Alamein in Nordafrika bis zur Kapitulation in Europa durch.

Sie spielten eine entscheidende Rolle in der raschen Niederhaltung der deutschen und italienischen Kräfte in Sizilien und auch bei dem langsamen Vormarsch nach Norden über die italienische Halbinsel. Die an der Landung der Alliierten am 6. Juni 1944 beteiligten amerikanischen, britischen und kanadischen Streitkräfte hatten mehr Shermans in ihren Reihen als jeden anderen Panzer. Inzwischen war der Sherman auch Grundlage für allerlei merkwürdige Konstruktionen geworden, die ganz speziellen Einsatzzwecken dienten. Die wohl bekannteste und auch wichtigste unter diesen Sonderausführungen ist der Sherman DD mit dem Duplex-

Rechts: August 1940: Obwohl Italien in Nordafrika dreimal so viele Panzer hatte wie Großbritannien, waren die italienischen Panzer wie dieser erbeutete M13/40 schlecht geschützt und erwiesen sich als leichte Beute für die Matildas der 7. britischen Panzerdivision (Desert Rats).

Fiat Ansaldo L35/lf (Flammenwerfer)

Bewaffnung: Flammenwerfer, 1 MG 8 mm
Besatzung: 2 Mann
Länge: 3,84 m
Breite: 1,85 m
Höhe: 1,87 m
Panzerung: 6-40 mm
Motor: 68 PS
Reichweite: 161 km
Höchstgeschwindigkeit: 42 km/h

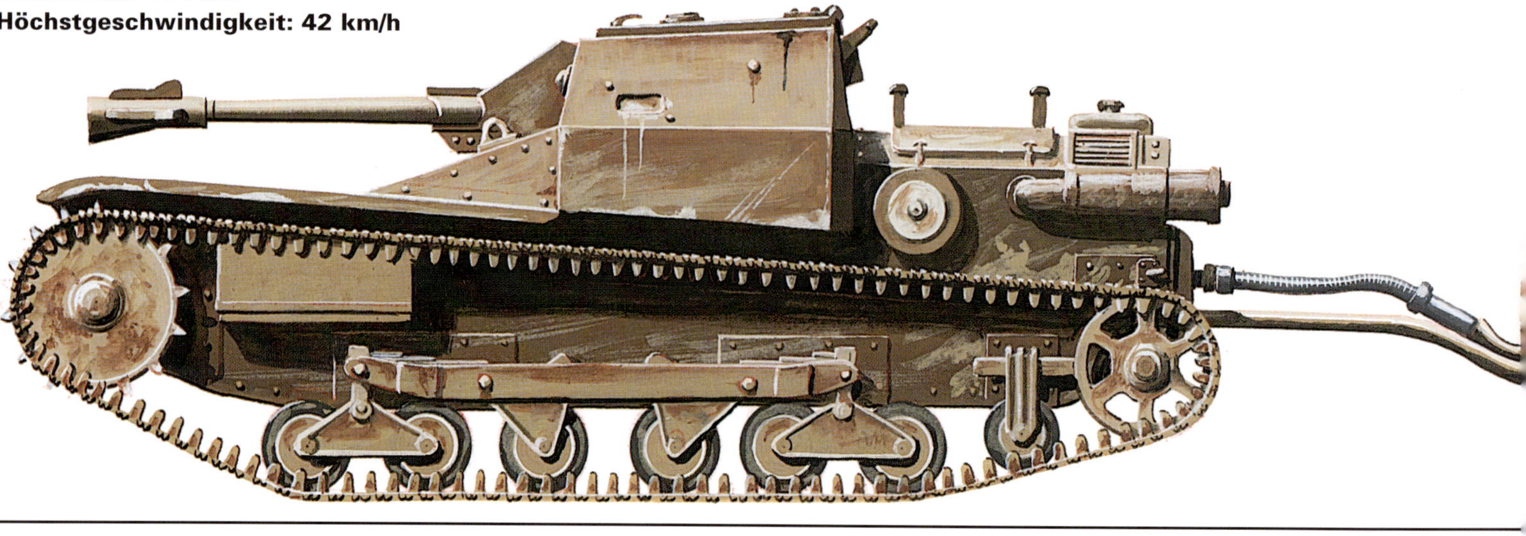

Typ 97 „Te-Ke"

Bewaffnung: 1 Kanone 37 mm oder 1 MG 7,7 mm
Besatzung: 2 Mann
Länge: 4,62 m
Breite: 2,2 m
Höhe: 2,46 m
Panzerung: 4-16 mm
Motor: 65 PS
Reichweite: 128 km
Höchstgeschwindigkeit: 40 km/h

Antrieb, den Nicholas Straussler ursprünglich für den Valentine entwickelt hatte. Das „Duplex" bezieht sich auf den zweiten Antrieb, den dieser Panzer zu bieten hatte. Er konnte nicht nur auf normale Art und Weise über Land fahren, sondern war dazu noch in der Lage, sich mit Hilfe von Propellern schwimmend fortzubewegen. Den erforderlichen zusätzlichen Auftrieb gewährleisteten leichte, wasserdichte Schürzen oder Blenden, die oberhalb der Ketten rund um das Fahrzeug montiert wurden.

Es ist nur mehr als gerecht, den Bericht über die Panzer des Zweiten Weltkriegs mit dem Sherman abzuschließen, denn er hat im Westen den Krieg gewonnen. Dabei stellt er keinesfalls den letzten Panzer dar, den die US Army vor dem Ende des Krieges im Mai 1945 erhalten hat. Im April 1943 hatten nämlich die Arbeiten an zwei weiteren mittleren Panzern, dem T25 und dem T26, begonnen. Beide sollten die 90-mm-Kanone M3 erhalten. Diese verfeuerte ein 10,9 kg schweres panzerbrechendes Geschoss mit einer Geschwindigkeit von 1020 m/sek. Die beiden Projekte wurden etwa ein Jahr lang nebeneinander entwickelt, bis sich der T26 als klar überlegen erwies. Seine Hauptpanzerung hatte eine Stärke von 115 mm und brachte das Gesamtgewicht auf über 40 t. Der Ford GAF mit 470 PS gab seine Kraft über ein Torquematic-Automatikgetriebe weiter und brachte den T26 auf fast 40 km/h. Der Panzer verfügte über sechs mittelgroße Laufrollen, jeweils einzeln über einen Drehstab gefedert, und hatte 610 mm breite Ketten, um den Bodendruck niedrig zu halten. Er wurde in begrenzter Stückzahl als M26 „General Pershing" eingeführt. Vor dem Ende des Krieges gelangten noch 310 Exemplare zu den amerikanischen Panzerdivisionen in Nordwesteuropa. Der neue Panzer musste sich mit Panther, Tiger und Königstiger auseinander setzen und erwies sich als ebenso zäh wie seine Gegner. Seine Feuertaufe hatte der M26 bei der Schlacht um die Rheinbrücke bei Remagen am 7. März 1945. Dort behauptete er sich gut gegen die besten Panzer des Krieges.

USMC

KAPITEL 4
DIE ÜBERGANGSZEIT VON POTSDAM BIS VIETNAM

Die Leistungen der Panzertruppe im Zweiten Weltkrieg ließen sie zu einem entscheidenden Faktor in der künftigen strategischen Planung werden. Die Konflikte während der Zeit des Kalten Krieges und die technologischen Fortschritte machten den Panzer zu einer der wichtigsten Waffen auf dem Gefechtsfeld.

Eine der ersten Maßnahmen nach dem Ende des Zweiten Weltkriegs bestand darin, dass die westlichen Alliierten sofort ihre Truppen reduzierten und eine große Zahl an Fahrzeugen und Gerät entweder verschrotteten oder einlagerten. Ein Teil der erbeuteten Waffen und Geräte von Wehrmacht und Waffen-SS wurde ebenfalls verschrottet, ein anderer Teil ging an die Alliierten (besonders an Frankreich) oder an andere „Zweitnutzer". Überzähliges Gerät der Sowjetunion ging an ihre Satellitenstaaten. Genau das war zu erwarten gewesen. Schließlich hatten sich die gleichen Armeen ein Vierteljahrhundert zuvor schon einmal dieser Prozedur unterziehen müssen. Es gab allerdings einen entscheidenden Unterschied zwischen 1919 und 1945: Diesmal sollten auf dem Boden der untergegangenen Reiche keine kleinen unabhängigen Staaten entstehen. Das Gegenteil war der Fall: Die Rote Armee dachte überhaupt nicht daran, sich aus den Ländern zurückzuziehen, die sie bei der Verfolgung der Wehrmacht überrannt hatte. Winston Churchill warnte in einer Rede in Fulton, Missouri, am 5. März 1946 eindringlich vor dem sowjetischen Expansionismus:

„Von Stettin an der Ostsee bis nach Triest ist über den Kontinent (Europa) ein eiserner Vorhang niedergegangen." Die westlichen Alliierten gründeten im Gegenzug am 4. April 1949 die Nordatlantik-Pakt-Organisation (NATO), bei der die Vereinigten Staaten bereits eine wichtige, wenn nicht sogar die entscheidende Rolle spielten. Der darauf folgende „Kalte Krieg" sollte für die nächsten 40 Jahre sicherstellen, dass die Entwicklung in der Waffentechnik und der Kriegführung weiterhin stürmisch voranschritt.

LINKS: Der vietnamesische Dschungel war für Panzer nicht gerade geeignet. Trotzdem waren die amerikanischen Führer dankbar für die Feuerkraft des M60 Patton, der hier einen Infanterieangriff in Südvietnam unterstützt.

ALTE AMERIKANER

Wäre es unmittelbar zu einem Krieg zwischen NATO und Warschauer Pakt gekommen, hätte es keine Zweifel gegeben, wer gewonnen hätte. Die NATO sagte sich nämlich: „Ganz gleich, was passiert, wir haben die Atombombe und sie nicht." Dieser Zustand, dass nur der Westen über Nuklearwaffen verfügte, sollte aber nicht lange anhalten. Sobald auf diesem Gebiet die Gleichheit wiederhergestellt war, begann ein erbitterter Kampf um die Überlegenheit auf anderen Gebieten. Auf keinem Gebiet aber war das Ringen darum, die Oberhand zu gewinnen, so eisern wie in der Entwicklung von Panzern.

Der Großteil der Panzer der US Army nach dem Krieg bestand aus M4 Shermans der einen oder anderen Version. Dieser Panzer war aber 1940 nach den Prinzipien des vorangegangenen Jahrzehnts entwickelt worden. Am Ende des Krieges wirkte er arg überholt und benötigte dringend einen Nachfolger. Kurzfristig bestand die Lösung dieses Problems in einer Weiterentwicklung des M26 Per-

Oben: Seit 1945 hat sich der M24 Chaffee in aller Welt im Einsatz bewährt. Die pakistanischen Streitkräfte setzen den US-Panzer 1971 im Krieg gegen Indien ein.

M24 Chaffee

Bewaffnung: 1 Kanone 75 mm, 3 MGs 7,62 mm
Besatzung: 5 Mann
Länge: 5,9 m
Breite: 3,06 m
Höhe: 2,65 m
Panzerung: 25-63,5 mm
Motor: 2 x 110 PS
Reichweite: 160 km

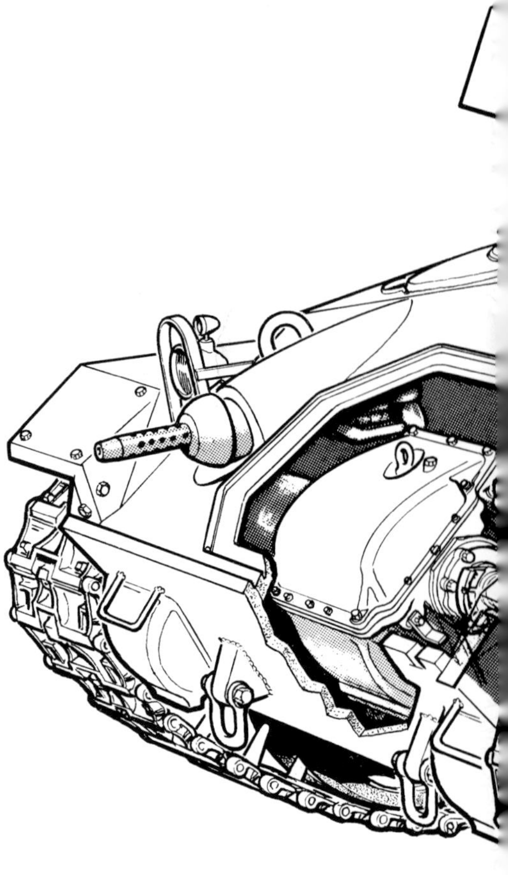

shing. Dieser war kurzfristig als schwerer Panzer eingestuft worden, bis man sich doch entschied, ihn wieder als mittleren Panzer zu betrachten. Auf dem Gebiet der leichten Panzer hatte die US Army den M24 Chaffee. Der leichte Panzer war dank der Einführung neuer, stärkerer Munition keinesfalls am Ende seiner Entwicklung angelangt. Für den Chaffee, obgleich moderner als der Sherman, galt dies allerdings nicht mehr. Er musste auch abgelöst werden. Außerdem gab es Bedarf an einem bislang nicht vorhandenen schweren Panzer, der es mit dem massiven IS-3 der Roten Armee aufnehmen konnte.

DIE US-KLASSIFIKATIONEN

Es lohnt sich, eine kurze Betrachtung darüber anzustellen, was zu jener Zeit als leicht, mittel oder schwer galt. 1945 wurde im Bericht des Ausschusses der US Army für die Prüfung von Gerät eine Trennung bei 24, 45 und 75 t genannt (für experimentelle Zwecke gab es sogar ein Superschwergewicht von 150 t, was aber bald wieder von der Liste gestrichen wurde). Der sogenannte Stilwell-Ausschuss, benannt nach dem Vorsitzenden General „Vinegar Joe“ Stilwell, genehmigte diese Klassifikation und empfahl gleichzeitig, die Entwicklung von Jagdpanzern und gezogenen Panzerabwehrkanonen einzustellen.

Der Bericht betonte die Bedeutung der Weiterentwicklung in den vier folgenden Hauptgebieten: neue und stärkere Bordkanonen und entsprechende Munition, neue Arten der Panzerung und ihre Anwendung, speziell für gepanzerte Fahrzeuge entwickelte Motoren, sowohl Vielstoffmotoren als auch Gasturbinen, und schließlich Verbesserungen bei Fahrwerk und Aufhängung, um mit schwereren Fahrzeugen schneller fahren zu können.

LEICHTE US-PANZER

Als erste Lösung für den Nachfolger des M24 Chaffee befasste man sich kurz nach dem Ende des Krieges mit einem Projekt eines leichten Viermann-Panzers, der als T37 bezeichnet wurde und den Vorgaben des Stilwell-Ausschusses entsprach. Im Jahr 1949 hieß er T41 und hatte bereits drei Phasen durchlaufen. In der Phase I verfügte er über eine stabilisierte 76,2-mm-Kanone vom Typ M32. In der Phase II wurde der Turm umkonstruiert, es gab eine neue Rohrblende, einen Rauchabsauger, ein integriertes Feuerleitsystem und einen Stabilisator für die Bordkanone. Die Phase III umfasste ein automatisches Ladesystem für die Kanone und einen verbesserten Stabilisator. Nichts davon blieb bei der Serienfertigung des M41 über, der ab 1950 als „Little Bulldog“ zur Truppe kommen sollte. Vor der tatsächlichen Auslieferung aber wurde er in „Walker Bulldog“ umbenannt, zu Ehren des Generals Walton H. Walker, Kommandeur der US-Bodentruppen in Korea, der zwei Tage vor Weihnachten 1950 bei einem Unfall in einem Jeep ums Leben kam.

Die Vorgehensweise bei der Entwicklung des Walker Bulldog war in einem Punkt besonders interessant. Bislang waren alle amerikanischen Panzer rund um die Bordkanone entwickelt und anschließend mit einem geeigneten Motor

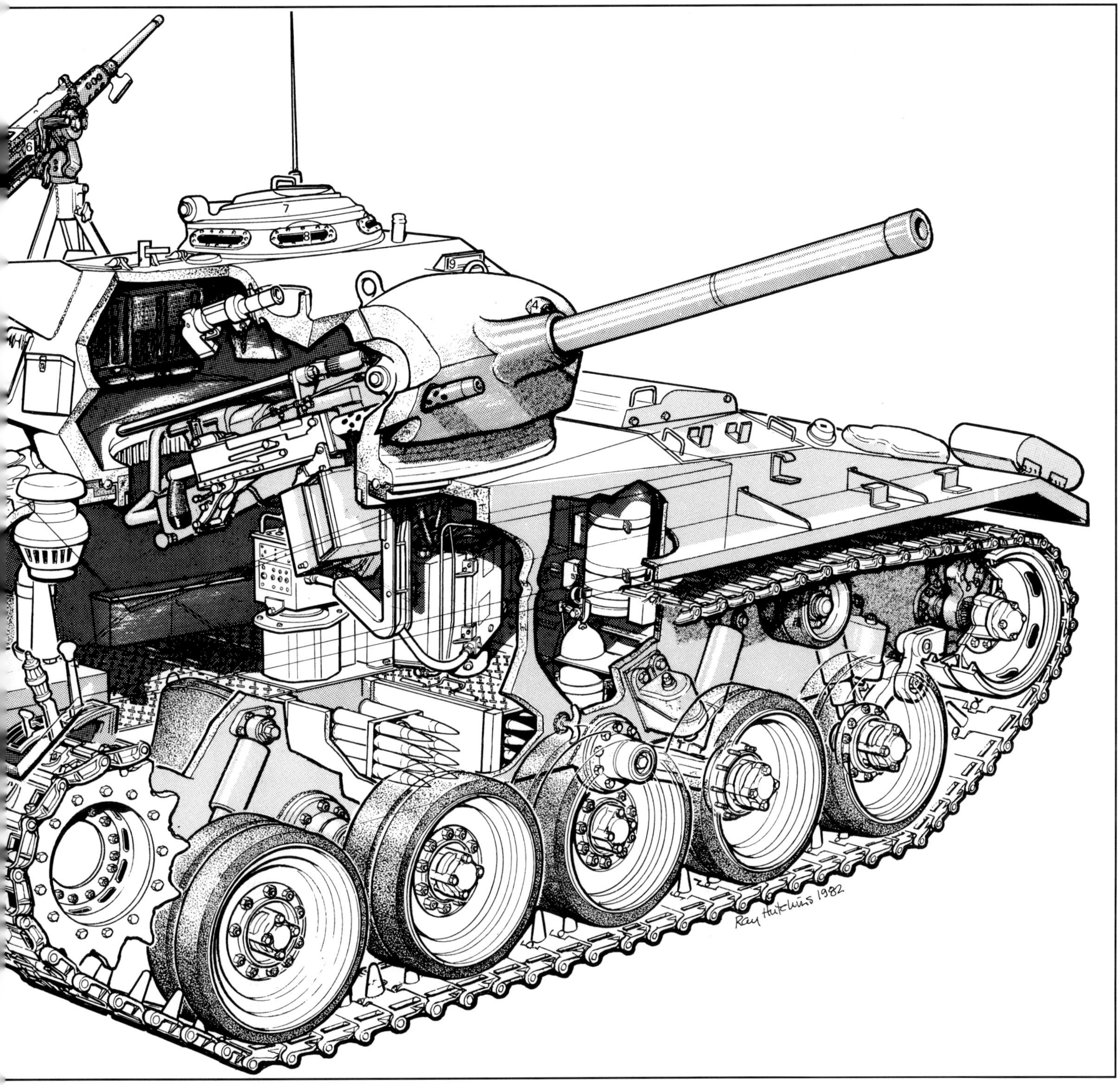

versehen worden; der Ausgangspunkt für den Walker Bulldog war jedoch der 500-PS-Sechszylinder-Boxer.

Die Konstrukteure hatten das vorgegebene Kampfgewicht von 25 t im Hinterkopf und überlegten zunächst, wieviel Motorleistung sie für die angestrebte Leistung – eine Geschwindigkeit von über 65 km/h auf der Straße und eine Reichweite von 160 km bei einem 530-l-Tank – benötigten. Bei der Aufhängung entschied man sich für Drehstäbe mit fünf mittelgroßen Laufrollen pro Seite und drei Stützrollen. Die hinteren Kettenräder wurden über einen Allison-Antrieb bewegt, der rechtwinklig zur Kurbelwelle angeordnet war. Dabei handelte es sich um eine frühe Version des später im Automobilbau verwendeten Transaxle-Prinzips. Um die allgemeinen Eigenschaften des Panzers zu erhalten, bekam er eine relativ leichte Panzerung – 25 mm bei der Frontpanzerplatte und 12-19 mm an den anderen Stellen. Neben der Bordkanone verfügte er über ein Blenden-MG vom Typ M1919A4 und ein schwereres 12,7-mm-MG Browning M2 auf einer Flugabwehrlafette in der Turmluke.

Die Produktion des Walker Bulldog wurde vor dem Ende des Jahres 1950 in der Panzerfabrik Cleveland aufgenommen. Diese Fabrik gehörte dem Automobilhersteller Cadillac, der sich entschlossen hatte, in die Produktion leichter Panzer einzusteigen. Dort wurden insgesamt etwa 5500 Walker Bulldog gebaut. Da er in einer Übergangszeit gebaut wurde, verwundert es nicht, dass der M41 als Versuchsträger für die verschiedensten Türme

M41 Walker Bulldog

Bewaffnung: 1 Kanone 76 mm, 1 MG 7,62 mm, 1 MG 12,7 mm
Besatzung: 4 Mann
Länge: 5,8 m
Breite: 3,2 m
Höhe: 2,7 m
Panzerung: 12-38 mm
Motor: 500 PS
Reichweite: 160 km
Höchstgeschwindigkeit: 72 km/h

und Waffen benutzt wurde. Unter anderem erhielt er auch die 90-mm-Kanone M36 aus dem M46A1/M47/M48 Patton. Der M41 Walker Bulldog bildete auch die Grundlage für den Flugabwehrpanzer M42 „Duster", die Selbstfahrlafetten M44 und M52 SP sowie für den Mannschaftstransportwagen M75.

OBEN: Nordkoreanische Infanteristen kommen aus einem Unterstand, der von der 90-mm-Kanone eines M47 zerstört wurde. Der Kommandant weist die US-Infanteristen auf einen weiteren Unterstand hin.

KOMBINATION AUS PANZER UND SELBSTFAHRLAFETTE

Im Januar 1959 wurde vorab eine Durchführbarkeitsstudie erstellt, um die US Army mit einem Nachfolger für den M41 Walker Bulldog und die selbstfahrende Panzerabwehrkanone M56 auszustatten. Bis zum Dezember 1961 wurden bei der Diesel Allison Division von General Motors in Detroit ein Modell in Originalgröße und ein Versuchsfahrwerk entwickelt. Im Prinzip entschied man sich dafür, das neue Fahrzeug mit der in der Entwicklung befindlichen 152-mm-Kanone/FK-Startgerät M81 auszurüsten. Es wurde ein Turm für diese kombinierte Waffe entwickelt und auf der Wanne eines Walker Bulldog montiert. Versuche mit 590 MGM-51-Flugkörpern „Shillelagh" schienen die Tauglichkeit dieses Konzepts zu beweisen. Zwischen 1962 und 1965 entstanden zwölf Prototypen unter der Bezeichnung XM551. Daraufhin wurde das Fahrzeug standardisiert und in begrenzter Stückzahl als leichter Panzer/Aufklärungsfahrzeug M551 „Sheridan" hergestellt.

Die wichtigste Neuigkeit beim Sheridan – der übrigens nach dem Infanteristen und späteren Kavalleristen aus dem Bürgerkrieg, General „Little Phil" Sheridan benannt wurde – war der Einsatz von Aluminium für die Panzerung der Wanne und von Aluminiumlegierungen bei Motor- und Getriebegehäuse. Beim Motor selbst handelte es sich um einen Sechszylinder-Turbodiesel mit 300 PS, der den 16 t schweren Panzer auf eine Höchstgeschwindigkeit von 70 km/h beschleunigte. Mit einem angebauten Schwimmkörper wurde aus dem Panzer ein Amphibienfahrzeug. Er erreichte im Wasser eine Höchstgeschwindigkeit von 6,5 km/h wobei die Ketten für den Vortrieb sorgten. Der Turm, ausgerüstet mit einem 7,62-mm-Blenden-MG und einem schwereren 12,7-mm-Fla-MG von Browning in der Kuppel, war aus Schweißstahl. Später wurde ein Laser-Entfernungsmesser entwickelt, und die meisten der vor 1970 fertiggestellten 1700 Sheridans erhielten später Infrarot-Suchscheinwerfer über dem Kanonenrohr.

Der M551 wurde an Luftlandetruppen und an leicht gepanzerte Einheiten ausgegeben. Im Jahr 1979 war er überall ausgemustert worden und fand sich nur noch bei der 82. Luftlandedivision.

MITTLERE US-PANZER

Der erste Schritt zur Entwicklung eines mittleren Panzers sollte nach Ansicht der verantwortlichen US-Behörden in einer Verbesserung des vorhandenen M26 Pershing bestehen. Anstatt des Ford GAF und der Torquematic-Automatik aus dem Pershing erhielt er einen luftgekühlten V-12-Continental-Motor AV-1790 mit 800 PS

RECHTS: Dezember 1950: Ein M26 General Pershing und Kräfte der US Marines durchqueren die Winterlandschaft bei Chosin in Korea. Bei den Temperaturen hatten die Motoren große Probleme.

und eine verbesserte Version des Allison-Transaxle-Antriebs. Außerdem erhielt der neue Panzer eine neue Ausführung der Kanone M3 mit einem Rauchabsauger und einem Rückstoßdämpfer. Die geringfügigen Änderungen rechtfertigten zwar eigentlich keinen neuen Namen; trotzdem erschienen die neuen Panzer unter der Bezeichnung M46 „General Patton". Dieser war kurz vor Weihnachten 1945 an Herzversagen gestorben.

DER ALLISON-ANTRIEB

Der Allison-Antrieb mit der Bezeichnung CD-500/CD-850 Cross-Drive, wie er im M41 bzw. M46 eingebaut wurde, war eine

M47

Bewaffnung: 1 Kanone 90 mm, 2 MGs 7,62 mm
Besatzung: 5 Mann
Länge: 6,3 m
Breite: 3,51 m
Höhe: 2,95 m
Panzerung: 13-115 mm
Motor: 750 PS
Reichweite: 130 km
Höchstgeschwindigkeit: 48 km/h

Verbindung von Kraftübertragung, Lenkung und Bremse in einem System.

Er stellte eine beträchtliche Verbesserung gegenüber den bis dahin benutzten Systemen dar. Es gab zwei Geschwindigkeitsbereiche für die Vorwärts- und einen für die Rückwärtsfahrt, jeweils hydraulisch vorgewählt. In jeder Fahrtrichtung wurde ein Teil der Motorkraft über den hydraulischen Drehmomentwandler oder das Flüssigkeitsschwungrad und der Rest über einen gewöhnlichen mechanischen Antrieb abgegeben. Wenn der Panzer nach vorn fuhr, stand die Kraft aus beiden Antriebswegen beiden Ketten zur Verfügung. Wurde aber der „Joystick" (Lenkknüppel) bewegt, ging die mechanisch übertragene Kraft nur noch an eine Kette. Dieser Knüppel wirkte auf ein hydraulisch gesteuertes Differenzial. Wurde er während der Fahrt in eine Richtung bewegt, erhielt die entsprechende Kette mehr Kraft. Wurde die gleiche Aktion durchgeführt, während das Getriebe sich in der Neutralstellung befand, bewegten sich die Ketten in entgegengesetzten Richtungen, und der Panzer drehte sich auf der Stelle. Das Merritt-Brown-System aus dem Zweiten Weltkrieg konnte den gleichen Effekt erzeugen, war aber wesentlich komplizierter aufgebaut. Jede Antriebswelle wurde mit Scheibenbremsen bestückt, die über ein Fußpedal bedient wurden.

DER M47 PATTON

Während das Programm für den leichten Panzer T41 auf dem Weg war, wurden zwei weitere amerikanische Projekte gerade eingeleitet – das eine sollte als T43 zur Entwicklung eines neuen mittleren Panzers führen, das andere unter der Bezeichnung T43 galt einem schweren Panzer. Der T42 wurde von Anfang an als Weiterentwicklung des M26 Pershing/M46 Patton betrachtet. Besonderes Augenmerk wurde dem Turm gewidmet, um seine ballistischen Eigenschaften zu verbessern. Es gab aber auch Änderungen an Wanne und Fahrwerk. Das Projekt T42 wurde schließlich vom Koreakrieg überholt, der im Juni 1950 begann. Ab dann konzentrierte man sich nur noch auf den Bau mittlerer Panzer zur Ergänzung der bereits vorhandenen Fahrzeuge. Wirkliche Fortschritte hatte das Projekt nur in Bezug auf den Turm gebracht. Deshalb wurde beschlossen, den neu konstruierten Turm mit der verbesserten 90-mm-Kanone M36 auf die leicht modifizierte Wanne des M46 zu setzen. Die wichtigste Änderung war ein anderer Winkel der Frontpanzerplatte, von entscheidender Bedeutung war auch die Vergrößerung des Turmdrehkranzes auf 1850 mm. Des Weiteren wurden zwei Stützrollen weggelassen und zwischen der sechsten Laufrolle und dem Kettenantriebsrad eine Spannrolle hinzugefügt. Die Kombination aus dem neuen Turm und der verbesserten Wanne lieferte ein wesentlich besseres Fahrzeug bei relativ geringem Zeit- und Kostenaufwand. Der so entstan-

dene Panzer, dessen Kampfgewicht im Vergleich zum Pershing um etwa 12% auf über 46 t angestiegen war, erhielt unterschiedliche Namen. Umrüstungen vorhandener Fahrzeuge wurden als M46A1 Patton bezeichnet, Neufahrzeuge hießen hingegen M47 Patton. Dieser Panzer galt immer als Übergangslösung und wurde Mitte 1952 bei der US Army eingeführt.

Der M47 Patton 1 (auch als Patton 47 bekannt) war trotz seiner kurzen Verweildauer bei der US Army ein recht erfolgreiches Fahrzeug. Bis zur Einstellung der Produktion im November 1953 wurden insgesamt etwa 8600 Stück hergestellt. Im Rahmen des militärischen Hilfsprogramms gelangte er auch an verbündete Staaten. Südkorea war natürlich ein Großabnehmer, aber auch Frankreich und die neu gegründete Bundeswehr. Viele der nach Übersee verkauften M47 blieben bis zur Mitte der 70er Jahre im Einsatz, wobei sie oft geringen Modifikationen unterzogen wurden. Sowohl GIAT in Frankreich als auch Oto-Melara in Italien erwarben alte Panzer und bauten sie wieder auf. Dabei erhielten sie teilweise englische oder französische 105-mm-Kanonen. Eine Schwäche des M47 war die miserable Reichweite – bei einem 855-l-Tank schaffte er nur 150 km.

DER NACHFOLGER DES PATTON

Als die Vorbereitungen zur Produktion des M47 im Sommer 1950 anliefen, waren die Konstrukteure des Kampfmittelausschusses schon mit seinem Nachfolger beschäftigt. In begrenztem Umfang wurde auch die Weiterentwicklung des leichten T42 vorangetrieben in der Hoffnung, einen leichteren, sparsameren mittleren Panzer zu bauen. Das größte Defizit des T42 war der Mangel an Kraft. Die Vorgabe, den 500-PS-Motor aus dem wesentlich leichteren M41 zu benutzen, hatte sich als reichlich optimistisch erwiesen. Die Prototypen des T42 wurden Versuchsträger für die unterschiedlichsten Modifikationen. Die wichtigste darunter war die Einführung eines Wiegenturms mit einer selbstladenden 90-mm-Kanone, die 18 Schuss pro Minute abfeuern konnte. In dieser Version wurde der T42 als T69 bezeichnet. Bereits im Jahr 1958 wurde das gesamte Programm T42/T69 eingestellt.

Der Nachfolger des M47 sollte sich schließlich aus dem im Februar 1951 angekündigten Programm T48 entwickeln. Der T48 sollte eine neue Version der 90-mm-Kanone mit schnell austauschbarem Rohr erhalten. Die Panzerung sollte mindestens 25 mm, an den stärksten Stellen bis zu 110 mm vorn an der Wanne und 120 mm vorn am Turm betragen. Das Leergewicht sollte bei 41 t liegen. Damit lag die Vorgabe gar nicht schlecht, denn die fertigen Fahrzeuge wogen leer 42,25 t. Zu diesem Gewicht kamen noch Kraftstoff und Verpflegung, 60 Schuss Munition für die Bordkanone sowie 6000 Schuss für die MGs. Der T48 hatte vier Mann Besatzung. Der Wegfall des MGs in der Wanne (das erste Mal bei einem amerikanischen Panzer) sowie die Einführung der neuen Kraftübertragung und Lenkung ermöglichten den Fortfall des Zweiten Fahrers/MG-Schützen. Der so eingesparte Raum kam der Munition zugute.

DER RADIKALE T48

Die grundlegende Form des T48 stammte von dem schweren Panzer T43. Dessen auffälligstes Merkmal war die elliptische Panzerung aus Gussstahl, konstruiert von Joseph Williams, der auch an der Entwicklung des M41 und des Turms für den T42 beteiligt war.

Williams hatte bereits 1948 die ersten

UNTEN: Krieg zwischen Indien und Pakistan im Jahr 1971. Die pakistanischen M24 Chaffee waren nur leicht gepanzert und konnten der 105-mm-Bordkanone der indischen Centurion nicht standhalten.

M48A3

Bewaffnung: 1 Kanone 90 mm, 1 MG 7,62 mm, 1 MG 12,7 mm
Besatzung: 4 Mann
Länge: 6,88 m
Breite: 3,63 m
Höhe: 3,12 m
Panzerung: 12,7-120 mm
Motor: 750 PS
Reichweite: 463 km
Höchstgeschwindigkeit: 48 km/h

Zeichnungen angefertigt, die deutlich vom sowjetischen IS-3 inspiriert waren. Um diese Konstruktion für den T48 zu übernehmen, wurde der Turmdrehkranz des mittleren Panzers ein weiteres Mal, nun auf 2160 mm, vergrößert. Das bot beträchtliche Vorteile für die äußere Form, denn die Wände des Turms gingen nun schräg auf die Wanne herunter und boten kaum noch einen Kugelfang. Eine weitere Idee, die von den Sowjets übernommen wurde, war der weit vorn angeordnete Turmkranz mit dem großen „Buckel" für Funkgeräte und Lüftung, der das Gegengewicht zum Rohr der 48 Kaliber langen Bordkanone M41 bildete. Dieses Gehäuse schützte auch einen großen Teil des Oberdecks über dem Motor, wenn die Kanone nach vorn gerichtet war. Im Normalfall war während der Fahrt die Kanone allerdings nach hinten gerichtet.

Den Vertrag für die Entwicklung des T48 erhielt die Chrysler Corporation, und die ersten Prototypen wurden Anfang

1952 der Erprobung unterzogen. Obwohl die Konstruktion noch keineswegs perfekt war – die Entwicklung der neuen Entfernungsmesser und Feuerleitsysteme hatte sich verzögert, und an die Auslieferung war noch nicht zu denken – wurde der Produktionsbeginn auf den folgenden März festgesetzt. Die Standardisierung erhielt er als 90-mm-Kanonenpanzer M48 Patton 48 (oder Patton 2) am 2. April 1953. Bis dahin waren bereits 900 Exemplare produziert worden. Insgesamt wurden bis zur Einstellung der Produktion im Jahr 1959 etwa 11 700 M48 gebaut. Viele von ihnen wurden während ihrer Dienstzeit bis zu dreimal in erheblichem Umfang umgebaut. Der M48 war der erste moderne Kampfpanzer, obwohl er im Prinzip eine Weiterentwicklung aus M26, M46 und M47 darstellte.

Nach den ursprünglichen Vorgaben sollte der M48 den gleichen Motor erhalten wie der M46 und M47. Trotz des geringfügig höheren Kampfgewichts von 45 t war er sogar noch etwas schneller. Das ging natürlich zu Lasten der Reichweite: Der 757-l-Tank reichte für gerade einmal 115 km. Der Allison-Antrieb wurde gegenüber den früheren Versionen nur in Kleinigkeiten geändert; lediglich der Lenkknüppel wich einem Lenkrad. Wenn der Panzer in Fahrt war, funktionierte es wie ein normales Lenkrad. Stand das Getriebe aber in Neutralstellung, genügte eine Drehung in eine beliebige Richtung, um die Ketten gegeneinander laufen zu lassen und das Fahrzeug auf der Stelle zu wenden. Das Fahrwerk war fast das gleiche wie im M47, allerdings wurden das zweite und vierte Kettenrad wie im ursprünglichen M26/M46 wieder eingebaut.

DIE SCHWÄCHEN DES M48

Die größte Schwäche des M48 war der astronomische Kraftstoffverbrauch. Die Motoren der Reihe AV-1790-5 und AV-1790-7 brauchten im Gelände fast 9 l pro Kilometer. In einem ersten Versuch, mit diesem Problem fertigzuwerden, wurden hinten auf einem Gestell vier 210-l-Tanks montiert, deren Ausläufe mit dem Tankdeckel verbunden waren. Diese Tanks waren ungeschützt, konnten aber bei Gefahr einfach abgeworfen werden. Eine bessere Lösung fand sich dann in der Form von Veränderungen an der Maschine. Die neue Version API-1790-8 hatte Benzineinspritzung anstatt der Vergaser und eine verbesserte Kraftübertragung mit der Bezeichnung XT-1400. Diese Modifikationen erhöhten dank einer Änderung in der Übersetzung des Endantriebs nicht nur die Höchstgeschwindigkeit um knapp 20% auf 48 km/h, sondern sorgten auch für eine mehr als doppelt so hohe Reichweite von 260 km. Das war in erster Linie darauf begründet, dass der neue Motor weniger Platz benötigte, was für größere Kraftstofftanks genutzt wurde. Das Fassungsvermögen betrug nun 1270 l. Zum Einbau des neuen Motors musste das Hinterdeck umgestaltet werden. Dabei entschied man sich gleichzeitig, die Infrarot-Signatur des Panzers zu verringern. Das

RECHTS: Ein M48 des 1. Panzerbataillons des US Marine Corps patrouilliert Ende 1968 an einem südvietnamesischen Strand. Der M48 wurde wegen der Mängel des M47 eingeführt.

war der erste Versuch in dieser Richtung. Man verlegte die Auspuffgitter vom Oberdeck an einen Platz hinter den Tanks.

Auch das Fahrwerk musste sich Modifikationen unterziehen. Das zweite und vierte Stützrad wurden wiederum weggelassen, und der Kommandant erhielt eine neue Kuppel mit einem integrierten Gehäuse für das MG Browning M2, das bislang außen montiert war. Der Panzer wurde zweimal in größerem Umfang überarbeitet, wobei die meisten Änderungen mit dem M48A2 kamen. Die spätere Variante M48A2C hatte ein verbessertes Feuerleitsystem, das teilweise nachträglich auch in ältere Panzer eingebaut wurde.

Es folgten M48A2E1/M48A3, bei denen es sich um Varianten von M48A1 bzw. M48A2 mit dem 750-PS-Dieselmotor AVDS-1790 handelt. Diese Modelle hatten bei einem Fassungsvermögen von 1420 l eine erheblich verbesserte Reichweite von 465 km und das ohne jegliche Leistungseinbußen. Der M48A3 wiederum wurde durch den Einbau der 105-mm-Bordkanone M68 anstatt der ursprünglichen M41 mit 90 mm aufgewertet. Diese Verbesserung war durch das Erscheinen der sowjetischen T54/T55 mit 100-mm-Panzerung erforderlich geworden. Insgesamt wurden 1210 M48 nach diesem neuen Standard aufgerüstet. Dafür wurden drei bis vier Monate benötigt, je nachdem, in welcher Ausbaustufe sich das Fahrzeug vorher befand.

Das von 1972 bis 1975 laufende Umrüstungsprogramm führte zum M48A5 – einem Panzer, der fast alle Vorgaben für den M60 erfüllen konnte. Der M48 wurde bei 14 Nationen eingesetzt. Gefechtserfahrung sammelte er im Vietnamkrieg in amerikanischer und südvietnamesischer Hand. Auch Pakistan und Israel setzten ihn in den 60er und 70er Jahren gegen ihre Gegner ein.

INFRAROTLICHT

Der M48 war ein Versuchsträger für viele neue Ideen und neues Gerät. Das sollte nicht weiter verwundern, denn er stammt aus einer Zeit rasanter technischer Fortschritte auf allen Gebieten. Infrarot-Fahrlicht war schon nichts Besonderes mehr, aber Gefechtssysteme auf Infrarotbasis wurden gerade erst erprobt. Es gab passive Systeme, aber auch aktive Ausführungen in Form „schwarzer“ Suchlichter, die eine Strahlung in diesem Spektralbereich abgeben und so für das menschliche Auge nicht wahrnehmbar sind. Die US Army führte Versuche mit aktivem Infarotgerät sowohl mit M41 als auch mit M48 durch. Der 2,5-kW-Xenon-Suchscheinwerfer als Lichtquelle sowohl für das Infrarotlicht als auch für den sichtbaren Bereich war koaxial unmittelbar oberhalb der Rohrblende montiert. Er hatte eine Reichweite von 2000 m entsprechend der montierten Panzerabwehrwaffen.

Gleichzeitig wurden auch neue Arten von Panzerabwehrmunition erprobt. Am modernsten war die Sprengmunition mit Quetschkopf (HESH), die in Großbritannien entwickelt wurde und in den Vereinigten Staaten als HEP bekannt ist.

NEUE PANZERUNG

Forschungen auf dem Gebiet des Panzerschutzes hatten gezeigt, dass Glas oder Keramik bessere Chancen gegen das Hohlladungsgeschoss (HEAT) hatten. Nun zeigte es sich, dass die gleichen Materialien, kombiniert mit konventioneller Stahl-

M60A1

Bewaffnung: 1 Kanone 105 mm, 1 MG 12,7 mm, 1 MG 7,62 mm
Besatzung: 4 Mann
Länge: 6,94 m
Breite: 3,63 m
Höhe: 3,27 m
Panzerung: 25-127 mm
Motor: 750 PS
Reichweite: 500 km
Höchstgeschwindigkeit: 48 km/h

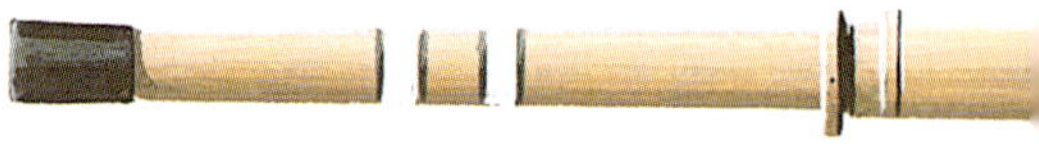

panzerung ebenso wirksam gegen Quetschkopfgeschosse und panzerbrechende Wuchtgeschosse (d.h. Massivgeschosse) waren. Der Kern der neuen Panzerung bestand aus geschmolzenem Silizium (Silikondioxid oder gewöhnlicher Sand) und dementsprechend hieß sie auch „Panzerung mit Siliziumkern".

Diese Panzerung war ebenso widerstandsfähig gegen alle Arten von Panzerabwehrgeschossen wie eine gleichstarke Stahlpanzerung, aber 40% leichter. Geformte Platten, wie sie vorn an der Wanne des M48 benötigt worden wären, wurden zwar hergestellt, aber nie eingesetzt. Die Produktion des M48 war schon ausgelaufen, bevor die Herstellungsverfahren zum Gießen von Turm oder Wanne aus einem Stück zur Zufriedenheit funktionierten. Außerdem waren Gitter im Versuch, die die Front und den Turm gegen Hohlladungen und Quetschkopfgeschosse schützen sollten.

DIE TÜRME DES M48

Zu diesem Zeitpunkt erschienen auch die ersten elektronischen Zielerfassungsgeräte. Sie arbeiteten nun nicht mehr auf mechanischer Basis und sollten einen Treffer gleich beim ersten Schuss garantieren. Allerdings war die Entwicklung des Computers noch nicht so weit vorangeschritten, dass ein Gerät mit der erforderlichen Leistungsfähigkeit im Turm unterzubringen gewesen wäre. Der Schutz gegen ABC-Waffen wurde erstmals beim M48 Patton 2 serienmäßig installiert. Die Lufteinlässe für den Besatzungsraum wurden mit Filtern ausgestattet. Dazu kamen mechanische Lüfter, die den Luftstrom von drinnen nach draußen steuerten. Diese Einrichtung sollte mit der Zeit zum Standard für alle Kampfpanzer werden.

Ein Experiment mit dem M48 hatte so weit reichende Konsequenzen, dass es eine eigene Bezeichnung erhielt – der T54/T54E1/T54E2, bei dem neue Türme auf die Wanne des M48 gesetzt wurden. Die drei Türme waren in einem Stück gegossen und trugen die 105-mm-Bordkanone T140. Eine davon war ein neuartiger Wiegenturm, wie er beim T69 erprobt wurde, die anderen waren konventionelle starre Türme. Wiegentürme sind relativ selten, werden aber in der Zukunft wohl häufiger zu sehen sein, wenn es gelingt, brauchbare ferngesteuerte Panzer zu entwickeln.

Bei einem konventionellen Turm sitzt die Bordkanone auf Lagerzapfen – ein Paar großer Stifte oder Wellen, die rechtwinklig zum Rohr an der Waffe befestigt sind. Die Lagerzapfen liegen sich gegenüber am Schwerpunkt der Waffe. Wenn die Kanone darauf montiert ist, kann sie sich in senkrechter Richtung frei bewegen und ist dabei nur durch die Möglichkeiten des Turms begrenzt. Dadurch kann die Mündung erhöht oder abgesenkt werden. Die Beweglichkeit in waagerechter Richtung wird durch die Drehung des Turms auf dem Drehkranz sichergestellt. Durch die Kombination beider Bewegungen kann die Waffe überall im Erfassungsbereich bewegt werden. Dieser umfasst normalerweise etwa 8 bis 10 ° unterhalb der Horizontalen und bis zu 20 ° darüber. Der Schwenkbereich in horizontaler Richtung ist unbegrenzt.

WIEGENTÜRME

Der Wiegenturm unterscheidet sich in einem ganz entscheidenden Punkt. Die Kanone ist fest montiert, und der Turm

Panzertransporter M-911 der US Army mit Kampfpanzer M60A3
(technische Daten siehe Seite 108)

selbst liegt auf den Lagerzapfen. Also wird der ganze Turm nach oben oder unten geneigt, um das Rohr zu erhöhen oder abzusenken.

Dabei ist der Erhöhungsbereich eingeschränkter als beim konventionellen Turm. Der Hauptvorteil liegt darin, dass es wesentlich leichter ist, einen Selbstlademechanismus zu installieren, weil sich die Waffe nur noch beim Rückstoß unabhängig vom Turm bewegt. Auch der Einbau des Feuerleitsystems geht einfacher vonstatten. Es kann nun unmittelbar am Turm befestigt werden und benötigt keine äußeren Referenzpunkte. Die für den Einsatz in konventionellen Türmen entwickelten Selbstlader leiden unter dem Problem, dass die vertikale Position des Verschlusses und daher der Winkel zum horizontalen Bezugspunkt sich durch das Erhöhen oder Absenken des Rohrs ständig ändert. Dafür muss ein Ausgleich geschaffen werden.

Da der Selbstlademechanismus normalerweise ein Besatzungsmitglied ersetzt, können Wiegentürme kleiner und leichter gebaut werden. Das traf allerdings beim T54E1 nicht zu, denn er hatte die volle Besatzung von vier Mann. Insgesamt wurden davon nur zwei Stück gebaut.

DER FLAMMENWERFER M67

Aus dem M48 wurden auch weitere Kampffahrzeuge entwickelt, darunter der Flammenwerfer M67, der speziell für die Einsätze des US Marine Corps in Vietnam gebaut wurde. Das als 90-mm-Kanone getarnte Flammrohr benutzte ein „verdicktes Benzin“ (Napalm), das unter Druck gesetzt und durch einen elektrischen Funken von 24 000 V gezündet wurde. Die Düsen hatten in der Regel einen Durchmesser von 19 oder 22 mm. Die Reichweite betrug mehrere hundert Meter. Auf der Basis des M48 gab es weiterhin die Selbstfahrlafetten M53 mit 155-mm-Kanone und M55 mit 203-mm-Haubitze. Geplant war auch eine Selbstfahrlafette T162 mit 175-mm-Kanone, die allerdings so viel mit dem M60 gemeinsam hatte, dass sie eher eine Variante dieses Panzers darstellte als des M48. Aber der T162 kam ohnehin nie über das Prototypstadium hinaus und wurde storniert, da sich die äußeren Bedingungen geändert hatten.

Die ersten M48 Patton 2 waren mit Sicherheit die besten Mehrzweckpanzer, die die US Army je hatte, aber auch sie hatten ihre Defizite. Wie bereits erwähnt, gab der Kraftstoffverbrauch Anlass zu ernsten Sorgen, aber auch die Durchschlagskraft der 90-mm-Kanone ließ zu wünschen übrig, besonders wenn man den Schutz der aktuellen sowjetischen Panzer betrachtete. Gegen 1956 war klar geworden, dass ein neuer Entwurf für einen „Kampfpanzer“ dringend erforderlich war. Das neue Fahrzeug sollte die Leistungsfähigkeit und Geländegängigkeit eines mittleren Panzers mit der Panzerung und Bewaffnung eines schweren Panzers vereinigen – keine leichte Aufgabe.

KAMPFWERTSTEIGERUNG AM M48

Der erste Schritt bei der Erstellung der Vorgaben für den neuen Panzer bestand in der Entscheidung, Wanne und Fahrwerk des alten M48 fast unverändert weiterzuverwenden.

Möglich wurde diese Entscheidung nur, weil man sich in weiser Voraussicht beim M48 bereits auf einen Turmdrehkranz von 2160 mm festgelegt hatte. Das war damals nicht unbedingt erforderlich gewesen, ermöglichte aber die Aufwertung des M48 zum M48A5 und erlaubte es nun, die Wanne als Grundlage für ein neues Fahrzeug zu benutzen. Der nächste Schritt war die Festlegung des Motors. Aufgrund von aktuellen Änderungen in den für die US

Army zulässigen Kraftstoffarten kam nun auch ein Dieselmotor in Frage, und man entschied sich für eine modifizierte Version des vorhandenen AV-1790 unter der Bezeichnung AVDS-1790. Diese Maschine war bereits in den M48A2 eingebaut worden und hatte seine Leistungsfähigkeit erheblich gesteigert. Dieses Fahrzeug konnte nun auch als Versuchsträger für die Motoren einer neuen Generation von Kampfpanzern dienen.

Die dritte Aufgabe war die Auswahl der Waffe. Sie musste ein Kaliber von mindestens 105 mm, besser sogar mehr, aufweisen. Die Wahl musste zwischen der britischen X15E8/L7A1 oder der amerikanischen T254 erfolgen, die beide die gleiche Munition verfeuerten. Heraus kam ein Kompromiss: Der Verschluss der britischen Kanone wurde mit dem Rohr der amerikanischen Waffe kombiniert. Das Ergebnis hieß nun T254E3 und wurde als 105-mm-Kanone M68 standardisiert. Es gab auch Überlegungen, eine leichtere Version der 120-mm-Kanone M58 aus dem schweren M103 einzubauen.

Diese Kanone verfeuerte allerdings Munition aus zwei Komponenten und benötigte daher zwei Ladeschützen (und war trotzdem viel langsamer), so dass die Idee wieder verworfen wurde. Der neue Panzer erbte das 12,7-mm-Fla-MG aus dem M48, aber in der überarbeiteten Form M58 und in einer anders gestalteten Kuppel. Als Blenden-MG wurde das 7,62-mm-MG M73 festgelegt. Gegen Ende 1958

LINKS: Ein amerikanischer M60A3 bei einer Übung im Nahen Osten im Juni 1988. Entfernungsmesser und Feuerleitsystem sind gegenüber dem ursprünglichen M60 erheblich verbessert.

war nur noch die Frage des Turms offen. Eine neue Form mit längerem Bug, bekannt als T95E7, und ursprünglich für den ewig in der Entwicklung befindlichen und dennoch nie gebauten „leichten“ mittleren Panzer T95 vorgesehen, war klarer Favorit. Er bot erheblich mehr Schutz vor Beschuss, wäre allerdings nicht vor 1960 verfügbar gewesen. Deshalb erhielten die ersten Serienmodelle den Turm des M48A2 in der Hoffnung, dass es sich um eine Übergangslösung handeln würde.

DER M60

Den Entwicklungsauftrag für den neuen Panzer erhielt im September 1958 die Chrysler Corporation. Vier Pilotfahrzeuge sollten gebaut werden. Das Fahrzeug wurde in der noch nicht standardisierten Form als XM-60 bezeichnet, das „X“ für „Experimental“ wurde zu jener Zeit in der gesamten US Army eingeführt. Am 16. März 1959 wurde das Fahrzeug als „Kampfpanzer, Vollkette, M60 mit 105-mm-Kanone“ standardisiert. Der größte Unterschied zwischen seiner Wanne und der des M48 lag in der Form des Bugs – beim M60 war er keilförmig und nicht mehr elliptisch. Die Wanne konnte in einem Stück gegossen oder aber aus einzelnen Gussstücken zusammengeschweißt werden. Das Fahrwerk entsprach dem des M48, nur bestanden die Laufrollen nun aus geschmiedetem Aluminium und die hydraulischen Stoßdämpfer wurden gestrichen. Um die Federwege der vorderen und hinteren Laufrollen zu begrenzen, kamen einfache Puffer zum Einsatz.

Der M60 wurde im Dezember 1960 bei der US Army eingeführt und blieb bis Mitte 1985 in der Produktion. Bis dahin waren etwa 15 000 Exemplare an US Army, US Marine Corps und viele Exportkunden geliefert worden.

Selbst in der Mitte der 90er Jahre stellte der M60 noch den Großteil der Panzer der US Army. Das ursprüngliche Modell mit dem Turm des M48A2 wurde im Oktober 1961 durch den M60A1 abgelöst. Es wurde aber noch ein Jahr weitergebaut und brachte es auf insgesamt 2200 Exemplare. Neben dem verlängerten Turm hatte die neue Version auch ein verändertes Fahrwerk und einen T-förmigen Lenkhe-

M60A3

Bewaffnung: 1 Kanone 105 mm, 1 MG 12,7 mm, 1 MG 7,62 mm
Besatzung: 4 Mann
Länge: 6,94 m
Breite: 3,63 m
Höhe: 3,27 m
Panzerung: 25-127 mm
Motor: 750 PS
Reichweite: 480 km
Höchstgeschwindigkeit: 48 km/h

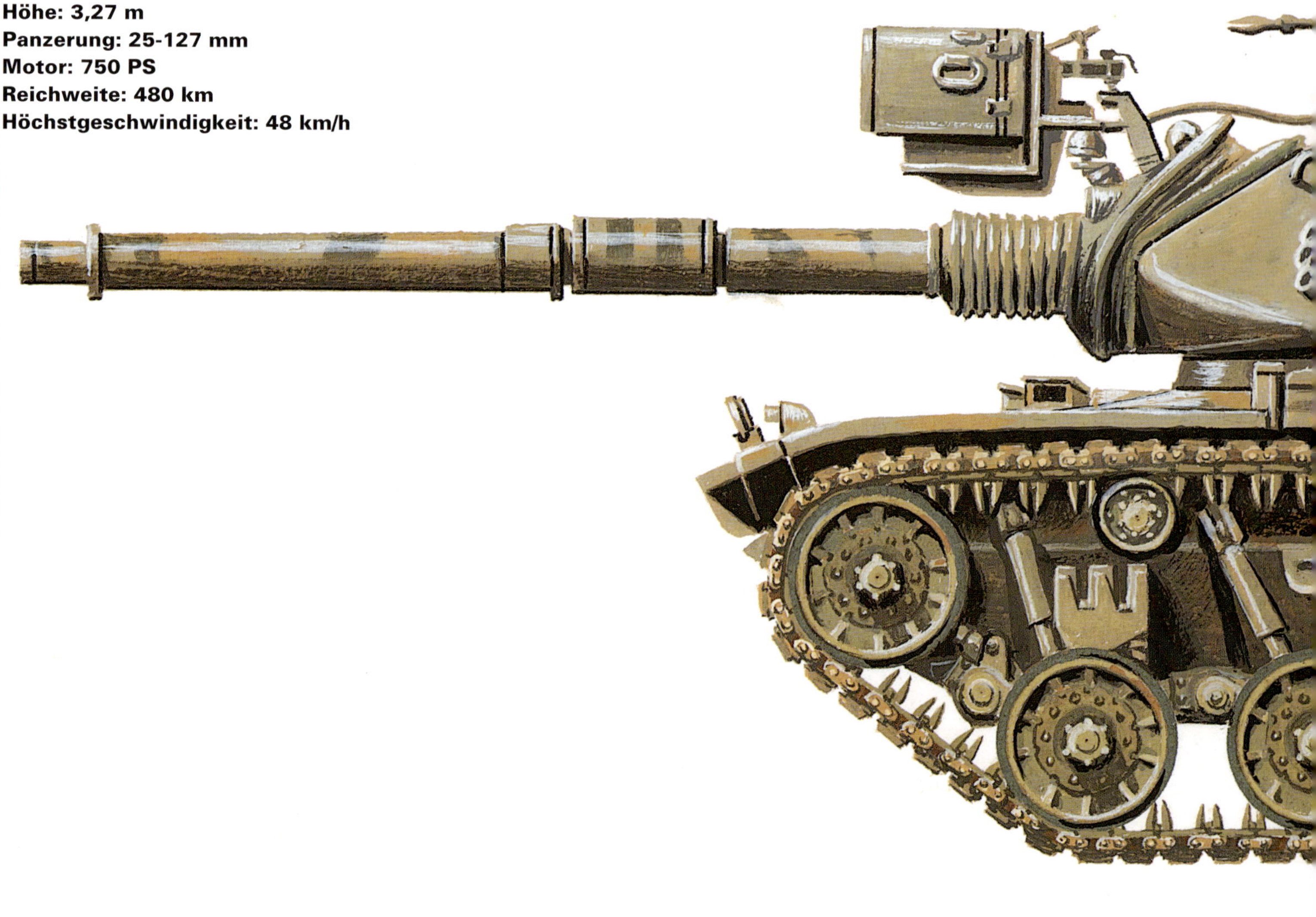

bel anstatt des Lenkrads. Angemessene Computer für die Zielerfassung waren noch nicht verfügbar.

Der Turm war allerdings bereits für den Einbau einer solchen Einrichtung ausgelegt. Beim M60A1 wurde die Frontpanzerung der Wanne auf 110 mm erhöht, und auch die Seiten wurden verstärkt. So erhöhte sich das Kampfgewicht des Panzers von 46,25 t auf stattliche 49 t. Trotzdem blieb der Motor unverändert. Die

LINKS: Viele US-Panzereinheiten haben noch den M60. Dieses Fahrzeug des Marine Corps hat zusätzliche Panzerung am Turm und einen Pflug, mit dem es im Golfkrieg durch die irakischen Verteidigungsstellungen bricht.

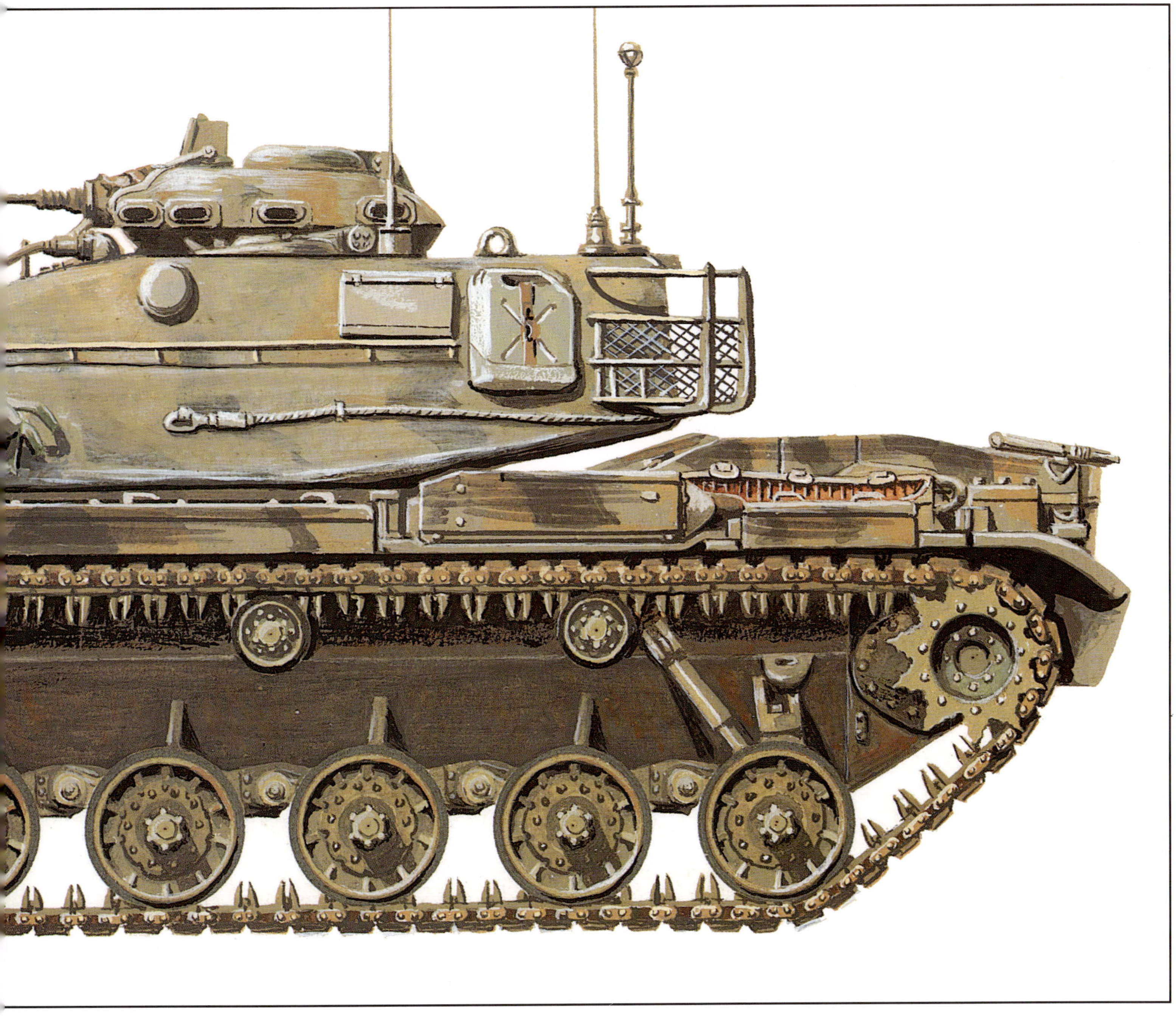

M551 Sheridan

Bewaffnung: 1 Kanone/FK-Startgerät 152 mm, 1 MG 12,7 mm, 1 MG 7,62 mm
Besatzung: 4 Mann
Länge: 6,29 m
Breite: 2,82 m
Höhe: 2,27 m
Panzerung: 40-50 mm
Motor: 300 PS
Reichweite: 576 km
Höchstgeschwindigkeit: 70 km/h

Höchstgeschwindigkeit auf der Straße lag immer noch bei 48 km/h, was bei den vorherigen Modellen durch einen Drehzahlbegrenzer sichergestellt wurde. Der Ausschuss, der 1957 die Vorgaben für den M60 erarbeitet hatte und unter dem Vorsitz des Stabschefs General Maxwell Taylor gestanden hatte, tat sich im Jahr 1965 schwer damit, eine Festlegung dafür zu finden, die US-Panzertruppen mit einer Alternative zu den konventionellen Rohrwaffen auszurüsten. Schließlich entschied man sich für einen Infrarot-Lenkflugkörper. Er sollte Panzer vernichten, denen mit konventioneller Munition einfach nicht mehr beizukommen war. Im Januar 1964 stand endlich ein derartiger Flugkörper zur Verfügung, der Ford MGM-51 Shillelagh. Im Rahmen einer Studie wurden vier unterschiedliche Türme für eine kurze Kanone/FK-Startgerät mit der Bezeichnung XM81 entwickelt. Diese kombinierte Waffe konnte außer dem Shillelagh-Flugkörper auch konventionelle 152-mm-Munition verfeuern. Zwei der Türme waren kompakte Konstruktionen, die teilweise fernbedient wurden. Dabei saßen Lade- und Richtschütze in der Wanne. Die beiden anderen Türme waren nach konventionellem Muster gebaut. Die Entscheidung fiel auf eines der kompakten Modelle, und man begann nun, die neue Waffe an den M60 anzupassen.

Der M 60 A2 war nie ein echter Erfolg. Er wurde erst 1972 in Dienst gestellt, und es wurden nur 525 Exemplare gebaut. Alle wurden ziemlich schnell zurückgezogen und umgerüstet, unter anderem zu Brückenlegern, Pionierpanzern mit

Abschleppgabeln und Räumschilden. Es gab auch eine Version mit einem kurzen 165-mm-Ladungswerfer.

Chrysler baute einen ähnlichen Turm, wie er beim M60A2 zum Einsatz kam, in die Studie K ein. Hier wurde allerdings eine wesentlich stärkere Kanone/FK-Startgerät eingebaut, die für den nie gebauten deutsch-amerikanischen Kampfpanzer MBT-70 vorgesehen war. Diese XM 50 war wesentlich leistungsfähiger als die XM81 und konnte sowohl konventionelle panzerbrechende, flossenstabilisierte Munition mit Treibspiegel (APFSDS) als auch den Shillelagh-Flugkörper abfeuern. Falls dem Prüfungsausschuss die Möglichkeiten der Waffe aber verborgen blieben, sah Chrysler vorsichtshalber vor, den K-Panzer mit der glattrohrigen 120-mm-Kanone Delta auszustatten, die ein ähnliches Subkalibergeschoss abfeuerte und einen Schritt in die Zukunft darstellen sollte. Zu einer Zeit, als die US Army (und fast ihr gesamter Haushalt) in Vietnam gebunden war, konnte dem K-Projekt kein Erfolg beschieden sein. Dabei hatte er bis auf die Panzerung eine Menge Neuheiten zu bieten. Das spurlose Verschwinden des K-Panzers war nun schon der dritte Rückschlag für den Shillelagh-Flugkörper. Er wurde dann noch in den ebenso unglücklichen leichten Panzer M551 Sheridan eingebaut und scheiterte zum vierten Mal.

Gegen Ende der 60er Jahre wirkte der M60 schon leicht angestaubt.

Im Januar 1970 genehmigte der Stabschef ein Programm zur Kampfwertsteigerung, wobei der Panzer im Rahmen von Produktionsverbesserungen aktualisiert werden sollte. Es gab schnell reichlich Vorschläge. Einige waren ziemlich brauchbar, wie die von oben einzuführenden Luftfilterpatronen, die wesentlich mehr Schmutz aus der Luft zogen und so den Motor schonten. So ließ sich die Lebensdauer beträchtlich erhöhen. Außerdem wurde ein nachträglich zu installierender Stabilisator vorgeschlagen, der mit der vorhandenen Turmschwenkeinrichtung funktionierte.

UNTEN: Der M551 war zwar nie ein echter Erfolg, leistete aber im Golfkrieg durchaus gute Dienste als schneller Aufklärungspanzer.

KAMPFWERTSTEIGERUNG DES M60

Andere Vorschläge sahen den Einbau neuer, haltbarerer Ketten vor, deren Glieder durch abnehmbare Gummipolster geschützt waren. Dazu kamen ein neues, zuverlässigeres Blenden-MG, passive Infrarotsensoren, ein Laser-Entfernungsmesser und ballistische Rechner auf Halbleiterbasis. Es gab auch eine Wärmeschutzhülle für das Rohr, um Verformungen zu verhindern, wie sie durch ungleichmäßiges Erhitzen oder Abkühlen entstehen können. Der Motor, der schließlich unter dem Namen RISE (ausgewähltes Gerät höherer Zuverlässigkeit) bekannt wurde, bedurfte noch einiger Feinarbeit, war aber den Aufwand wert.

Natürlich wurden nicht alle Vorschläge akzeptiert. Ein bereits für den K-Panzer entwickeltes Aufhängungssystem wurde in dem Experimentalfahrzeug M60A1E3 installiert, fand aber nicht den Weg in die Serie.

Bei diesem System wurden die einfachen Drehstäbe durch Teile ersetzt, die in Rohren liefen, wodurch sich der Wirkungsbereich verdoppelte und der Federweg der Laufrollen um 45% erhöht wurde. Dies war eine beachtliche Verbesserung gegenüber dem alten System, das noch aus dem M26 stammte. Bevor der verbesserte Panzer allerdings in die Serienfertigung gehen konnte, wurden noch zwei weitere Systeme vorgestellt. Die eine Methode war einfacher und somit auch preisgünstiger. Hier kamen die normalen Drehstäbe, allerdings aus hochwertigem H-11-Stahl nach dem Elektro-Schlacke-Umschmelzverfahren, zum Einsatz. Das andere System war wirkungsvoller, aber auch viel komplizierter, denn es benutzte hydropneumatische Federeinheiten. Man schien sich zunächst für eine Kombination der beiden letztgenannten Systeme entschieden zu haben. Letztendlich einigte man sich darauf, doch das ursprüngliche System des M60 weiterzubenutzen, obwohl die anderen Systeme die Fahreigenschaften und Geländegängigkeit deutlich verbessert hätten.

DER M60 IN VOLLER FAHRT

In taktischer Hinsicht bestand die wichtigste Verbesserung beim M60 wohl in der Ablösung des mechanischen, analogen Ballistikrechners durch das neue vollelektronische digitale System XM21 von Hughes. Der Computer berücksichtigte beim Richten der Kanone unterschiedliche Faktoren wie Höhe, Munitionseigenschaften, Windrichtung und -geschwindigkeit (gemessen durch einen Sensor auf einem Mast am Turm), Schräglage, Kursabweichungen, Springen der Kanone und Abnutzung, Visierparallaxe und Bewegung des Ziels. Der Laser-Entfernungsmesser hatte eine Genauigkeit von 10 m innerhalb des Bereichs zwischen 200 und 5000 m. Mit diesem Gerät konnte ein geübter Soldat so gut wie immer einen Treffer mit dem ersten Schuss landen. Der überarbeitete M60 wurde am 10. Mai 1979 als „Kampfpanzer, Vollkette, M60A3 mit 105-mm-Kanone“ standardisiert, und der erste Truppenteil, das 1. Bataillon der 32. Panzerbrigade, erhielt bereits 16 Tage später die ersten 54 Exemplare.

Hier sollte die Weiterentwicklung des M60, zumindest inoffiziell, keineswegs enden. Auch der Motor wurde erneut einer eingehenden Prüfung unterzogen, diesmal eher im Hinblick auf die Leistungsfähigkeit und weniger auf die Zuverlässigkeit. Es wurden zwei Varianten des AVDS-1790 vorgeschlagen: der AVDS-1790-5A mit 910 PS und der AVDS-1790-7A mit 950 PS.

Erwogen wurde auch eine technisch innovative Variante, der AVCR-1790, der dank Kolben mit variabler Verdichtung aus dem gleichen Motorblock nicht weniger als 1200 PS entlocken konnte. Im Gespräch war auch eine Gasturbine von Avro-Lycoming, die zwar nicht für den M60 akzeptiert wurde, aber später in den ganz neuen M1 Abrams eingebaut werden sollte. Mit diesem Kampfpanzer will die US Army in das 21. Jahrhundert gehen. Jeder dieser Motoren hatte eine ganz neue Kraftübertragung benötigt, da die CD-850 mit den 750 PS des Standardmotors

M103

Bewaffnung: 1 Kanone 120 mm, 1 MG 12,7 mm, 2MGs 7,62 mm
Besatzung: 4 Mann
Länge: 7,55 m
Breite: 3,83 m
Höhe: 3,26 m
Panzerung: 38-226 mm
Motor: 750 PS
Reichweite: 128 km
Höchstgeschwindigkeit: 40 km/h

RECHTS: Der Centurion war bei allen seinen Nutzern beliebt. Diese frühe Version hat die 17-Pfund-Kanone, die sich schon gegen die Tiger und Panther im Zweiten Weltkrieg bewährt hatte.

bereits an der Grenze ihrer Leistungsfähigkeit angelangt war. Es wurden verschiedene Modelle angeboten, sowohl von Allison als auch von anderen Herstellern. Letztendlich blieben die US-Streitkräfte bei dem alten Motor.

Sogar mit 4 t zusätzlicher Panzerung war der M60AX auf der Straße um 50% schneller als die anderen Versionen und fast dreimal so schnell im Gelände. Hier schaffte er 38 km/h gegenüber den 14,5 km/h, die die Panzer mit Drehstabfederung leisteten.

ISRAELISCHE M60

Israel war einer der wichtigsten Kunden für den M60. Es hatte vorher die M47 und M48 Patton wie auch den M4 Sherman in verschiedenen Versionen eingesetzt. Zusammen mit verbesserten Centurions britischer Herkunft und den Merkava aus einheimischer Fertigung bildeten die M60 das Rückgrat der israelischen Panzerdivisionen während des Krieges 1973 und der Kämpfe im Libanon 1982. Aus den Berichten der Nutzer lässt sich entnehmen, dass der Panzer die Erwartungen voll erfüllte und es mit den sowjetischen T-62 der ägyptischen und syrischen Streitkräfte aufnehmen konnte. Der M60A3 war den wenigen vorhandenen T-72 durchaus ebenbürtig, obwohl das wohl eher an den schlecht ausgebildeten Besatzungen lag als an den Qualitäten des T-72. Die M60A1 der Israelis kamen unterdessen gut mit den T-54/-55 klar, obwohl diese stark gepanzert waren. Die israelischen Streitkräfte haben immer schon die von ihnen benutzten Waffen verbessert und weiterentwickelt, und der M60 bildet da keine Ausnahme. Das bekannteste israelische „Zubehör" ist das Blazer-System, eine reaktive Panzerung, bei der Platten aus Sprengstoff zwischen dünnen Panzerplatten aus Stahl liegen. Der Zweck dieser wahrhaft explosiven Panzerung liegt darin, ankommende Hohlladungsgeschosse dadurch abzuwehren, dass die Sprengköpfe frühzeitig bereits an der äußeren Panzerung ausgelöst werden. Wenn die Füllung explodiert, lenkt sie den extrem heißen Gasstrahl aus dem Sprengkopf in eine andere Richtung. Rein theoretisch kann die reaktive Panzerung durch den Einsatz von Tandem-Hohlladungsgeschossen mit mehreren Sprengköpfen geknackt werden. Gegen panzerbrechende Wuchtgeschosse bietet sie ohnehin keinen Schutz, diese gehen glatt durch. Wirksam ist die reaktive Panzerung hingegen gegen Infanterie mit Panzerabwehrlenkwaffen, die ja eine beträchtliche Gefahr für moderne gepanzerte Fahrzeuge darstellen.

PIONIERVARIANTEN

Auf dem Chassis des M60 wurden mehr als 400 gepanzerte Brückenleger gebaut. Diese Fahrzeuge können bis zu 20 m überbrücken und halten dabei dem Gewicht eines voll beladenen Panzers stand. Sie sind in drei Minuten einsatzbereit und können je nach äußeren Bedingungen innerhalb von 10-20 Minuten von jeder beliebigen Seite zurückgeholt werden. Viele der Verbesserungen, die beim M60 eingeführt wurden, fanden ihren Weg in den Bergungspanzer M88, so auch der Motor AVDS-1790. Als der M60 erschien, war die Zeit der Selbstfahrlafetten auf Panzerchassis eigentlich vorbei.

Es gab allerdings den M998 „Sergeant York", einen Flugabwehrpanzer für die Division, auf dem Chassis des M48/M60, der den M42 „Duster" ablösen sollte. Der

M998 hatte ein Radar-Feuerleitsystem basierend auf der Anlage aus dem Jagdbomber F-16 und eine 40-mm-Zwillingskanone von Bofors, die zusammen 600 Schuss pro Minute abfeuern konnte. Die Entwicklung dieses Panzers nahm viel Zeit und mehrere hundert Millionen Dollar in Anspruch. Als er dann endlich zur Auslieferung bereitstand, wurde er nachträglich einer Erprobung unter realistischeren Bedingungen als vorher unterzogen. Dabei zeigte sich, dass er seiner Aufgabe in keiner Weise gewachsen war, und das Programm wurde aufgegeben, bevor der M998 in Dienst gestellt wurde.

SCHWERE US-PANZER

Das 1943 eingeleitete T43-Projekt hatte das Ziel, einen 55-t-Panzer zu entwickeln, der bis zu 127 mm Panzerung aufweisen, über eine 120-mm-Kanone verfügen und mit einem 800-PS-Motor versehen werden sollte. Die Höchstgeschwindigkeit auf der Straße sollte 32 km/h betragen. Als das Projekt bereits lief, kamen Zweifel an der taktischen Notwendigkeit eines derartigen Fahrzeugs auf. Die Berlin-Blockade im Jahr 1949 ließ es aber ratsam erscheinen, einen Panzer zu entwickeln, der dem IS-3 gewachsen war. Als der Prototyp des T43 erschien, war dem Fahrwerk trotz aller Verbesserungen und des längeren Radstands immer noch klar die Verwandtschaft zum M-26 anzusehen. Wanne und Turm hatten allerdings eine neue Form, die besser vor feindlichem Feuer schützte. Der Turm war größer als bei jedem anderen Panzer und bot Platz für vier Mann – den Kommandanten, den Richtschützen und zwei Ladeschützen. Der zweite Ladeschütze war durch die Entscheidung für die 120-mm-Bordkanone M58 notwendig geworden, denn diese verfeuerte zweiteilige Munition. Da der Panzer kein MG in der Wanne hatte, brauchte er trotzdem nur fünf Mann Besatzung. Trotzdem brachte es der fertige T43 auf 57 t, denn die Panzerung war immer stärker geworden und betrug schließlich vorn 178 mm. Die angestrebte Höchstgeschwindigkeit wurde zwar erreicht, aber nur zu Lasten der Zuverlässigkeit. Dass der Kraftstoffverbrauch sehr hoch war, ist in diesem Zusammenhang keine Überraschung. Mit ihrem Fassungsvermögen von 1015 l reichten die Tanks nur für 130 km.

Angesichts der geplanten taktischen Rolle war das allerdings kein allzu schwerwiegender Nachteil.

Der schwere Panzer wurde 1953 als „Panzer, 120-mm-Kanone, M103“ standardisiert, war aber immer noch nicht einsatzbereit. Es waren noch viele Detailänderungen notwendig, bevor es so weit war. Im Jahr 1957 wurde er schließlich bei der US Army als M103A1 eingeführt. Außerdem ging er an das Marine Corps, obwohl er für Landungsoperationen nun wirklich nicht geeignet war. Der Panzer wurde nie im Gefecht eingesetzt und auch nicht exportiert. Nach kurzer Zeit wurde er durch den M60 abgelöst und außer Dienst gestellt.

CENTURION UND CONQUEROR

Bereits im Juli oder August 1943 stellte das britische Kriegsministerium die Vorgaben für einen schweren Kreuzerpanzer – den A41 – und für einen noch schwereren Infanterie-/Sturmpanzer – den A45 – auf. Beide sollten den Meteor-Motor von Rolls-Royce erhalten. Aus dem Sturmpanzer wurde schließlich nichts, der Kreuzerpanzer jedoch wurde ein überwältigender Erfolg. Er wurde „im Haus“ bei der Abteilung Panzerkonstruktion entworfen. Das war das erste Mal, dass die Abteilung die alleinige Verantwortung für einen ihrer

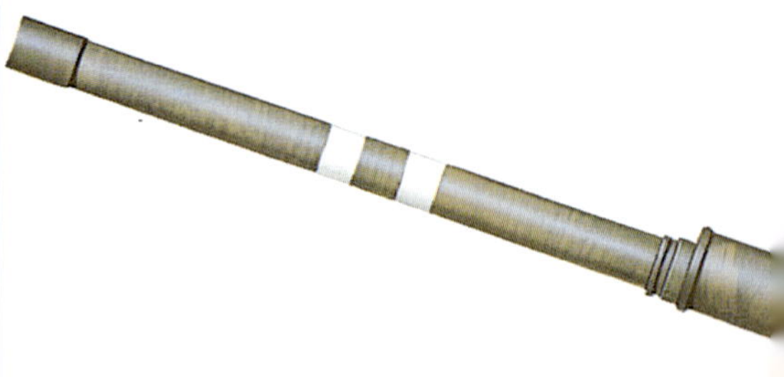

Sho't (israelischer Centurion)

Bewaffnung: 1 Kanone 105 mm, 1 MG 12,7 mm, 1 MG 7,62 mm
Besatzung: 4 Mann
Länge: 7,55 m
Breite: 3,4 m
Höhe: 2,94 m
Panzerung: 17-118 mm
Motor: 750 PS
Reichweite: 205 km
Höchstgeschwindigkeit: 43 km/h

RECHTS: Ein Centurion Mk 3 der 8th Hussars überquert im Koreakrieg den Fluss Imjin. Die kräftige 20-Pfund-Kanone sollte gegen die gut gepanzerten koreanischen T-34 eingesetzt werden.

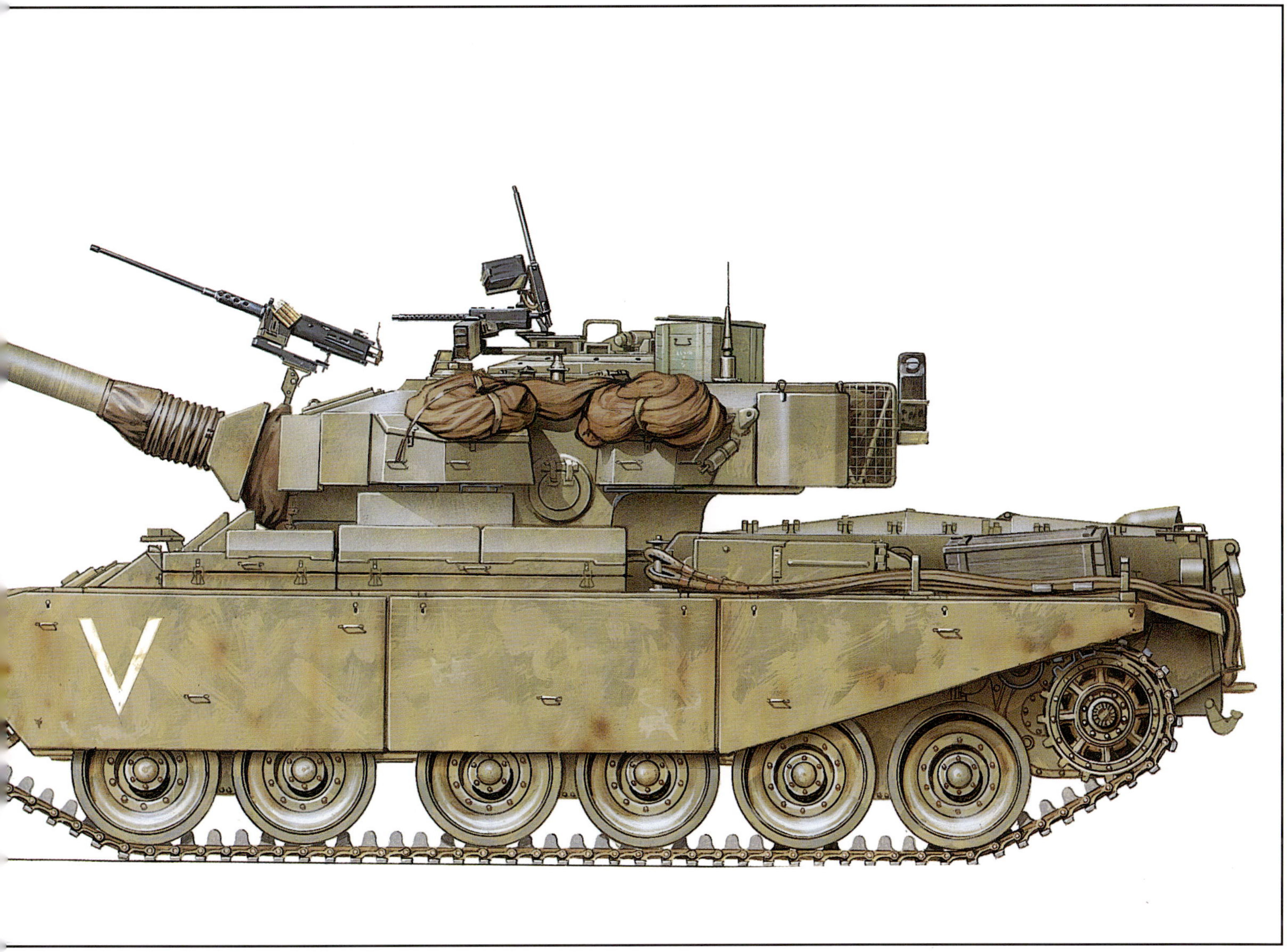

Vorschläge übernahm. Bislang hatte sie immer mit dem Hauptauftragsnehmer zusammengearbeitet. Die Entwicklungsarbeiten übernahm AEC, das einige der besten schweren Lastwagen für das britische Heer gebaut hatte.

Die Erfahrung der Firma im Panzerbau beschränkte sich allerdings auf den Bau von gepanzerten Transport- und Führungsfahrzeugen und die Entwicklung von Minenräumpflügen für Valentine und Sherman. Trotz des Mangels an Erfahrung war das erste Modell im Maßstab 1:1 bereits zum Ende des Jahres in Arbeit und im folgenden Mai fertiggestellt. Dann kam es zu den üblichen Diskussionen über die am besten geeignete Bewaffnung.

Der 17-Pfünder vom Sherman Firefly und A30 Challenger war mit Sicherheit die beste Hochleistungskanone, die zur Verfügung stand, sie konnte aber nur panzerbrechende Munition mit brauchbaren Ergebnissen verschießen. Die 95-mm-Haubitze war mit Sprengmunition genauso stark, diese Munition wiederum konnte auf die normale Kampfentfernung der gegnerischen Panzerung nichts anhaben. Dann gab es noch den für den Comet entwickelten 17-Pfünder mit kürzerem Rohr, der unter der Bezeichnung 77-mm-Kanone lief. Er war den beiden anderen in ihren Spezialgebieten klar unterlegen, konnte aber wenigstens mit beiden Munitionen vernünftige Ergebnisse erzielen. Man einigte sich auf einen Kompromiss: 15 der 20 Pilotfahrzeuge des A41 sollten die 17-Pfund-Kanone erhalten, die restlichen fünf die 77-mm-Mehrzweckkanone.

KANONE ODER MG?

Beim Thema der Nebenbewaffnung gingen die Diskussionen weiter. Man hatte die 20-mm-Polsten-Kanone und auf der anderen Seite das erprobte und bewährte 7,92-mm-Besa-MG. Für die Kanone sprach ihre erheblich größere Zerstörungskraft, während das MG flexibler war, länger durchgehend feuern konnte und weniger Stauraum für die Munition benötigte. Es wurde sogar darüber diskutiert, ob es sinnvoll wäre, ein zweites MG hinten am Turm zu montieren. Der A41 hatte kein MG an der Wanne, weil weder für die Waffe noch für den Bediener Platz vorhanden war. Und weil wegen des langen Rohrs des 17-Pfünders der Panzer ohnehin in der Regel mit nach hinten gerichtetem Rohr fahren würde, gab es gute Gründe für das Turm-MG, das dann den Schutz gegen die angreifende feindliche Infanterie übernehmen würde. Die Diskussion verstummte erst, als darauf hingewiesen wurde, dass das Besa-MG keinen Platz für den Einbau eines Nebelbombenwerfers lassen würde. Und dieser war dann doch wichtiger.

Wie bei der Debatte um die Bordkanone gab es wiederum einen Kompromiss: Die ersten Pilotfahrzeuge mit 17-Pfund-Kanone sollten ein koaxiales Besa-MG erhalten, die restlichen zehn entweder ein Besa-MG oder eine Polsten-Kanone in

Sho't
(technische Daten siehe Seite 114)

einer beweglichen Halterung links vom Turm. Im Endeffekt erwies sich die Polsten-Kanone bei der Erprobung der Pilotfahrzeuge als extrem unbeliebt. Sie wurde schnell gestrichen, ebenso wie die bewegliche Halterung.

Das Besa musste schließlich einem 7,62-mm-Browning-MG weichen, und die gleiche Waffe wurde auch zur Flugabwehr eingesetzt.

DAS CHRISTIE-FAHRWERK

Die einzige Komponente der britischen Panzer des vorangegangenen Jahrzehnts, die ungeteilten Beifall bei Konstrukteuren, Herstellern und Benutzern gefunden hatte, war das Christie-Fahrwerk. Es mutet merkwürdig an, dass man gerade darauf nun verzichten wollte, aber es gab ernsthafte Zweifel, ob die Konstruktion einem Panzer gewachsen wäre, der bereits in den ersten Planungen 45 t wiegen sollte. Man wusste, dass er ohnehin noch schwerer werden würde. Der zuständige Ingenieur bei AEC entschied sich stattdessen für ein Fahrwerk nach dem Horstmann-Prinzip, wie es erstmals beim leichten Vickers Mk I von 1929 eingebaut wurde. Die paarweise angeordneten, mittelgroßen Laufrollen waren über waagerechte Schraubenfedern miteinander verbunden. Dazu gab es sechs Stützrollen. Der Abschied vom Christie-System bedeutete auch den Verlust der zweiten Panzerschicht, die einen Großteil des Fahrwerks geschützt hatte. Um dafür einen Ausgleich zu schaffen, wurde vorgeschlagen, den Panzer mit abnehmbaren und einfach zu ersetzenden Schürzen auszustatten, die Schutz gegen feindliche

OBEN: Der Centurion wurde 1949 als Kampfpanzer beim britischen Heer eingeführt. Hier der Mk 10 mit der 105-mm-Bordkanone L7 bei der Landung in Aden in den 60er Jahren.

Panzerabwehrgeschütze mit Hohlladungen bieten sollten.

Als das fertige Modell dem Leiter des Panzerkorps und dem Panzerausschuss vorgeführt wurde, stieß es auf große Zustimmung und musste sich nur noch geringfügigen Modifikationen unterziehen. Bei einem Gewicht von 43 t und einer Gesamtlänge von 9,75 (mit der Kanone in Fahrtrichtung) ließ der neue Panzer den Cromwell wie einen Zwerg erscheinen. Sogar Kreuzerpanzer wie der Churchill sahen plötzlich geradezu kümmerlich aus. Außerdem stimmte die äußere Form. Die Frontpanzerplatte war im richtigen Winkel angeordnet, und die Wanne war bootsförmig gestaltet. Mit der Bezeichnung Centurion ging der Panzer bei den Royal Ordnance Factories in Woolwich und Nottingham in die Pilotproduktion. Die Serienfertigung sollte später aber bei Vickers Armstrong und Leyland Motors sowie bei der Royal Ordnance Factory in Leeds laufen. Bis zum April 1945 waren vier Prototypen ausgeliefert und zwei weitere so gut wie fertig. Diesmal wurde der Panzer nicht den üblichen langen Erprobungsverfahren auf einer speziell präparierten Versuchsstrecke unterzogen. Man entschied sich stattdessen, ihn an eine gemischte Einheit der Guards-Panzerdivision auszuliefern, die sich gerade nach Berlin durchkämpfte, und ihn so unter echten Gefechtsbedingungen zu erproben. Die Operation Sentry, wie dieser Versuch, die Panzer frühzeitig im Gefecht zu erproben, genannt wurde, konnte nicht mehr durchgeführt werden. Die sechs Centurion wurden am 14. Mai 1945 in Southampton eingeschifft, und da war der Krieg schon längst vorbei.

Die Panzer wurden trotzdem nach Antwerpen gebracht und mussten fünf Tage später ihre erste echte Aufgabe bewältigen: einen Straßenmarsch über 650 km zum Hauptquartier der 7. Panzerdivision in Gribbohm. Bis Ende Juli waren sie bei fast jeder Panzereinheit in Deutschland und den Niederlanden zum Antrittsbesuch gewesen. Sie wurden überall wohlwollend aufgenommen, denn sie kamen mehr als jeder andere alliierte Panzer dem Ideal des Allzweckpanzers nahe.

DER ÜBERRAGENDE CENTURION

Als der Centurion vier Jahre später 1949 endgültig in Dienst gestellt wurde, war er mit Sicherheit einer der besten Panzer der Welt. Wenn die Konstrukteure sich aber zu der Behauptung verstiegen hätten, dass er fünfzig Jahre später in modifizierter Form immer noch im Einsatz sein würde, hätte man sie wohl ausgelacht. Und doch ist er in den 90er Jahren immer noch in Dänemark, Jordanien, Singapur und Schweden zu finden. Sogar Israel hat noch 1000 umgebaute Centurion in seinen Reihen. Im Krieg 1973 hatten die israelischen Centurion auf den Golan-Höhen die zahlenmäßig überlegenen Gegner geschlagen, obwohl diese über wesentlich modernere Panzer verfügten.

Wie gut das ursprüngliche Konzept war, zeigt sich daran, dass es problemlos die Verbesserungen an Panzerung, Motor und Bewaffnung verkraftete und immer noch konkurrenzfähig war. So ist es nicht weiter überraschend, dass der Centurion in allen möglichen Formen gebaut wurde. Einige Nutzer haben sogar eigene Entwicklungsprogramme auf die Beine gestellt. Natürlich hatte der Panzer auch seine Schwächen – die meisten betrafen den Antrieb. Der 650-PS-Motor sorgte in

Centurion 105 AVRE (Pionierpanzer)

Bewaffnung: 1 Kanone 105 mm, 1 MG 12,7 mm, 1 MG 7,62 mm
Besatzung: 4 Mann
Länge: 7,55 m
Breite: 3,39 m
Höhe: 2,94 m
Panzerung: 17-118 mm
Motor: 650 PS
Reichweite: 102 km
Höchstgeschwindigkeit: 34 km/h

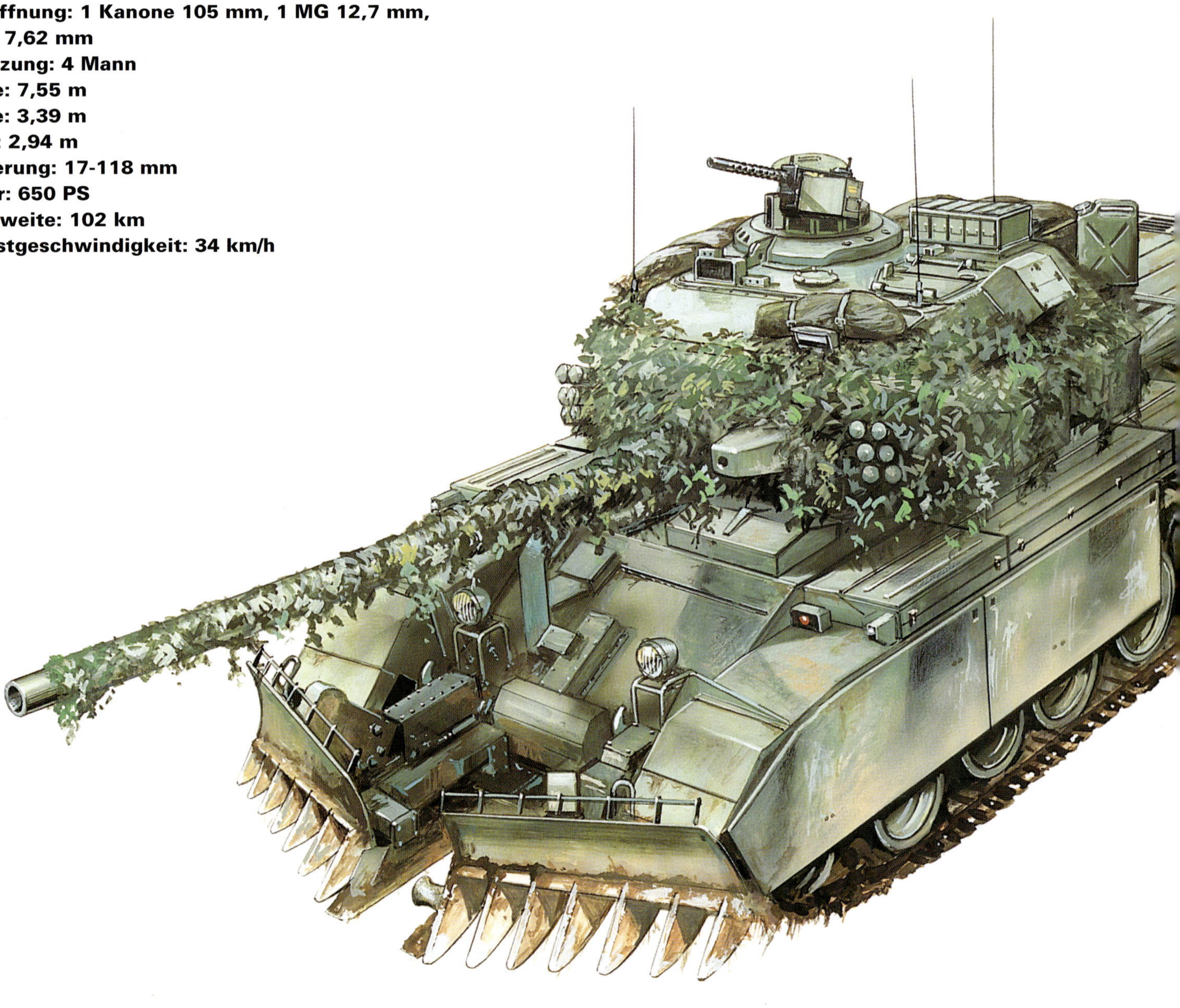

Verbindung mit dem 460-l-Tank für eine Höchstgeschwindigkeit von 35 km/h und eine magere Reichweite von 160 km. Da an diesen Komponenten nichts geändert wurde, während der Panzer immer schwerer wurde, war es um Höchstgeschwindigkeit und Reichweite zunehmend schlechter bestellt. Aus reiner Verzweiflung wurde schließlich ein Einachs-Anhänger mit einem 910-l-Tank entwickelt, den der Panzer hinter sich herzog.

DIE WEITERENTWICKLUNG

Insgesamt gab es 13 Baumuster des Centurion, vom MK 5 an auch noch in jeweils zwei unterschiedlichen Versionen. Im Laufe der Entwicklung wurde die Bordkanone zweimal geändert. Auf den 17-Pfünder folgte die 20-Pfünder-83-mm-Kanone L/64, die wiederum von der 105-mm-Kanone L7 abgelöst wurde. Auch die Panzerung wurde zweimal verstärkt. Dazu erhielt der Panzer Infrarot-Fahr- und Gefechtssysteme mit einem „Schwarzweiß“-Suchscheinwerfer. Dazu kam ein 12,7-mm-MG, ballistisch angepasst an die Hauptbewaffnung, das später durch einen Laser-Entfernungsmesser ersetzt wurde. Des Weiteren wurden die Kuppel geändert, zusätzliche Tanks eingebaut und Stauräume außen angefügt. Die letzte Version, der Mk 13 Centurion, wog kampffertig knapp 52 t und verfügte über 610 mm breite Ketten. Mit dem Erscheinen des Mk 13 war die Tankkapazität auf 1000 l angewachsen, aber die Reichweite ließ sich nur auf 190 km steigern. Nur ein Dieselmotor konnte für eine grundlegende Änderung sorgen und den Nutzwert des Panzers steigern. Die israelischen Streitkräfte installierten einen 750-PS-Diesel von Continental und nannten das Produkt „Sho’t“. Vickers hingegen rüstete die Panzer auf einen V12-Diesel von General Motors um.

UNZÄHLIGE VARIANTEN

Wie bereits erwähnt, diente der Centurion nicht nur als Kampfpanzer. Es existierten unzählige Versionen von gepanzerten Unterstützungsfahrzeugen. Es gab zwei Arten von Panzerbrücken, und es gab den Centurion-Pionierpanzer mit Räumschilden und 165-mm-Ladungswerfer. Außerdem gab es die Versionen ARV und ARK,

OBEN: Der Centurion Mk 3 ist seit 1960 bei den israelischen Streitkräften im Einsatz. Nach einer Reihe von Verbesserungen haben die Israelis ihre Centurion in Sho't umbenannt.

die auch als Brücken oder Rampen eingesetzt werden konnten und ein Hindernis von 23 m Breite überbrücken konnten, im Tandemeinsatz sogar noch mehr. Erprobungen liefen auch mit Flammenwerfern, Selbstfahrlafetten und Jagdpanzern. Der Centurion war zwar bei den Besatzungen äußerst beliebt, erreichte aber nie die Produktionszahlen der amerikanischen oder sowjetischen Panzer. Insgesamt wurden etwa 4000 Stück gebaut, von denen 1500 Exemplare in unterschiedlichen Versionen an das britische Heer gingen. Der Centurion diente so lange, dass er unter zwei unterschiedlichen Bezeichnungssystemen lief.

Unter dem alten System mit einem „A" als Panzer eingestuft, galt er nach dem neuen System, das 1948 beim britischen Heer eingeführt wurde, als Kampffahrzeug („FV").

DER UNGLÜCKLICHE CONQUEROR

Der parallel zum Centurion entwickelte schwere Panzer A45 erschien im Jahr 1948 als Prototyp. Das Fahrwerk ähnelte im Prinzip dem des Centurion, war aber verstärkt und hatte zusätzlich vier Paare kleinerer Laufrollen auf jeder Seite. Der A45 hatte den gleichen Meteor-Motor und ebenfalls die 17-Pfund-Kanone in dem elektrisch angetriebenen, stabilisierten Turm des leichteren Panzers. Man bemerkte schnell, dass der A45 auf keinem Gebiet besser war als der Centurion und gab die Entwicklung auf.

Das Chassis überlebte allerdings und bildete die Grundlage für einen weiteren schweren Panzer. Dieser sollte ebenso wie der amerikanische M103 in der Lage sein, es mit den sowjetischen IS-3 aufzunehmen. Daraus wurde der FV214, bekannt als „Conqueror", obwohl der erste Pilotversuch als FV221 „Caernarvon" lief. Der Conqueror wurde 1950 standardisiert, aber stets nur in sehr geringer Zahl gebaut. Der einzige Nutzer war das britische Heer. Bis 1959 entstanden 180 Stück dieser 66-t-Ungetüme. Sie hatten eine Frontpanzerung von 178 mm und eine 120-mm-Kanone L11, die wohl das beste an dem ganzen Panzer war. Sie saß in einem Turm aus Gussstahl, der reichlich Platz für die drei Mann bot, die dort arbeiteten. Trotz seines Gewichts konnte der Conqueror mit dem Centurion mithalten, den er unterstützen sollte. Sein Meteor-Motor leistete nämlich 810 PS. Taktisch überholt und mechanisch unzuverlässig, wurde der Conqueror bereits 1966 außer Dienst gestellt, sobald der neue Chieftain in genügender Anzahl verfügbar war.

Der erste in Frankreich nach dem Zweiten Weltkrieg gebaute Panzer basierte auf einer Konstruktion, die vor der Invasion im Jahr 1940 fertiggestellt worden war. Ursprünglich war die Kombination der Wanne des Char B1 mit einem voll schwenkbaren Turm und der altehrwürdigen, aus dem Jahr 1898 stammenden 75-mm-Kanone vorgesehen. Während der Besatzungszeit wurden die Pläne heimlich überarbeitet, am Grundprinzip änderte sich allerdings wenig.

FRANZÖSISCHE PANZER

Auch das neue Konzept basierte auf Ketten und Fahrwerk des B1. Es hatte nun lung wurde schließlich zugunsten des amerikanischen M47 Patton 1 eingestellt, der im Rahmen des militärischen Hilfsprogramms kostenlos erhältlich war.

Der erste französische Panzer, der wirklich eine Nachkriegskonstruktion darstellte, war der 15 t schwere AMX-13, der sich schon bald als echter Erfolg erweisen sollte. Er wurde sogar in großer Zahl exportiert, obwohl er in seinen Eigenschaften ganz anders als jeder andere bisherige Panzer war. Es handelte sich um den ersten serienmäßigen Panzer der Welt mit Wiegenturm. Mit einer nur 4,9 m langen Wanne, die bis zu 25 mm stark gepanzert war, und einem 250-PS-Ottomotor erreichte er eine Höchstgeschwindigkeit von 60 km/h. Damit klassifizierte er sich eindeutig als Kavalleriepanzer in einer etwas abgewandelten Rolle für die soeben aufgestellten französischen Luftlandetruppen. Diese benötigten ein Fahrzeug, das auf dem Luftweg transportiert werden konnte und sowohl zur Unterstützung als auch als Jagdpanzer einsetzbar war.

OBEN: Der in der Schweiz gebaute Pz68 hatte den amerikanischen M48 zum Vorbild. Alle Bauteile bis auf die britische 105-mm-Kanone wurden aber in der Schweiz gefertigt.

aber einen Turm, der eine 90-mm-Kanone aufnehmen konnte. Die Arbeiten am Prototyp begannen kurz nach der Befreiung. Das fertige Fahrzeug mit der Bezeichnung ARL-44 (nach dem Erbauer, den Ateliers de Construction de Rueil) rollte 1946 aus der Werkshalle. Mit einer Frontpanzerung von 120 mm kam der ARL-44 auf ein Gewicht von 48 t. Der 700-PS-Ottomotor von Maybach verlieh ihm eine Höchstgeschwindigkeit von 37 km/h. Eigentlich sollten insgesamt 300 Stück gebaut werden, aber bereits nach 60 Exemplaren wurde die Produktion eingestellt. Der Grund dafür lag in der neuen taktischen Ausrichtung des französischen Heeres. Ein schwerer Panzer sollte den ARL-44 und die vielen erbeuteten PzKpfw V Panther ersetzen, die noch im Einsatz waren. Das Ergebnis war der AMX-50, gebaut bei den Ateliers de Construction d'Issy-les-Moulineaux. Er hatte einen Wiegenturm, zunächst mit 90-mm-Kanone, später mit 100 mm und zum Schluss sogar mit 120 mm.

Der AMX-50 wog 56 t und hatte einen 1000 PS starken Ottomotor. Die Entwick-

Der AMX-13 unterschied sich von fast allen anderen Panzern der Nachkriegszeit dadurch, dass der Motor vorn, neben dem Fahrer, angeordnet war, während der Turm dahinter lag. Der Panzer hatte ein ausgesprochen niedriges Profil. Die Höhe bis zur Turmluke – eine Kuppel gab es nicht – betrug gerade einmal 2,3 m. So ließ sich das Fahrzeug wesentlich einfacher tarnen. Der erste Prototyp stand im Jahr 1948 auf den Ketten, und seitdem hat es Versionen mit unterschiedlichsten Kanonen gegeben. Es gibt Fahrzeuge mit der manuell zu ladenden 75-mm-Kanone im Turm FL-11, mit dem 75- oder 90-mm-Selbstlader im Turm FL-10 oder mit dem 105-mm-Selbstlader im Turm FL-12. Mit der Einführung der selbstladenden Kanonen konnte die Besatzung auf Richtschützen und Kommandanten reduziert werden. Diese Versionen mit der 75-mm-Kanone wurden oft mit drahtgelenkten und später mit HOT-Panzerabwehrraketen (hochultraschall, optisch gelenkt, rohrgestartet) ausgestattet. Der Turm FL-12 wurde in Kombination mit der GIAT-105-mm-Kanone auch nach Österreich geliefert, wo er an den Jagdpanzer Steyr Kürassier montiert wurde. Die Verbindung aus geringem Gewicht, hoher Geschwindigkeit und beträchtlicher Feuerkraft – nicht zu vergessen dem günstigen Preis – sorgte dafür, dass der AMX-13 nach seiner Einführung im Jahr 1953 in viele kleinere Staaten exportiert wurde.

Mehr als 20 Staaten beschafften das Fahrzeug, und auch heute noch, fast ein halbes Jahrhundert später, haben viele ihn im Einsatz. Während des Sechstagekriegs im Jahr 1967 fiel schnell auf, dass ein Hohlladungsgeschoss aus der 75-mm-Kanone zwar keine Probleme hatte, die seitliche Panzerung des T54/55 zu knacken, sich an der Frontpanzerung aber die Zähne ausbiss. In der Folge erhielten die meisten AMX-13, die weiterhin im Dienst blieben, in den 70er oder 80er Jahren eine der stärkeren Kanonen. Am häufigsten war die 90-mm-Kanone, deren 8,9 kg schweres Hohlladungsgeschoss eine vertikale Panzerung von 320 mm durchschlagen konnte. Stand die Panzerung in einem Winkel von 65 °, reichte es immer noch für 120 mm. Dabei ändert sich die Durchschlagskraft des Geschosses nicht mit der Entfernung. Die drei Kanonen des AMX-13 können keine panzerbrechenden Wuchtgeschosse verschießen, sondern nur Sprenggeschosse, Hohlladungs- und Nebelgeschosse.

Das Chassis des AMX-13 kam nicht nur bei dem leichten Panzer und Jagdpanzer zum Einsatz, sondern wurde auch für viele Zwecke umgerüstet. Es gab Brückenleger und Bergungspanzer wie auch Selbstfahrlafetten mit 105- und 155-mm-Geschützen. Außerdem wurden Flugabwehrpanzer mit einer 30-mm-Zwillingskanone von Hispano-Suiza gebaut. Zu den weiteren Versionen zählen Mannschaftstransportwagen und Schützenpanzer, FK-Startgeräte, Mörserträger, Transportfahrzeuge, San-Panzer, Minenleger und Pionierzugmaschinen. Insgesamt wurden etwa 4000 AMX-13 gebaut, rund die Hälf-

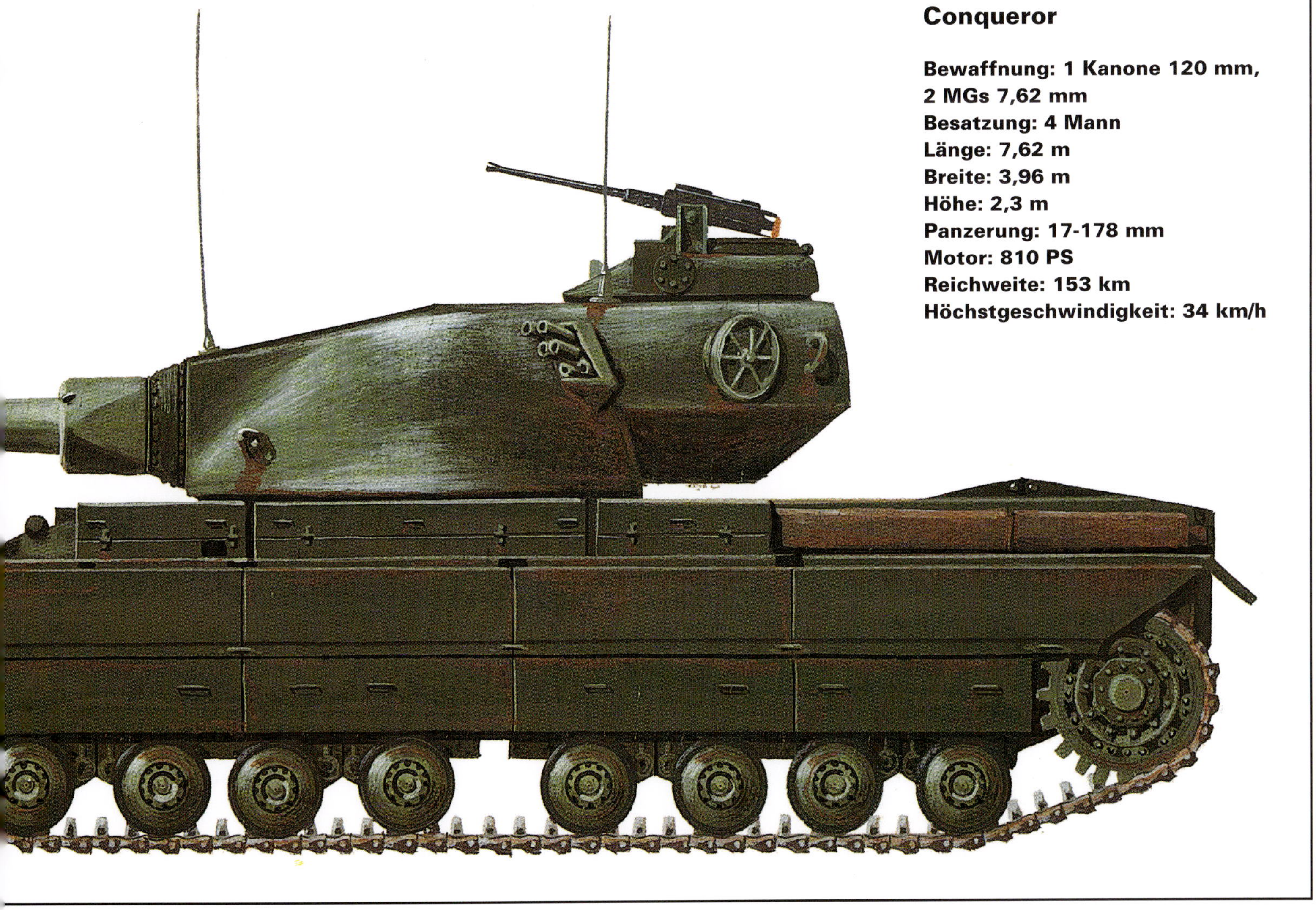

Conqueror

Bewaffnung: 1 Kanone 120 mm, 2 MGs 7,62 mm
Besatzung: 4 Mann
Länge: 7,62 m
Breite: 3,96 m
Höhe: 2,3 m
Panzerung: 17-178 mm
Motor: 810 PS
Reichweite: 153 km
Höchstgeschwindigkeit: 34 km/h

AMX-13

Bewaffnung: 1 Kanone 90 mm, 1 MG 7,62 mm
Besatzung: 3 Mann
Länge: 4,88 m
Breite: 2,5 m
Höhe: 2,3 m
Panzerung: 10-25 mm
Motor: 250 PS
Reichweite: 400 km
Höchstgeschwindigkeit: 60 km/h

te davon in einer der Unterstützungsversionen.

SCHWEIZER EXPERIMENTE

Das einzige andere Land außerhalb des Eisernen Vorhangs, das in den 40er oder 50er Jahren einen eigenen Panzer produzierte, war überraschenderweise die Schweiz. Sie hatte Jagdpanzer 38(t) vom Typ Hetzer aus der Tschechoslowakei, französische AMX-13 sowie die Centurion Mk 5 und Mk 7. Trotzdem legten die Schweizer ein eigenes Entwicklungsprogramm auf, das 1958 den Prototypen KW 30 hervorbrachte. Er verfügte über eine 90-mm-Kanone aus Schweizer Fertigung. Zehn Vorserienfahrzeuge mit der Bezeichnung Pz58 wurden mit der britischen 20-Pfund-Kanone versehen. Der Panzer aber, der schließlich als Pz61 in die Produktion ging, verfügte über die britische 105-mm-Kanone L7. 1965 wurde der Pz61 in Dienst gestellt. Dank des relativ leichten Panzerschutzes – nur 60 mm vorn an der Wanne – wog der Panzer kampffertig nur 37 t. Mit einem 630-PS-Diesel erreichte er beachtliche 50 km/h, und die 750 l Kraftstoff verliehen ihm eine Reichweite von 300 km. Es wurden etwa 150 Exemplare des Pz61 gebaut, bevor man sich auf die Fertigung des besseren Pz68 konzentrierte, der über einen Stabilisator für die Kanone verfügte und in späteren Versionen weitere Raffinessen aufwies. Vom Pz68 wurden etwa 400 Stück gebaut, und auf dem Chassis gab es außerdem Panzerbrücken und Bergungspanzer.

MITTLERE SOWJETISCHE PANZER

Die Panzer, mit denen die Sowjetunion den Zweiten Weltkrieg zu Ende führte, also T-34/85 und IS-3, waren vielleicht nicht die besten der Welt, aber die Kombination aus schierer Überzahl und geschicktem taktischen Einsatz machte sie unschlagbar. Nachdem die Sowjetunion jedoch klargestellt hatte, dass die Allianz mit den Westmächten nur für den Krieg und die Niederschlagung Deutschlands gedacht war und keineswegs beabsichtigt war, sie fortzusetzen, sah die Lage etwas anders aus. Plötzlich wirkten die sowjetischen Panzer etwas altbacken. Bereits in den Jahren 1945 und 1946 war der mittlere Panzer T-44 in geringer Stückzahl produziert worden. Er basierte auf dem T-34, hatte die gleiche 85-mm-Kanone und den eckigen Turm, daneben aber auch viele neue Merkmale. Der T-44 erwies sich als unzuverlässig, und man konzentrierte sich auf eine verbesserte Version, in die auch die Erfahrungen aus dem Bau des IS-3 einfließen sollten. Der entsprechende Pro-

umgedrehten Schüssel. Diese Form hatte sich gegen die Panzerabwehrgeschosse im Zweiten Weltkrieg bewährt. Mit 36 t war der T-54 wesentlich leichter als der 46 t schwere IS-3 und verfügte nicht über die beeindruckende 122-mm-Kanone. Er wurde stattdessen mit der 100-mm-Kanone L/54 D-10T ausgerüstet. Diese Waffe wurde aus einem QF-Geschütz der Marine entwickelt und konnte ein 16 kg schweres, panzerbrechendes Geschoss mit Kappe mit einer Geschwindigkeit von 1000 m/sek abfeuern. Das reichte, um eine 185 mm dicke Panzerung auf 1000 m zu durchbrechen. Später wurde ein Hohlladungsgeschoss für diese Kanone entwickelt, das innerhalb seines Wirkungsbereichs von 2500 m eine 380-mm-Panzerung durchschlagen konnte.

DAS FEUERLEITSYSTEM DES T-54

Das Feuerleitsystem der ersten T-54 bestand aus simplen optischen Zielgeräten mit abgesetztem Fadenkreuz, die vielleicht 1948 noch ganz akzeptabel waren, aber etwas später schon zum alten Eisen zählten. Sie wurden aber erst in der Mitte der 50er Jahre ersetzt. Das Feuerleitsystem war eine der Schwächen des T-54. Außerdem litt er an der drangvollen Enge im Turm, wenig Stauraum für die Munition

UNTEN: Der AMX-13 wurde beim französischen Heer Mitte der 70er Jahre außer Dienst gestellt. In Südostasien ist er heute noch im Einsatz und wird wegen seiner niedrigen Betriebskosten geschätzt.

totyp erschien 1946, ging im folgenden Jahr in Charkow in die Produktion und wurde 1949 oder 1950 an die Elite der sowjetischen Panzerdivisionen geliefert. Das Fahrzeug hatte inzwischen die Bezeichnung T-54 und sollte zusammen mit der Variante T-55 zum wichtigsten Panzer seiner Zeit werden. Das lag nicht nur an der enorm hohen Produktion und der weiten Verbreitung. Der T-54 war tatsächlich bei seiner Einführung auf der Höhe der Zeit und viele Jahre später immer noch nicht überholt. Er blieb von 1948 bis 1981 ununterbrochen in der Produktion und kam auf eine geschätzte Stückzahl von mindestens 50 000 Einheiten. Er war im Warschauer Pakt und weiteren verbündeten Staaten im Einsatz.

Das auffälligste Merkmal, das der T-54 vom IS-3 übernahm, war der „Bratpfannenturm" in der Form einer länglichen

844

(nur 34 Schuss für die Bordkanone) und daran, dass die Kanone nur um 4 ° abgesenkt werden konnte. Der letztgenannte Mangel war um so schwerwiegender, als man immer mehr dazu überging, vorbereitete Stellungen zu nutzen. In diesen Stellungen wird der Panzer auf eine zusammengeschobene Rampe gefahren, so dass die Wanne durch den davor entstandenen Erdwall geschützt ist. Um dann noch wirkungsvoll schießen zu können, muss die Kanone um die Neigung der Rampe abgesenkt werden können, und 4 ° reichen für diesen Zweck nicht aus.

LINKS: Der T-54 wurde nach dem Zweiten Weltkrieg zum Symbol der sowjetischen Vorherrschaft in Osteuropa. Er entstand in mehreren Zehntausend Exemplaren und wurde in 55 Staaten eingesetzt.

AUS DEM T-54 WIRD DER T-55

In Bezug auf die Panzerung war der T-54 ausreichend geschützt. 100 mm an der Frontpanzerplatte und vorn am Turm sowie 170 mm an der Rohrblende konnten sich sehen lassen. Das bewährte und erprobte Christie-Fahrwerk hatte fünf große, in unterschiedlichen Abständen zueinander stehende Laufrollen, die gleichzeitig als Stützrollen dienten. Abgefedert wurden sie über Drehstäbe. Dieses System war der Höchstgeschwindigkeit von 52 km/h gewachsen, zu der der 570 PS starke V-2-54-Dieselmotor erstaunlicherweise in der Lage war. Innenliegende Kraftstofftanks mit 812 l Fassungsvermögen erlaubten eine Reichweite von etwa 400 km. Für die Überführung gab es zusätzlich abwerfbare Außentanks.

Unter den Modifikationen, die der T-54 im Laufe der Jahre über sich ergehen lassen musste, war auch eine zweite Kuppel für den Ladeschützen. Diese Kuppel wurde zusammen mit dem darin montierten 12,7-mm-Fla-MG später wieder weggelassen. Die Bordkanonen D-10TG oder D-10T2S hatten einen Rauchabsauger und einen Stabilisator und Höhenrichtsystem, zunächst mit einer und später mit zwei Achsen. Im Lauf der Zeit kamen auch Infrarot-Fahrlicht und -Suchscheinwerfer dazu sowie ein ABC-Schutz und ein Tiefwatsystem.

Schließlich wurde der T-54 zum T-55 mit stärkerem Motor und größeren Innentanks. Das vom Fahrer bediente Bug-MG blieb zunächst noch an seinem Platz, wurde aber später gestrichen, um Platz für neun Schuss Munition für die Bordkanone zu schaffen.

Über die Jahre wurden T-54 und T-55 in aller Welt im Gefecht eingesetzt – in den

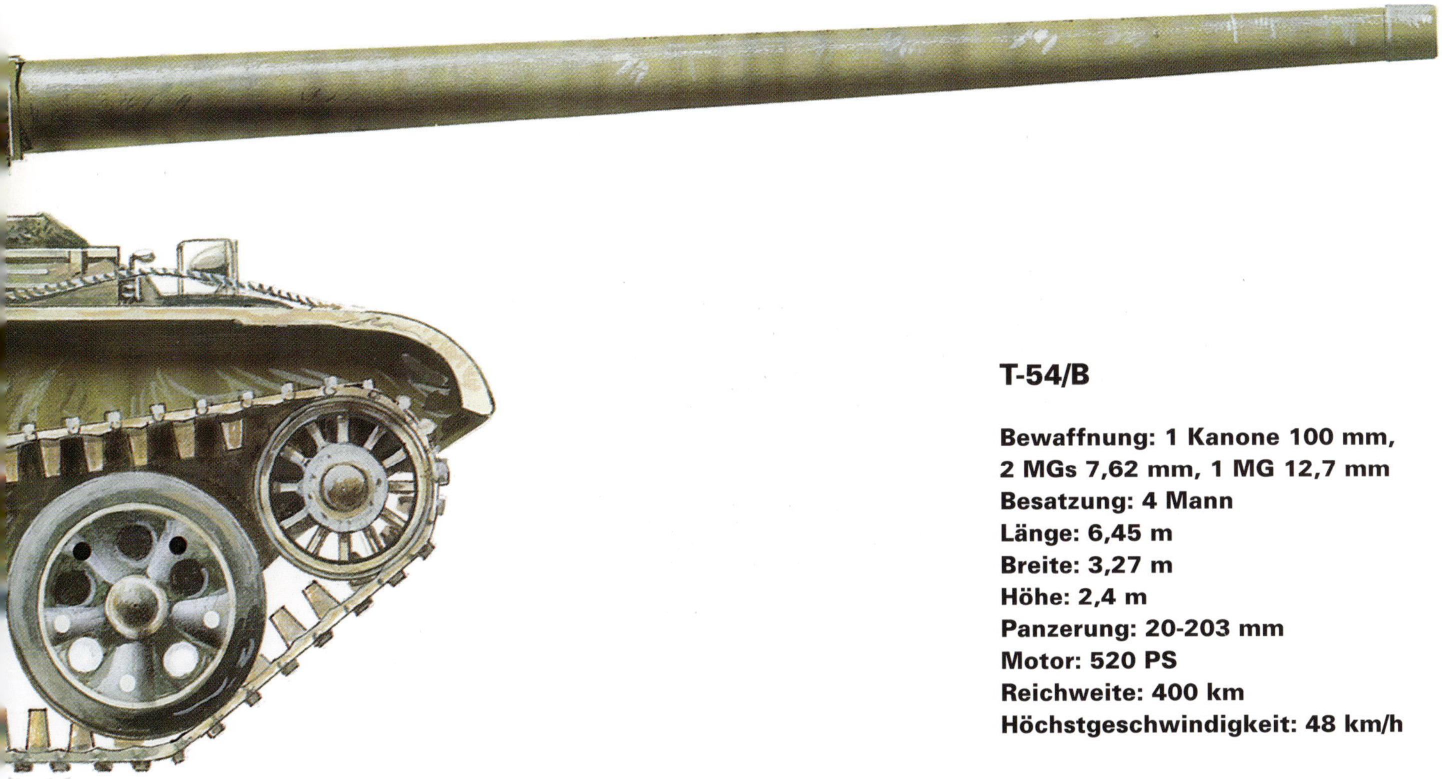

T-54/B

Bewaffnung: 1 Kanone 100 mm, 2 MGs 7,62 mm, 1 MG 12,7 mm
Besatzung: 4 Mann
Länge: 6,45 m
Breite: 3,27 m
Höhe: 2,4 m
Panzerung: 20-203 mm
Motor: 520 PS
Reichweite: 400 km
Höchstgeschwindigkeit: 48 km/h

T-55
(technische Daten siehe Seite 128)

Oben: Ein ägyptischer T-55 mit Minenräumgerät auf den Golan-Höhen während des Yom-Kippur-Krieges. Der T-55 hat den großen Nachteil, dass er während der Fahrt nicht präzise schießen kann.

60er und 70er Jahren im Nahen Osten, in Afghanistan und entlang der Grenze zu China (dort wurden sie von beiden Seiten eingesetzt), später im Krieg zwischen Iran und Irak, bei der Operation Wüstensturm, in Angola und bei vielen der anderen Konflikte, die sich in den letzten dreißig Jahren in Afrika entwickelten.

DER AUSDAUERNDE T-55

Die Panzer wurden auch in Europa eingesetzt, 1956 beim Aufstand in Ungarn und später bei den Kämpfen, die auf die Auflösung von Jugoslawien und der Sowjetunion folgten. Und das ist längst nicht alles. Ende 1996 gab es dreißig Kämpfe und Konflikte an verschiedenen Orten der Welt. Angesichts der Verbreitung der T-54/T-55 ist wohl anzunehmen, dass sie in erheblichem Maß daran beteiligt sind.

Natürlich waren auch T-54 und T-55 nicht nur als Kampfpanzer mit Kanone im Einsatz. Es gab die üblichen Unterstützungsversionen mit Flammenwerfern, Räumschaufeln und Schneepflügen ebenso wie Minenräumgerät mit Walzen oder Pflügen. Daneben gab es vier verschiede-

T-55

Bewaffnung: 1 Kanone 100 mm, 1 MG 7,62 mm, 1 MG 12,7 mm
Besatzung: 4 Mann
Länge: 6,45 m
Breite: 3,27 m
Höhe: 2,4 m
Panzerung: 20-203 mm
Motor: 580 PS
Reichweite: 500 km
Höchstgeschwindigkeit: 50 km/h

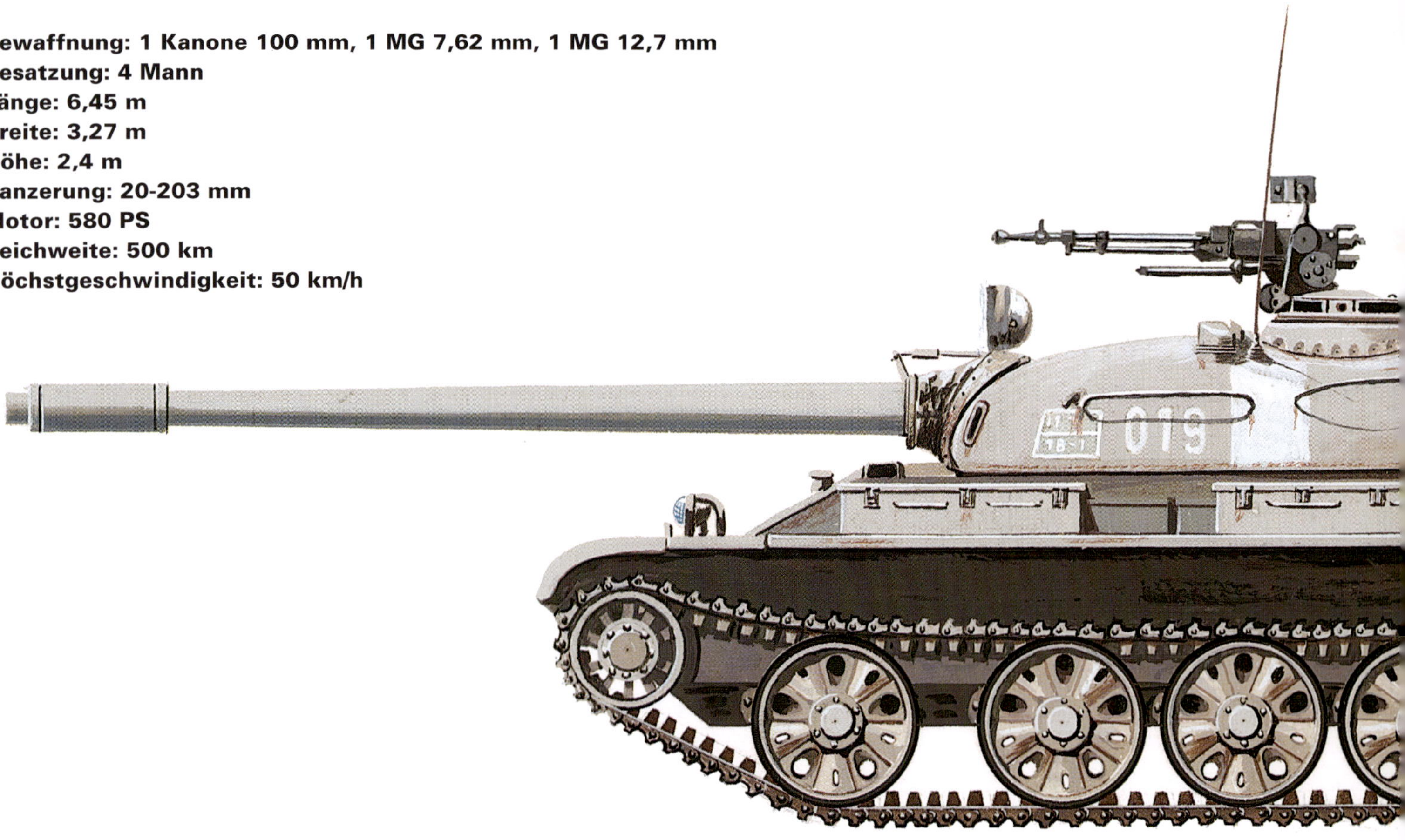

ne Bergungspanzer und drei Arten von Panzerbrücken. Die Nutzer nahmen selbst weitere Modifikationen vor. Indien zum Beispiel hat viele seiner T-54/T-55 mit moderneren sowjetischen 115-mm-Kanonen oder mit der britischen 105-mm-Kanone L7 ausgestattet, während die Israelis viele ihrer Beutestücke ebenfalls aufgewertet haben. Sie erhielten neben der L7-Kanone eine vernünftige Feuerleitanlage und eine Klimaanlage.

SCHWERE SOWJETISCHE PANZER

Die schweren sowjetischen IS-Panzer wurden nach dem Zweiten Weltkrieg weitergebaut, wobei die allgemein üblichen kleineren Modernisierungen an Bewaffnung, Motor und Panzerung vorgenommen wurden. Nach dem Tod von Stalin im Jahr 1953 sah die sowjetische Führung keinen Sinn mehr darin, einem Panzer seinen Namen zu geben.

Die nächste Reihe, die in Charkow von den Bändern lief, hieß denn auch T-10. Er sah dem IS-3 noch recht ähnlich, war aber etwas länger und hatte eine zusätzliche siebte Laufrolle. Dadurch war er mit 50 t Kampfgewicht auch etwas schwerer als der IS-3. Seinen ersten Auftritt hatte der T-10 bei der Moskauer Parade am 7. November 1957 zum 40. Jahrestag der Oktoberrevolution.

So wie der M103 dem M48 Feuerunterstützung geben sollte und der Conqueror den Centurion unterstützte, spielte der T-10 diese Rolle für die T-54/T-55. Die modifizierte 122-mm-Kanone D-74 verfeuerte ein massives, 25 kg schweres panzerbrechendes Geschoss mit einer Geschwindigkeit von 885 m/sek und konnte damit auf 1000 m eine vertikale Panzerung von 185 mm durchschlagen. Mit anderen Worten, der T-10 konnte jeden Gegner knacken. Wie alle Kanonen, die separate Projektile und Ladungen verfeuern, ließ sich die D-74 recht langsam laden. Die Feuergeschwindigkeit war deshalb in der Praxis auf zwei bis drei Schuss in der Minute beschränkt. Wie beim T-54/T-55 litt auch beim T-10 die Kanone darunter, dass sie nicht richtig abgesenkt werden konnte, diesmal nur um 3 °.

Trotz des ziemlich hohen Gewichts erreichte der T-10 eine Höchstgeschwindigkeit von 42 km/h. Das hatte er dem 700 PS starken V-12-Diesel V-2-IS zu verdanken, einer Weiterentwicklung des Motors, der in den 20er Jahren für den A-20 gebaut wurde. Mit 900 l Kraftstoff lag die Reichweite bei für einen sowjetischen Panzer bescheidenen 250 km, die aber für die Rolle in der Unterstützung voll und ganz ausreichten. Der T-10 hatte 710 mm breite Ketten, um den Bodendruck in einem akzeptablen Bereich zu halten.

Mitte der 60er Jahre wurde der T-10 modernisiert. Er erhielt eine stärkere Panzerung, und die Bordkanone bekam einen Stabilisator auf zwei Achsen. Das neue flossenstabilisierte Hohlladungsgeschoss mit einem 14 kg schweren Sprengkopf konnte innerhalb seines Wirkungsbereichs fast 500 mm Panzerung durchschlagen. Die 12,7-mm-MGs vom Typ DShK, sowohl das Blenden-MG als auch das Fla-MG, wurden durch das 14,5-mm-KPV ersetzt. Dazu erhielt der T-10 ein Infrarot-Gefechtssystem mit koaxialen und beweglich montierten Suchscheinwerfern wie bei den späteren T-54 und eine Vorrichtung für einen Schnorchel sowie eine ABC-Schutzanlage. Die verbesserte Version hieß nun T-10M. Gegen Ende der 70er Jahre zog die Rote Armee die T-10 aus

RECHTS: Die Panzerstrategen im früheren Warschauer Pakt legten viel Wert auf amphibische Fähigkeiten. Alle T-55 der NVA waren deshalb mit Schnorchel ausgerüstet.

dem aktiven Dienst und lagerte sie teilweise ein.

LEICHTE SOWJETISCHE PANZER

In den Jahren unmittelbar nach dem Zweiten Weltkrieg entwickelten die sowjetischen Konstrukteure auch einen leichten Panzer. Die Grundlage bildete ein leichtes Geländefahrzeug namens „Pinguin". In den Bau flossen die Erfahrungen ein, die man im vorangegangenen Jahrzehnt mit leichten Panzern gesammelt hatte. Von Anfang an legte man sich auf ein Amphibienfahrzeug fest. Ein doppelter Wasserstrahlvortrieb sollte im Wasser für den Antrieb sorgen, während das innere Volumen des Fahrzeugs so gestaltet wurde, dass es ohne zusätzliche Schwimmkörper den erforderlichen Auftrieb erhielt.

Lediglich eine Trimmtafel wurde installiert. Die Forderung nach amphibischen Fähigkeiten führte zu einem wesentlich größeren Fahrzeug, als man es für die Aufklärung benötigt hätte. Dieser Nachteil sollte sich aber bei den vielen Unterstützungsfahrzeugen, die auf dieser Basis entstanden, durchaus zum Vorteil wandeln.

DAS AMPHIBIENFAHRZEUG PT-76

Das Fahrzeug unter der Bezeichnung PT-76 wurde 1952 zum ersten Mal gesehen. Es hatte eine geschweißte Wanne, die bis zu 14 mm an den Seiten und 11 mm an der Frontplatte gepanzert war. Der Turm hatte ebenfalls nur 11 mm Panzerung. Damit war der Panzer durch leichte Kanonen und sogar schon durch schwere MGs gefährdet. Die Besatzung umfasste drei Mann. Bewaffnet war der PT-76 mit der 76,2-mm-Kanone D-56, ursprünglich für den T-34/76 entwickelt. Der PT-76 wog nur 14 t.

Angetrieben wurde er durch einen 240-PS-Motor (ein in der Mitte durchgeschnittener T-54-Motor), der das Fahrzeug auf 44 km/h an Land und 10 km/h im Wasser brachte. So wie der französische AMX-13 bei kleineren Staaten sehr gefragt war, die sich keine Panzertruppe mit schweren, teuren Fahrzeugen leisten konnten, war der PT-76 sehr populär bei den kleineren Verbündeten der Sowjetunion. Er war auch der einzige Panzer, auf den die US-Truppen in Vietnam in nennenswerter Zahl stießen. Dort erwies er sich als extrem verwundbar, nicht nur durch schwerere Panzer, sondern auch durch die Panzerabwehrwaffen der Infanterie.

PT-76

Bewaffnung: 1 Kanone 76,2 mm, 1 MG 7,62 mm
Besatzung: 3 Mann
Länge: 6,91 m
Breite: 3,14 m
Höhe: 2,26 m
Panzerung: 5-17 mm
Motor: 240 PS
Reichweite: 260 km
Höchstgeschwindigkeit: 44 km/h

UNTEN: Im Golfkrieg 1991 war der T-55 hoffnungslos veraltet. Dieses irakische Fahrzeug wurde am 2. März durch die 6. leichte französische Panzerdivision zerstört.

KAPITEL 5
DER MODERNE PANZER

Moderne Panzer sind hochentwickelte Kampfgeräte mit starken Bordkanonen und allermodernsten Feuerleitanlagen. Und Panzer wie der amerikanische Abrams und der deutsche Leopard 2 stellen den Höhepunkt der Entwicklung des gepanzerten Kampffahrzeugs dar.

Im Jahr 1966 war der 50. Jahrestag des ersten Panzereinsatzes. In diesem Zeitraum ist die technologische Entwicklung schneller vorangeschritten als in der gesamten Zeit zuvor, so weit die Geschichte zurückverfolgt werden kann. Diese Entwicklung spiegelt sich natürlich auch im Panzer wider. Was als schwerfälliger Blechkasten 1916 begann, war 1966 ein hypermodernes Waffensystem. Der Panzer war bei Tag und Nacht gleichermaßen einsetzbar, er konnte mit dem ersten Schuss ein 2000 m entferntes Ziel vernichten und war mit Ausnahme der wirklich allerstärksten oder am höchsten entwickelten gegen fast alle Waffen immun.

In den 60er Jahren war es längst nicht mehr üblich, durch Ausprobieren zum Ziel zu kommen. Die Methode einen Panzer erst zu bauen und dann schon fast in der Hoffnung, dass er geeignet wäre, zu erproben, hatte sich als unzureichend erwiesen. Man konnte inzwischen auf Gefechtserfahrungen unter allen Gelände- und Klimabedingungen zurückgreifen, und da zwischen Idee und Ausführung längst nicht mehr so viele technologische Barrieren standen, konnte man besser planen. Die Konstrukteure konnten sich darauf konzentrieren, den Besatzungen ein Fahrzeug zu bauen, das bei professioneller Anwendung echte Gewinnchancen hatte.

LINKS: Wichtige Entwicklungen auf dem Gebiet des Panzerschutzes haben sichergestellt, dass der Kampfpanzer wie dieser M1A1 Abrams von General Dynamics auch im nächsten Jahrhundert noch eine wichtige Rolle spielen wird.

Dabei wurden wie immer Feuerkraft und Schutz, Beweglichkeit, Schnelligkeit und Einsatzbereitschaft möglicher Gegner bei der Entwicklung berücksichtigt.

PANZER IM NAHEN OSTEN

Die Höhepunkte der Panzerkriegführung lagen in den 60er und 70er Jahren ohne Zweifel im Nahen Osten. Dort hatte der nach dem Zweiten Weltkrieg gegen die Wünsche seiner Nachbarn gegründete Staat Israel einen Kampf auf Leben und Tode gegen scheinbar übermächtige Gegner zu führen. Syrien und Ägypten hatten nach dem Zweiten Weltkrieg den britischen Einfluss abgeworfen und sich der Sowjetunion zugewandt. Als Beweis ihrer Wertschätzung belieferte die Sowjetunion diese Staaten mit dem modernsten Militärgerät, insbesondere Panzer und Flugzeuge. Um eine mögliche weltpolitische Katastrophe zu verhüten, sahen sich die Vereinigten Staaten gezwungen, Israel bevorzugt mit Waffen und Gerät zu beliefern. Als Resultat entwickelte sich eine Art Stellvertreterkrieg. Auf der israelischen Seite kämpften die M47 und M48 (später M60) aus den Vereinigten Staaten, einige französische AMX-13 und eine große Flotte britischer Centurion gegen eine Übermacht arabischer Streitkräfte, ausgerüstet mit dem T-54/T-55, T-62 und schließlich sogar dem T-72. Die Israelis mussten normalerweise an zwei Fronten gleichzeitig kämpfen und gingen stets als Sieger hervor, wenngleich oft stark angeschlagen. 1979 kam nach einer langen Entwicklungszeit der erste in Israel entworfene und gebaute Panzer, der Kampfpanzer „Merkava".

Oben: Israel hat wohl mehr Erfahrung in der Panzerkriegführung als jede andere Nation. Der Kampfpanzer Merkava ist das unmittelbare Ergebnis aus diesen Erfahrungen.

Es gab viele Gründe, in Israel selbst einen Panzer zu entwickeln. Das stärkste Argument war wohl die Unsicherheit, ob die Lieferungen aus dem Ausland weiterlaufen würden. Aber auch die Eignung der ausländischen Produkte war mit Fragezeichen versehen, da die NATO und Israel unterschiedliche Strategien verfolgten. Im Jahr 1967, unmittelbar nach dem Sechs-Tage-Krieg, begann in Israel die Planung für einen einheimischen Kampfpanzer. Es sollte aber noch drei Jahre dauern, bis sich die Konstrukteure um die Einzelheiten kümmern konnten. Von Anfang an wurde entschieden, möglichst viele Komponenten der vorhandenen M48, M60 und Centurion zu übernehmen. Die Wahl fiel auf den Motor AVDS-1790 und die Allison-Kraftübertragung. Diese waren beim Merkava ungewöhnlicherweise vorn angeordnet, wo sie zusätzlichen Schutz vor Frontalbeschuss bieten sollten. Das Fahrwerk war eine Kombination: Die sechs Laufrollen nach Art des Centurion waren paarweise an zylindrischen Schraubenfedern aufgehängt. Die zurücklaufende Kette wurde durch vier Rollen unterstützt. Da Motor und Kraftübertragung vorn lagen, musste der Turm weit zurückversetzt werden, für einen Kampfpanzer ebenfalls ungewöhnlich. Als Ergebnis daraus ist der Merkava der einzige Kampfpanzer der neuen Generation, bei dem die Kanone stets nach vorn gerichtet ist, sogar bei der Überführung.

DER MERKAVA AUS ISRAEL

Mit einem Kampfgewicht von 60 t war der Merkava 8 t schwerer als der M60A1. Da er über den gleichen Motor verfügte, war er natürlich nicht mehr ganz so agil wie das amerikanische Original. Diese Entscheidung hatten die Konstrukteure aber ganz bewusst getroffen. Nach ihren Vorgaben hatte der Schutz eindeutig Vorrang vor der Geschwindigkeit. Genaue Angaben zur Panzerung wurden nie veröffentlicht, aber es ist davon auszugehen, dass die Frontplatten mindestens 150 mm dick sind. Die Reichweite von 400 km entsprach der israelischen Doktrin der schnellen, tiefen Vorstöße. Auch der Munitionsvorrat des Merkava ist auf unabhängige Operationen über längere Zeit ausgelegt. Im Fahrzeug ließen sich 92 Schuss unterbringen, und dazu gab es hinten einen zusätzlichen Stauraum, der nur von außen zugänglich war.

Als Alternative konnte dieser gesicherte Stauraum benutzt werden, um einen zehn Mann starken Infanterietrupp im Notfall über kürzere Strecken zu transportieren. Normalerweise befanden sich dort allerdings ein 60-mm-Mörser und 30 Schuss

Merkava

Bewaffnung: 1 Kanone 105 mm, 3 MGs 7,62 mm, 1 Mörser 60 mm
Besatzung: 4 Mann
Länge: 7,45 m
Breite: 3,7 m
Höhe: 2,64 m
Panzerung: Keine Angaben
Motor: 900 PS
Reichweite: 400 km
Höchstgeschwindigkeit: 46 km/h

Munition. Bei der Wahl der Bordkanone wurde ebenfalls auf Kompatibilität zu den vorhandenen Panzern geachtet. Hier war nicht viel Auswahl möglich, denn die israelischen Centurion, M48A5 und M60 verfügen alle über die im Prinzip gleiche 105-mm-Kanone unter der Bezeichnung L7 oder M68. Die Feuerleitung erfolgte über ein ebenfalls in Israel hergestelltes Elbit-Matador-System, das über einen Laser-Entfernungsmesser und einen digitalen Rechner verfügte. Dazu kamen die üblichen Sensoren, wie sie im M60A3 und allen neueren Kampfpanzern zu finden sind.

DER MERKAVA MK2

1983 erschienen die ersten Exemplare eines überarbeiteten Merkava Mk 2 mit verbesserter Feuerleitanlage, Zusatzpanzerung vorn an der Wanne sowie vorn und seitlich am Turm. Der Mörser saß nun links vom Turm, so dass er vom Fahrzeug aus bedient werden konnte. Die verbliebenen Mk 1 wurden später auf diesen Standard nachgerüstet. Einige Merkava Mk2 und alle seit 1987 gebauten Mk 3 erhielten einen stärkeren Motor und eine verbesserte Kraftübertragung. Der Mk 3 hatte sogar eine ganz neue Bordkanone, nun im Kaliber 120 mm und mit glattem Rohr sowie eine neue Feuerleitanlage. Diese 120-mm-Bordkanone war kompatibel zu den meisten Bordkanonen der Kampfpanzer der zweiten Generation.

DER HEIMVORTEIL

Die Nebenbewaffnung des Merkava blieb bis zum Mk 3 unverändert. Sie bestand stets aus einem 7,62-mm-Blenden-MG und einem oder zwei weiteren MGs auf dem Turm. Im Lauf der Zeit wurde eines dieser MGs durch ein 12,7-mm-Browning M2 ersetzt. Der Merkava Mk 3 verfügte außerdem über das hydropneumatische Fahrwerk, wie es in dem privat produzierten M60AX zu sehen war. Damit ließ sich die Geländegängigkeit erheblich verbessern. Darüber hinaus hatte er Vorrichtungen für wahlweise anzubringende Zusatzpanzerungen, speziell an der Turmfront und an den Seiten. Dieses System werden wir in Zukunft wohl auch an anderen Kampfpanzern sehen.

Im Großen und Ganzen war der Merkava ein besserer Panzer als der M60, selbst im Vergleich zu den modernsten Exemplaren, zumindest für die israelischen Zwecke. Die Konstrukteure hatten allerdings zwei Vorteile: Sie wussten ziemlich genau, in was für einem Gelände die Panzer später operieren würden und waren auch in die taktischen Einsatzgrundsätze für die Operationen eingeweiht.

Das Gleiche galt nicht für die Männer, die die Panzer ihrer Gegner entwickelten und bauten. Die sowjetischen Kampfpanzer waren ebenso wie die Pendants der NATO dafür gebaut, an jedem Ort der

T-62

Bewaffnung: 1 Kanone 115 mm, 1 MG 12,7 mm, 1 MG 7,62 mm
Besatzung: 4 Mann
Länge: 6,63 m
Breite: 3,3 m
Höhe: 2,4 m
Panzerung: 15-242 mm
Motor: 580 PS
Reichweite: 450 km
Höchstgeschwindigkeit: 50 km/h

LINKS: Der Hauptgegner der israelischen Panzer im Yom-Kippur-Krieg war der sowjetische T-62. Trotz der 115-mm-Bordkanone und zusätzlichen Panzerplatten konnte er aber nicht überzeugen.

Erde zu funktionieren, von den polaren Eiswüsten bis zum Äquator. Dazu mussten sie unterschiedlichsten taktischen Forderungen gerecht werden.

Die dürftige Leistung der syrischen und ägyptischen T-54 beim Sechs-Tage-Krieg im Jahr 1967 war eine beträchtliche und unwillkommene Überraschung – in Moskau ebenso wie in Damaskus und Kairo. Es war klar, dass die arabischen Staaten, sollten sie denn weiter unterstützt werden, besseres Gerät benötigten, von der Ausbildung ganz zu schweigen. Das bessere Gerät sollte schon bald zur Verfügung stehen, in der Gestalt des T-62.

SOWJETISCHE PANZER

Das Entwicklungsprogramm für den T-62 begann Ende der 50er Jahre. In die Produktion ging der Panzer 1961, und seinen ersten öffentlichen Auftritt hatte er 1965 bei der Parade zum Maifeiertag. Daher ist anzunehmen, dass er 1963 oder 1964 an die Truppe ausgeliefert wurde. In seiner Gesamterscheinung war das Erbe des T-54/T-55 deutlich zu erkennen. Er hatte den gleichen flachen, abgerundeten Turm ohne Rohrblende und ein Christie-Fahrwerk. Nur die Abstände der Laufrollen waren anders als beim Vorgängermodell. Der neue Panzer hatte eine etwas dickere Frontpanzerung – bis zu 240 mm vorn am Turm – wodurch auch das Gewicht um 4 t stieg. Trotz des zusätzlichen Gewichts erreichte er die Leistungswerte des T-54, da er über einen etwas stärkeren Motor vom Typ V-2-62 verfügte. Wie die beiden Vorgängermodelle und auch seine Nachfolger hatte er Außentanks, die die Reichweite erhöhen sollten. Das gesamte zusätzliche Gewicht ging nicht allein auf das Konto der Panzerung, denn der T-62 hatte eine ganz entscheidende Verbesserung in Form einer neuen Bordkanone erfahren.

DER T-62

Der T-62 war der erste Kampfpanzer, der über eine Bordkanone mit glattem Rohr verfügte, in diesem Fall die 155-mm-Kanone U-5TS. Dafür wurde eine Reihe von flossenstabilisierten Geschossen entwickelt, einschließlich Spreng-/Splittergeschossen, Hohlladungsgeschossen und panzerbrechenden, flossenstabilisierten Geschossen mit Treibspiegel. Der Sprengkopf der Hohlladung durchschlug in seinem Wirkungsbereich bis zu 430 mm Panzerung, während das Subkaliber-Wuchtgeschoss, das die Mündung mit rasanten 1680 m/sek verließ, auf 1000 m Entfernung eine Panzerung von 330 mm durchschlagen konnte. Die neue Waffe war natürlich größer als die 100-mm-Kanone und ließ die Enge im Turm schon fast unerträglich werden. Der Vorrat an fertiger Munition betrug nun nur noch vier Schuss, weitere 36 Schuss fanden Platz in der Wanne. Der neue Panzer teilte mit dem T-54 das Problem, dass die Kanone sich nicht weit genug absenken ließ, mit allen taktischen Nachteilen, die sich daraus ergaben. Die Leistungsfähigkeit war weiter durch eine Feuerleitanlage eingeschränkt, die nie die Zuverlässigkeit der amerikanischen Systeme erreichte. Dieser Nachteil wurde später teilweise wettgemacht, als ein System mit Laser-Entfernungsmesser und einem digitalen Ballistikrechner installiert wurde.

ABC-Schutz war beim T-62 serienmäßig vorgesehen, und ein Schnorchel für

Tiefwateinsätze bis zu einer Wassertiefe von 5,5 m konnte als Zubehör montiert werden. Dazu gab es aktive und passive Infrarotsysteme.

KAMPFWERTSTEIGERUNG DES T-62

Der T-62 musste sich einer Reihe von Änderungen unterziehen. Der T-62A hatte eine bessere Feuerleitanlage und Infrarotsysteme als der ursprüngliche Panzer. Außerdem wurde das Profil des Turms geändert, um die Arbeitsbedingungen erträglicher zu gestalten. Der T-62M hatte verbesserte Ketten mit wesentlich höherer Lebensdauer. Zu den gebauten Varianten zählen ein Führungsfahrzeug mit besseren

LINKS: Die Watfähigkeit ist zweifellos ein Pluspunkt, denn man erspart sich die speziell gebauten Panzerbrücken. Es dauert allerdings acht Stunden, bis der T-64 bereit ist.

Fernmelde- und Navigationsanlagen sowie ein Flammenwerfer, bei dem das Flammrohr nicht anstatt der Bordkanone, sondern am Platz des 7,62-mm-Blenden-MGs eingebaut wurde.

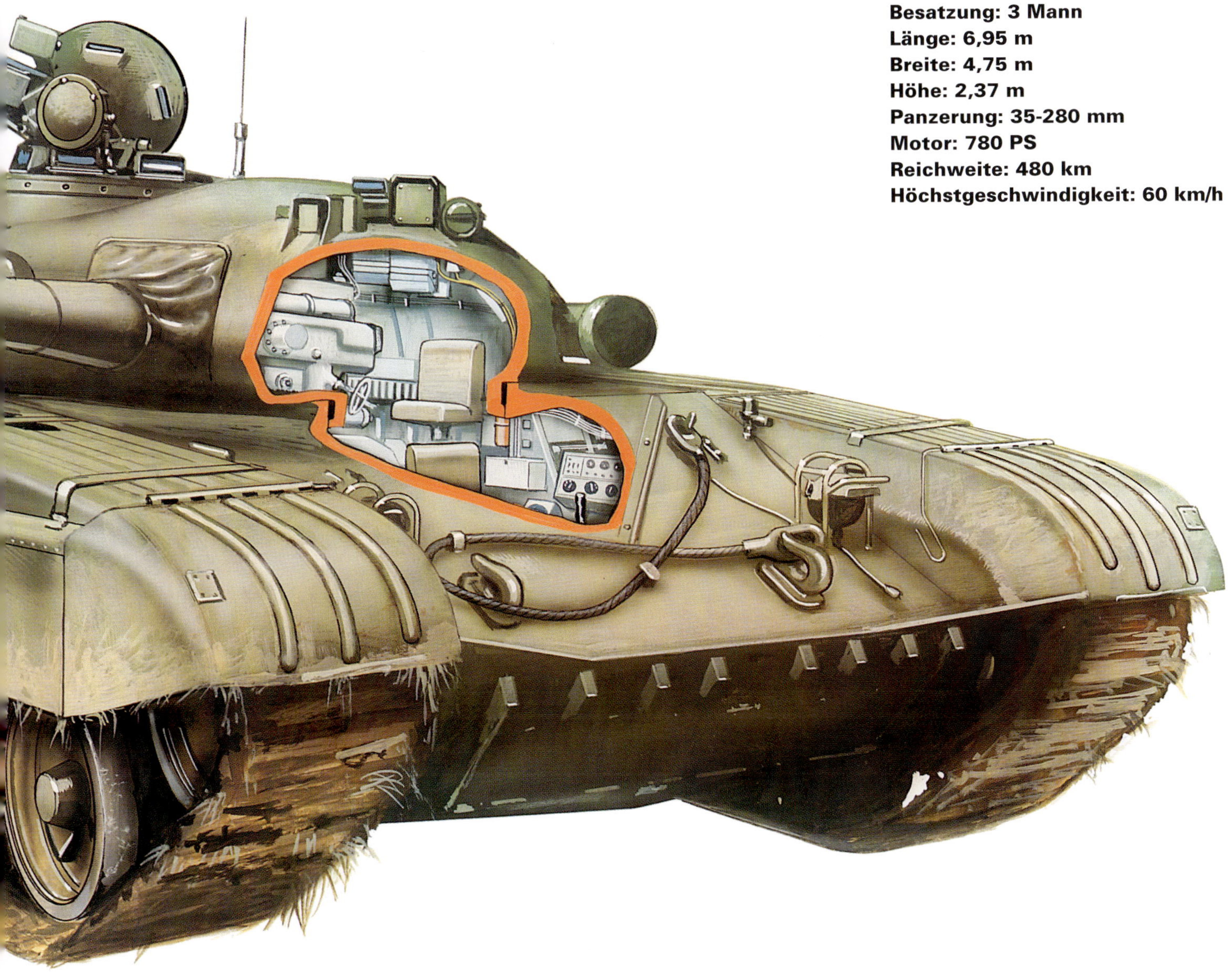

T-72

Bewaffnung: 1 Kanone 125 mm, 1 MG 12,7 mm, 1 MG 7,62 mm
Besatzung: 3 Mann
Länge: 6,95 m
Breite: 4,75 m
Höhe: 2,37 m
Panzerung: 35-280 mm
Motor: 780 PS
Reichweite: 480 km
Höchstgeschwindigkeit: 60 km/h

Auch ein Bergungspanzer wurde entwickelt. Wie der T-54/T-55 blieb auch der T-62 über einen großen Zeitraum in der Herstellung. Bis zur Einstellung der Produktion im Jahr 1975 wurden in der Sowjetunion insgesamt 20 000 Exemplare gefertigt. Dazu kommen weitere 1500 Stück, die von 1973 bis 1978 in der Tschechoslowakei gebaut wurden. Der Panzer wurde auch in Nordkorea in geheim gehaltener Anzahl für den eigenen Bedarf und für verbündete Staaten produziert. Auch ein Vierteljahrhundert nach seiner Einführung war der T-62 noch bei der Roten Armee und vielen verbündeten Staaten im Einsatz.

Sobald die Produktion des T-62 angelaufen war, wandten sich die Konstrukteure seinem Nachfolger zu. Im sicheren Gefühl, diesmal dank der überlegenen U-5TS-Kanone eine kleine Atempause zu haben, gab man ihnen mehr Zeit und die Möglichkeit, mehrere Alternativen zu entwickeln. Und tatsächlich warteten sie mit mehreren Vorschlägen auf, von denen der beste im Rahmen einer Erprobung ermittelt wurde.

Der stärkste Unterschied im späteren T-64 und seinen Vorgängern sollte im Fahrwerk liegen. Der T-64 hatte sechs kleinere Laufrollen mit jeweils eigenen hydropneumatischen Federeinheiten und vier Stützrollen.

T-80

Bewaffnung: 1 Kanone 125 mm, 1 MG 12,7 mm, 1 MG 7,62 mm
Besatzung: 3 Mann
Länge: 6,4 m
Breite: 3,4 m
Höhe: 2,3 m
Panzerung: Verbundsystem
Motor: 1230 PS
Reichweite: 440 km
Höchstgeschwindigkeit: 70 km/h

Dies war somit der erste sowjetische Panzer seit den 30er Jahren, der kein Christie-Fahrwerk hatte. Der Turm hingegen unterschied sich von außen kaum von der Konstruktion, die Petrow für den IS-3 gebaut hatte und die auch beim T-54 und beim T-62 zu finden war. Innen hatte es dagegen schon erhebliche Veränderungen gegeben. Die neuen Panzer hatten nicht nur eine stärkere 125-mm-Bordkanone vom Typ D-81TM. Im Turm arbeiteten nur noch zwei Mann, weil ein Selbstlader das vierte Besatzungsmitglied überflüssig machte. Die Übernahme des flachen Profils bedeutete, dass auch beim T-64 die Kanone nicht richtig abgesenkt werden konnte. Immerhin wurde der Winkel auf 5 ° verbessert.

DER FLUGKÖRPER AT-8

Der T-64 hatte außerdem einen völlig neuen Motor. Es handelte sich um einen Fünfzylinder-Diesel mit zwei Kurbelwellen, bei dem jeder Zylinder über ein Paar gegenläufiger Kolben verfügte. In der ursprünglichen Form leistete er 750 PS, was später erheblich gesteigert werden konnte. Die neue Maschine war nicht ganz ohne Kinderkrankheiten, aber wenn sie einmal lief, bot sie gute Leistungen. Sie brachte den 42 t schweren T-64 auf der Straße auf 75 km/h. Das neue Fahrwerk war zwar auch nicht ganz mängelfrei, war aber der Geschwindigkeit auch über einen längeren Zeitraum gewachsen und erlaubte auch schnelleres Vorankommen im Gelände. Der T-64 erhielt eine ganz neue Feuerleitanlage mit Laser-Entfernungsmesser und stabilisiertem optischen Visier. Dazu kamen die inzwischen zum Standard zählenden Infrarot-Such- und -Fahrscheinwerfer, ABC-Schutzanlage und ein Schnorchel für Tiefwateinsätze. Es gab eine Version mit abnehmbarer Panzerschürze. Eine zweite Variante, von der US

LINKS: T-72 bei einer Übung. Die Selbstladeeinrichtung für die 125-mm-Bordkanone ist auf viel Kritik gestoßen, da sie nicht manuell abgefeuert werden kann und schwer nachzuladen ist.

Army als T-64B bezeichnet, hatte die verbesserte 125-mm-Kanone aus dem späteren T-80. Diese Waffe konnte den Panzerabwehr-/Hubschrauberabwehr-Flugkörper AT-8 ebenso wie konventionelle Munition verschießen.

Der Flugkörper verfügte über einen zweistufigen Feststoffraketenmotor und einen Hohlladungsgefechtskopf, der angeblich auf bis zu 4000 m eine konventionelle Panzerung von bis zu 600 mm durchschlagen sollte. Gelenkt wurde der AT-8 durch ein halbaktives Lasersystem, dessen Zielmarkierungsgerät vorn am Turm des Panzers saß. Der Wirkungsbereich gegen Hubschrauber sollte doppelt so hoch sein wie gegen Panzer, aber da der Flugkörper nicht mehr als 500 m/sek erreichte und das auch nicht gleich beim Start, war der Wirkungsbereich von der Art des Hubschraubers und seinem Anflugwinkel abhängig. Der T-64B kam nur bei der Roten Armee zum Einsatz und wurde teilweise auch mit reaktiver Panzerung ausgestattet – insgesamt 111 Platten, die gleichmäßig über Turm, Frontpanzerplatte und die Seiten bis zum Motorenraum verteilt wurden. Insgesamt wurden etwa 8000 T-64 gebaut.

Einige Experten sind der Ansicht, dass die geringe Zahl der gebauten T-64 auf Probleme schließen lässt und sicherlich stimmt es, dass eine vereinfachte Version in aller Eile produktionsreif gemacht wurde. Dieser Panzer hatte einen einfacheren V12-Motor in konventioneller Bauweise und konnte keine Flugkörper abfeuern. Er besaß aber auch das neue Fahrwerk, und Wanne und Turm entsprachen so ziemlich dem aufwendigeren Modell. Ob dieser Panzer nun als Lückenbüßer diente, weil der ursprüngliche T-64 zu viele Mängel hatte, oder ob es sich um eine Übergangslösung mit einigen modernen Merkmalen handelte, ist nicht bekannt. Der neue Panzer erhielt schließlich die Bezeichnung T-72 und sollte das Rückgrat der Panzertruppe des Warschauer Pakts sowie anderer Bündnisstaaten bilden. Er erschien 1971 und hielt die Stellung über einen langen Zeitraum, wenn auch hauptsächlich aus wirtschaftlichen Gründen.

DER T-72

Der T-72 bot ganz klar mehr Gegenwert für das Geld als der T-64, auch wenn der letztere Panzer scheinbar moderner war. Der T-72 war mechanisch einfacher aufgebaut – was für die Sowjetunion und ihre Bündnisstaaten von jeher ein ganz entscheidendes Argument war – und hatte auch ein besseres Leistungsgewicht als der T-64. Das hatte er dem stärkeren Motor und dem reduzierten Gewicht zu verdanken. Der T-72 war mit 80 km/h auf der Straße schneller als der T-64, und das unveränderte Fahrwerk war dieser Geschwindigkeit voll gewachsen.

Dabei war der T-72 fast 500 mm kürzer als der T-64 und gleichzeitig etwas breiter, was für bessere Fahreigenschaften und mehr Stabilität sorgte. Die Selbstladeeinrichtung und die verbesserte Feuerleitanlage für die 125-mm-Bordkanone erhöhten die Chancen, mit dem ersten Schuss einen Treffer zu landen. Der T-72 erwies sich schon bald als leistungsstark und ansprechend. Es gab eine Reihe unterschiedlicher Varianten mit zusätzlichen Kettenschürzen, die die rücklaufende Kette und den Motorenraum schützten. Die erste umfassende Änderung führte zum T-74/T-74M mit dickerer Frontpanzerung und Zusatzpanzerung an den übrigen Stellen sowie einer Strahlenschutzverkleidung. Das Chassis des T-72 fand auch Verwendung für einen Bergungspanzer und eine Pionierzugmaschine. Daneben gab es den Flugabwehrpanzer ZSU-30-2, der über zwei radargesteuerte 30-mm-Kanonen verfügte. Alle T-72 hatten abnehmbare Räumschilde, mit denen sie ihre eigenen Feuerstellungen bauen konnten.

DER T-72 IM GEFECHT

Von seiner Einführung im Jahr 1971 bis zum Zusammenbruch der Sowjetunion im Jahr 1991 wurde der T-72 ohne Unterbrechung produziert. Sogar nach dem Zusammenbruch ging die Fertigung weiter – allerdings unter großen Schwierigkeiten und in wesentlich kleinerer Stückzahl. Es gab immer noch Aufträge von Kunden wie Finnland, die das Geld hatten, ihre Flotte von T-72 zu vergrößern. Die Fertigung in der Tschechischen Republik, in Polen und Serbien wurde allerdings eingestellt. Trotzdem ist der T-72 in der Mitte der 90er Jahre noch in großer Zahl in aller Welt vorhanden. In vielen Fällen ist er der beste Panzer im Land und wird mit viel Mühe im bestmöglichen Zustand gehalten. Der T-72 war im Nahen Osten bei der Invasion des Libanon durch Israel im Einsatz, in Afghanistan, im Persischen Golf wie auch im früheren Jugoslawien und natürlich auch in der ehemaligen Sowjetunion selbst.

Rechts: Einige T-80 haben eine Kanone, die neben konventioneller Munition auch den Flugkörper AT-8 gegen Panzer und Hubschrauber verfeuern kann.

Man muss allerdings ganz klar sagen, dass der T-72 dem verbesserten M60, dem Merkava, dem M1 Abrams, dem Chieftain oder Challenger, ja nicht einmal dem AMX-30 gewachsen war. Allerdings war er auch meistens in den Händen zweitklassiger Streitkräfte, wenn er in das Gefecht ging, so dass man über den Grund für die dürftigen Leistungen nur spekulieren kann.

DER T-80

Der letzte in der Sowjetunion gebaute Panzer war ebenfalls eine Ableitung aus dem T-64, diesmal aber ein wesentlich anspruchsvolleres Fahrzeug. Der T-80 war keine Sparversion, er verfügte über modernste Technik. Angetrieben von einer 985-PS-Gasturbine, erreichte er mit einer neuen Kraftübertragung 75 km/h auf der Straße. Der Tank hatte ein Fassungsvermögen von 1000 l und sorgte für eine Reichweite von 400 km. Für die Hauptbewaffnung wurde wieder die beim T-72 aufgegebene Kombination aus Kanone und FK-Startgerät gewählt, diesmal gesteuert durch einen digitalen Rechner, der seine Daten über ein optisches Visier mit einem Laser-Entfernungsmesser erhielt. Für schlechte Sichtbedingungen gab es Restlichtfernsehen und ein aktives/passives Infrarot-Wärmebildgerät. Die drei Mann Besatzung genossen besseren Schutz in Form einer Schichtpanzerung für die Frontpanzerplatte und der Möglichkeit, an den anderen Stellen eine reaktive Panzerung zum Schutz vor Hohlladungsgeschossen anzubringen. Merkwürdigerweise wurde die hydropneumatische Federung, die sich in den anderen Panzern bewährt hatte, wieder aufgegeben. Der neue T-80 verfügte wieder über eine Drehstabfederung. Auch die Laufrollen waren leicht abgeändert, aber ansonsten entsprach das Fahrwerk dem des T-72 mit Schürzen zum Schutz der rücklaufenden Ketten. Der T-80 wurde 1984 erstmals ausgeliefert. Über das Produktionsvolumen ist nichts Genaues bekannt, es dürften zwischen 4000 und 8000 Stück sein. Alle Panzer gingen an die Rote Armee, selbst die engsten Verbündeten wurden nicht beliefert. Der T-80 hat ein deutliches Potential zur Weiterentwicklung. Wohin

EE-T1 Osorio

Bewaffnung: 1 Kanone 120 mm, 2 MGs 7,62 mm
Besatzung: 4 Mann
Länge: 7,13 m
Breite: 3,26 m
Höhe: 2,37 m
Panzerung: Keine Angaben
Motor: 1040 PS
Reichweite: 550 km
Höchstgeschwindigkeit: 70 km/h

diese führen wird und ob sie überhaupt vorgenommen wird, ist derzeit nicht abzusehen.

Nachdem in China die Kommunisten mit der Revolution 1949 an die Macht gelangt waren, lieferte die Sowjetunion ihrem östlichen Nachbarn eine große Zahl abgängiger Panzer sowie anderes Gerät und Fahrzeuge. Selbst als die Industrie in der Volksrepublik China so weit war, dass an die Fertigung eines eigenen Kampfpanzers gedacht werden konnte, wandte sich die chinesische Regierung an die Sowjetunion und erhielt eine Lizenz für die Fertigung des T-54.

KOPIEN AUS CHINA

Der als Typ 59 bezeichnete Panzer wirkte im Vergleich zum auch nicht gerade technisch anspruchsvollen Original eher primitiv. Er hatte keine Infrarotsysteme und auch keinen ABC-Schutz. Trotzdem wurde der Typ 59 in großer Stückzahl hergestellt, sowohl für die chinesische Volksarmee als auch für verbündete Staaten. Im Lauf der Zeit traten die Mängel aber überdeutlich zu Tage, und es gab verschiedene Verbesserungspakete. Dabei handelte es sich im Wesentlichen um Maßnahmen, die auch die Israelis an den erbeuteten syrischen und ägyptischen T-54 durchgeführt hatten: stärkere Motoren und Waffen. Ein Paket von der staatlichen Waffenfabrik NORINCO mit einem 730-PS-Dieselmotor anstatt der ursprünglichen 525-PS-Maschine sorgte für eine beträchtlich verbesserte Leistung. In einem weiteren Paket wurde die 100-mm-Kanone durch die britische 105-mm-Kanone L7 ersetzt, die durch eine relativ anspruchsvolle Feuerleitanlage mit Laser-Entfernungsmesser und Infrarot-Wärmebildgerät gesteuert wurde. Dieses Paket verschaffte dem Panzer enorme taktische Vorteile.

Der Typ 59 und das Original, der sowjetische T-54, mögen noch so überholt sein, trotzdem stellen sie auch in der Mitte der 90er Jahre noch den Großteil der Panzerflotte vieler kleinerer Armeen in aller Welt.

Als dann endlich ein in China entwickelter Panzer erschien, hatte er natürlich noch viele Merkmale der ursprünglichen sowjetischen Konstruktion. Der Typ 69, der Anfang der 80er Jahre erschien, ist merkwürdigerweise gleich mit zwei Versionen vertreten. Es gibt den Typ 69-I mit einer glatten 100-mm-Kanone und den Typ 69-II mit einer 100-mm-Kanone mit gezogenem Rohr.

Beide Panzer waren wesentlich besser als ihr Vorgänger. Sie hatten Rauchabsauger, an die Waffen angepasste Feuerleitanlagen, und die Kanonen selbst verfügten über Höhen- und Seitenrichtsysteme. Von außen waren die Panzer ansonsten nicht

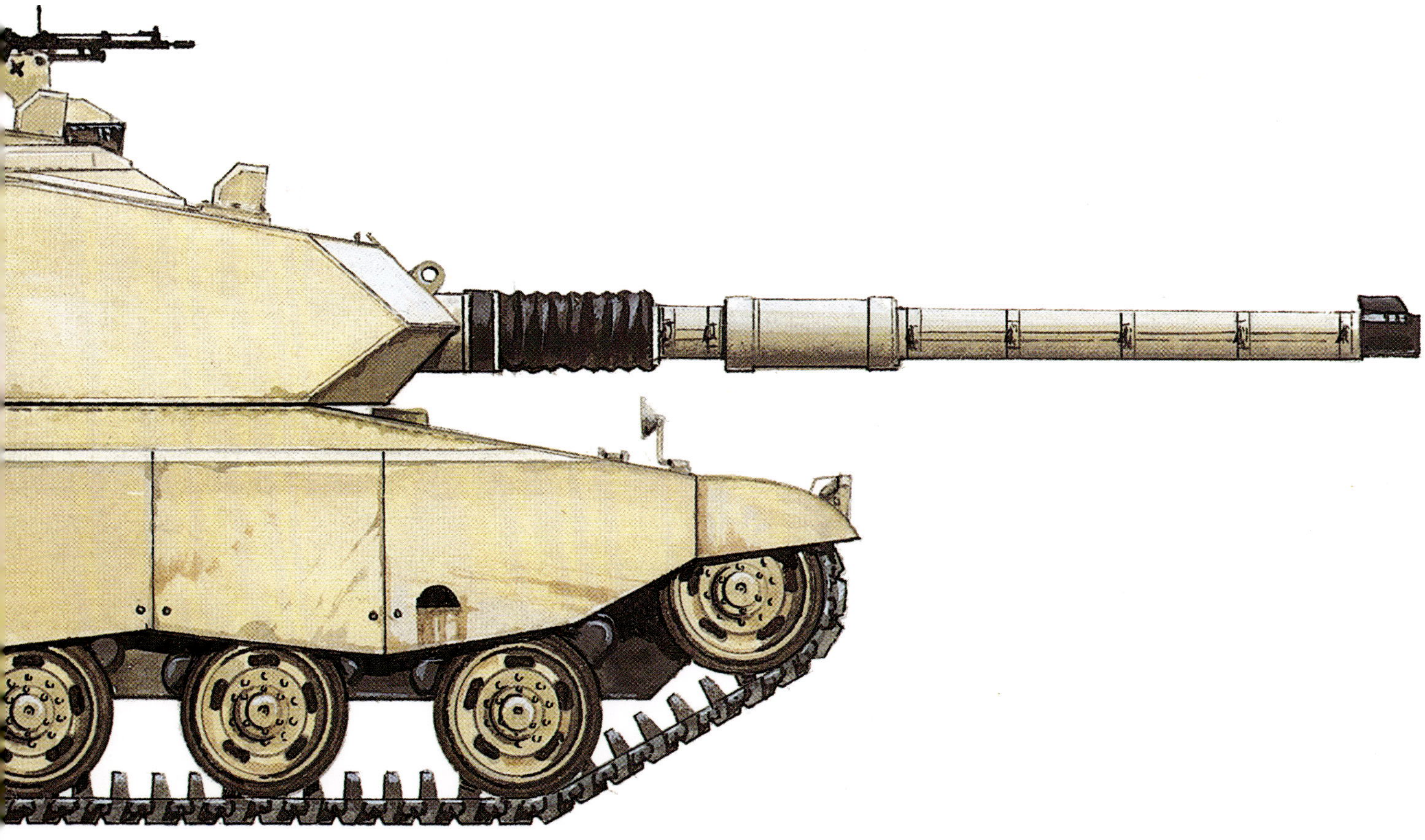

Stridsvagn (Strv) 103

Bewaffnung: 1 Kanone 105 mm, 3 MGs 7,62 mm
Besatzung: 3 Mann
Länge: 7,04 m
Breite: 3,63 m
Höhe: 2,14 m
Panzerung: 90-100 mm
Motor: 240 bzw. 490 PS
Reichweite: 390 km
Höchstgeschwindigkeit: 50 km/h

sehr verändert. Sie erhielten lediglich zusätzliche Kettenschürzen und Infrarot-Suchscheinwerfer. Angetrieben wurde der Typ 69 durch einen etwas leistungsgesteigerten Motor, der gerade einmal 50 PS mehr abgab, so dass sich insgesamt an der Leistungscharakteristik kaum etwas änderte.

Etwa 1985 wurde ein neuer chinesischer Panzer, der Typ 69-III, zum ersten Mal in der Öffentlichkeit gesehen. Er unterschied sich stark von den anderen 69ern, hatte eine neue Wanne und ein neues Fahrwerk mit sechs kleineren Laufrollen und drei Stützrollen. Die Drehstabfederung wurde hingegen beibehalten.

DER TYP 69-III

Außerdem hatte der Typ 69-III eine verbesserte Panzerung einschließlich einer Frontplatte aus Schichtpanzermaterial, und eine wesentlich bessere 105-mm-Kanone mit Rohrzügen und einem digitalen Feuerleitrechner. Der neue Panzer wurde später in Typ 80 umbenannt. Das Kampfgewicht war mit 38 t etwas höher als bei den Vorgängern, was durch eine Turboversion des Motors aus dem Typ 69 ausgeglichen wurde, die nun 725 PS leistete. Dieser Motor sorgte für eine um 20% höhere Spitzengeschwindigkeit von 60 km/h. Da es keinen Selbstlademechanismus gab, blieb die Besatzung bei vier Mann. Der Fahrer saß in der Wanne, Kommandant sowie Lade- und Richtschützen im Turm. Wie beim Typ 69 bestand auch beim Typ 80 die Nebenbewaffnung aus einem 7,62-mm-Blenden-MG und einem 12,7-mm-Fla-MG in der Luke des Kommandanten; das fernbediente MG in der Wanne aus dem Typ 69 wurde allerdings weggelassen, um mehr Platz für Munition zu schaffen. Obwohl der Panzer seit über einem Jahrzehnt gebaut wird, existieren keine verlässlichen Zahlen über die Produktion oder die im Dienst befindlichen Fahrzeuge.

CHINESISCHE AMPHIBIENFAHRZEUGE

Wie bereits erwähnt, baute die Volksrepublik China auch den leichten amphibischen Panzer PT-76 in Lizenz. Aufgrund des überragenden Erfolgs dieses preiswerten gepanzerten Fahrzeugs und seiner Fähigkeit, in Gebiete vorzudringen, die für Kampfpanzer unerreichbar sind, bauten die Chinesen später zwei eigene leichte Panzer, die Typen 62 und 63. Der Typ 63 wog etwa 18 t und hatte eine geschweißte Wanne in der Art des erfolgreichen Mannschaftstransportwagens 77 und einen Turm, der dem des Kampfpanzers Typ 59 ähnelte, allerdings etwas kleiner und nur mit einer 85-mm-Kanone bewaffnet.

Wie der PT-76 war auch der Typ 63 ein echtes Amphibienfahrzeug, mit dem 400-PS-Motor aber an Land und auch im Wasser schneller als das sowjetische Pendant. Der Typ 62 hingegen war ein konventioneller leichter Panzer und konnte nur waten. Er war mit 21 t etwas schwerer als

der Typ 63, verfügte aber über den gleichen Turm und die gleiche Bordkanone.

PANZER AUS ASIEN

Wie bereits erwähnt, wurde der sowjetische T-62 auch in Nordkorea gebaut. Später interessierte sich auf der anderen Seite der Grenze auch der Mischkonzern Hyundai, dessen Produktpalette von Familienlimousinen bis zu Kriegsschiffen reichte, für die Möglichkeit, einen Kampfpanzer zu bauen. Hyundai wählte aber einen ganz anderen Ansatz als die Nordkoreaner. Die Firma nahm sich keine vorhandene Konstruktion vor, sondern wandte sich mit äußerst detaillierten Vorgaben an einen der besten Panzerbauer der Welt – General Dynamics Land Division, ehemals Chrysler – und gab einen ganz neuen Panzer in Auftrag.

Der K-1 verfügt über Verbundpanzerung, um optimalen Schutz bei niedrigstmöglichem Gewicht zu bieten. Angetrieben wird er von der Hyundai-Version des Mercedes-Benz-Dieselmotors 871, der 1200 PS leistet. Damit erreicht der 52 t schwere Panzer eine Höchstgeschwindigkeit von 65 km/h und verfügt über eine Reichweite von 500 km. Bei der Hauptbewaffnung entschied man sich für die 105-mm-Kanone M68/L7 mit gezogenem Rohr, die sich bei so vielen anderen Panzern bewährt hatte. Das Fahrwerk stellte eine echte Neuheit dar – ein Hybridsystem mit sechs mittelgroßen Laufrollen und Stützrollen, wobei die vier mittleren Laufrollen auf jeder Seite mit Drehstäben gefedert sind, die vorderen und hinteren dagegen hydropneumatisch. Dabei ließ sich die Höhe der vorderen und hinteren Laufrollen manuell verstellen, so dass der Bug um bis zu 3 ° angehoben oder abgesenkt werden konnte. So ließ sich die Absenkung der Bordkanone noch einmal um 50% steigern. Damit konnte der Panzer auch bei eingegrabener Wanne noch effektiv operieren, obwohl er gleichzeitig die taktischen Vorteile eines flachen Turms bot.

Weiter östlich hatte Japan seit Anfang der 60er Jahre Panzer für den Eigenbedarf seiner Verteidigungskräfte hergestellt.

Die Arbeiten am Typ 61, wie der erste Nachkriegspanzer heißen sollte, begannen bereits 1954. In den folgenden fünf Jahren wurden vier Prototypen und ein Dutzend Vorserienmodelle gebaut, bevor der Typ 61 1961 standardisiert wurde. Die Produktion lief bis 1970. Bis dahin waren etwa 550 Panzer gebaut worden. Der Typ 61 entsprach in jeder Hinsicht einem US-Panzer aus der gleichen Zeit. Er hatte bis zu 65 mm Panzerung und eine unstabilisierte 90-mm-Kanone mit einer simplen mechanischen Feuerleitanlage und optischem Visier. Das Fahrwerk verfügte über sechs

UNTEN: Die Schweiz betreibt neben dem modernen Leopard 2 immer noch 372 Pz68. Dieser Panzer kommt ausgezeichnet mit der Berglandschaft zurecht.

Leopard 1A4

Bewaffnung: 1 Kanone 105 mm, 2 MGs 7,62 mm
Besatzung: 4 Mann
Länge: 7,09 m
Breite: 3,25 m
Höhe: 2,61 m
Panzerung: 10-70 mm
Motor: 830 PS
Reichweite: 600 km
Höchstgeschwindigkeit: 65 km/h

mittelgroße Laufrollen mit Drehstabfederung und drei Stützrollen. Das Gesamtgewicht des Typ 61 betrug 35 t und der 600 PS starke Mitsubishi-Diesel sorgte für eine Höchstgeschwindigkeit von 45 km/h.

DER TYP 74 VON MITSUBISHI

Während der Typ 61 in die Serie ging, begann eine Ingenieurgruppe bei Mitsubishi in Zusammenarbeit mit militärischen Experten, über seinen Nachfolger nachzudenken. Nach ein oder zwei Fehlversuchen und einem langwierigen Entwicklungsverfahren wurde eine Studie mit der Bezeichnung STB-3 akzeptiert und als Typ 74 standardisiert.

Es handelte sich um eine eher konventionelle Konstruktion. Die leicht angewinkelte Frontpanzerplatte, hinter der der Fahrer saß, ging hoch bis zum Turm. Dieser war mit einer 105-mm-Kanone vom Typ L7A1 ausgerüstet, die über einen umgestalteten Rücklaufmechanismus verfügte, so dass der Frontbereich des Turms nicht größer als die Rohrblende war. Die in beiden Achsen stabilisierte Waffe verfügte über eine moderne Feuerleitanlage

einen Federweg von nicht weniger als 450 mm ermöglichten. Das Fahrwerk ließ sich so einstellen, dass der Panzer um bis zu 6 ° nach oben oder unten geneigt werden konnte. Wurde er nur auf einer Seite hochgefahren, konnte eine Schräglage von 9 ° erzeugt werden. Zusammen eingesetzt, ließ sich die Bodenfreiheit zwischen 200 und 650 mm einstellen. Zwischen 1974 und 1988 wurden insgesamt 850 Panzer vom Typ 74 gebaut. Anfang der 90er Jahre hatte er den Typ 61 fast überall verdrängt. Das ältere Modell kam nur noch bei der Ausbildung zum Einsatz.

Der Nachfolger des Typ 74 sollte dann ein wesentlich größerer Panzer werden. Aufgebaut aus einer mehrschichtigen Panzerung mit keramischer Verstärkung, wog das fertige Fahrzeug um die 50 t und wurde von einem 1500-PS-Motor angetrieben. Der Panzer hatte die gleiche glatte 120-mm-Kanone von Rheinmetall, die auch für den M1A1 „Abrams“ ausgewählt wurde. Dank Selbstlademechanismus konnte auf das vierte Besatzungsmitglied verzichtet werden. Die Feuerleitanlage war mit allen Raffinessen ausgestattet. Nach einer Entwicklungszeit von 12 Jahren erschien der TK-X 1986 als Prototyp,

UNTEN: Leopard I der Bundeswehr bei einer Übung im Schwarzwald. Die ersten Exemplare hatten die ausgezeichnete britische 105-mm-Bordkanone Royal Ordnance L7A3.

mit Laser-Entfernungsmesser und allen damals üblichen Sensoren. Der Typ 74 war gerade einmal 3 t schwerer als der Typ 61. Mit dem 750-PS-Motor war er deshalb geringfügig schneller. Die wichtigste Neuigkeit lag in der Aufhängung. Die fünf großen Laufrollenpaare waren jeweils einzeln an verstellbaren hydropneumatischen Einheiten aufgehängt, die

Leopard 2

Bewaffnung: 1 Kanone 120 mm, 2 MGs 7,62 mm
Besatzung: 4 Mann
Länge: 7,72 m
Breite: 3,54 m
Höhe: 2,48 m
Panzerung: Keine Angaben
Motor: 1500 PS
Reichweite: 550 km
Höchstgeschwindigkeit: 72 km/h

wiederum gebaut von Mitsubishi in Zusammenarbeit mit dem japanischen Verteidigungsministerium. 1990 begann eine begrenzte Serienfertigung unter der Bezeichnung Typ 90. Zwei Jahre später waren die ersten Exemplare bei der Truppe. Japan hatte damit bewiesen, dass es sehr wohl in der Lage war, einen schweren Panzer zu bauen, der es mit jedem anderen aufnehmen konnte.

DIE KLEINEREN STAATEN

Die kleineren Staaten, die selbst Panzer herstellen – wie England, Deutschland und Frankreich – müssen normalerweise Exportmärkte erschließen, damit die Entwicklungskosten auf möglichst viele Exemplare verteilt werden. Für die drei genannten Länder steht der Exportgedanke sicherlich nicht im Vordergrund, bei anderen ist das schon der Fall. Brasilien beispielsweise hat keine schweren Panzertruppen und braucht daher keine eigenen Kampfpanzer. Trotzdem wurden dort sogar zwei Kampfpanzer entwickelt, der Engesa EE-T „Osorio" und der etwas kleinere, leichtere Bernardini MB-3 „Tamoyo". Tatsächlich aber stammten nur Wanne und Fahrwerk des 44 t schweren Osorio wirklich aus einheimischer Produktion. Der Panzer war mit einem 1000-PS-Diesel immerhin 70 km/h schnell. Der Turm mit Kanone und taktischem Gerät stammte komplett vom britischen Hersteller Vickers. Es gab zwei verschiedene Ausführungen, entweder mit der 105-mm-Kanone L7A3 mit Rohrzügen oder mit der 120-mm-GIAT mit glattem Rohr. Es gab auch verschiedenes Zielerfassungs- und Richtgerät. Neben einer einfachen Anlage mit unstabilisiertem optischen Visier und einem Laser-Entfernungsmesser gab es eine kompliziertere Variante mit stabilisiertem Visier, Wärmebildgerät und Umweltsensoren.

Der Bernardini Tamoyo, nach Ansicht einiger Experten ein Rückfall in das alte Konzept des mittleren Panzers, ist wesentlich einfacher aufgebaut. Die schichtförmige Panzerung mit Hohlräumen bietet vernünftigen Schutz und hält das Gewicht des Fahrzeugs auf 30 t. Ungewöhnlich am Tamoyo ist die Tatsache, dass der Saab-Scania-Motor aus einem handelsüblichen LKW stammt. Die 500 PS reichen aber für eine Höchstgeschwindigkeit von über 65 km/h, und die Reichweite beträgt bei 700 l Kraftstoff immerhin 550 km. Die ersten Modelle des Tamoyo aus dem Jahr 1983 hatten eine 90-mm-Kanone. Vier Jahre später erschien eine verbesserte Version mit einem 740-PS-Detroit-Diesel und einer 105-mm-Kanone L7. Weder der Osorio noch der Tamoyo schafften den Sprung in die Serienfertigung, trotz beträchtlichen Interesses in In- und Ausland. Bernardini und Engesa mussten sich wieder auf ihre früheren Produkte konzentrieren. Bernardini baute weiter den M3 Stuart als X1A1 und X1A2, während Engesa eine Reihe nützlicher und beliebter leichter Panzerfahrzeuge herstellte, so zum Beispiel den Spähpanzer Cascaval und den Mannschaftstransportwagen Urutu.

DER TAM

Weiter im Süden, in Argentinien, gab es durchaus Bedarf an einem mittleren Panzer. Man versuchte sich aber gar nicht erst an einer Eigenproduktion, sondern beauftragte ein deutsches Konsortium von Thyssen und Henschel. Das Ergebnis war der TAM, ein 30 t schwerer Panzer auf der Grundlage des Schützenpanzers Marder, aber mit einer 105-mm-Kanone in einem eigens dafür konstruierten, weit hinten angeordneten Turm. Ein Mercedes-Dieselmotor mit 720 PS – der gleiche wie im Marder und allen seinen Varianten – wirkte auf das vordere Kettenrad und brachte das Fahrzeug auf 75 km/h. Die simple Aufhängung mit Schwingen und Drehstabfederung konnte im Gelände überzeugen. Das argentinische Heer übernahm etwa 250 TAM, die in den zwei Panzerbrigaden Seite an Seite mit den besten Sherman M4 aus dem Zweiten Weltkrieg kämpften. Thyssen-Henschel baute auch eine Exportversion unter der Bezeichnung TH 301, die anstatt der Kanonen aus argentinischer Produktion über die bessere Rh-105-30 von Rheinmetall verfügte. Diese Waffe hatte eine wesentlich modernere Feuerleitanlage mit Restlichtfernsehen, Infrarot-Wärmebildgerät und Umweltsensoren, die ihre Daten an einen digitalen Computer liefern.

DER ITALIENISCHE OF-40

Anfang der 70er Jahre erhielten der italienische Hersteller schwerer Waffen OTO Melara und der staatliche Automobilproduzent Fiat (über seine Tochter Iveco) die Lizenz, 1000 deutsche Leopard 1 für das italienische Heer zu bauen. Die Lizenzvereinbarung erlaubte allerdings nicht den Weiterverkauf an Drittstaaten, und so wurde in Italien ein ähnlicher, aber bedeutend schwererer Panzer für den Export konstruiert. Dieser erschien zuerst im Jahr 1970 unter der Bezeichnung OF-40. Er war 45 t schwer und verfügte über einen 830-PS-Dieselmotor. Des Weiteren hatte er die erfolgreiche 105-mm-Kanone von Melara und benötigte eine Besatzung von vier Mann. Der OF-40 war ein konventioneller Kampfpanzer der zweiten Generation, ausreichend geschützt gegen Waffen von der Stärke seiner eigenen Kanone und mit einer hohen Treffsicherheit. Diese hatte er seinem digitalen Rechner mit Laser-Entfernungsmesser, stabilisiertem optischen Visier und einer Reihe von Sensoren zu verdanken. Merkwürdigerweise dachte man erst später an ein System zur Stabilisierung des Turms, das dann beim verbesserten Mk 2 serienmäßig eingebaut wurde. Mit einer Höchstgeschwindigkeit von 60 km/h war der OF-40 nie besonders schnell, hatte dafür aber dank seiner 1000-l-Innentanks eine respektable Reichweite von 600 km. Verkaufen ließ er sich nicht besonders gut. Der größte Auftrag über 36 Stück kam aus den Vereinigten Arabischen Emiraten.

DER RADIKALE S-PANZER

Noch weniger erfolgreich, zumindest in Bezug auf den Verkauf, war der eigenartige turmlose Kampfpanzer, der von Sven Berge, Ingenieur in der Rüstungsabteilung des schwedischen Verteidigungsministeriums, 1956/57 konstruiert und von Bofors zwischen 1966 und 1971 gebaut wurde. Es wurden insgesamt gerade einmal 300 Stück gebaut, und die anderen Streitkräfte in aller Welt sahen ihn allenfalls mit einer gewissen Neugier. Das britische Heer lieh sich eine kleine Zahl der Panzer für ausgedehnte Erprobungen. Trotzdem bleibt dem Stridsvagn (Strv) 103B oder S-Panzer allenfalls wegen seiner eigenartigen Form eine Fußnote in der Waffengeschichte.

Die 105-mm-Bordkanone des S-Panzers, eine Version der britischen L7 mit einer Rohrlänge von 62 Kalibern, war in der Wanne montiert. Die einzige Bewegung, zu der sie in der Lage war, war der Rückschlag. Das Seitenrichten wurde durch Bewegung des ganzen Fahrzeugs vorgenommen, die Feineinstellung erfolgte über das Drehen auf der Stelle. Das Höhenrichten erfolgte über das separate Ansteuern der hydraulischen Federelemente. Es waren 10 ° Absenkung und 12 ° Erhöhung möglich. Diese Werte waren kaum schlechter als die vieler Panzer mit konventionellen Türmen und konnten sich auch mit denen des AMX-13 messen. Dessen Wiegenturm soll auch das Vorbild für die Konstruktion des schwedischen Panzers gewesen sein. Selbstverständlich

UNTEN: Entsprechend den NATO-Grundsätzen passt die Munition für die 120-mm-Rheinmetall-Kanone des Leopard 2 auch für die Kanone des amerikanischen Kampfpanzers M1 Abrams.

hatte der turmlose Panzer ein sehr niedriges Profil. Das ganze Fahrzeug war nicht mehr als 2,1 m hoch und ließ sich dementsprechend leicht tarnen.

DER BOEING-MOTOR

Der fehlende Turm war nicht die einzige Besonderheit am S-Panzer. Den Antrieb übernahmen zwei völlig unterschiedliche Motoren: Ein 240-PS-Vielstoff-Kolbenmotor von Rolls-Royce und eine 490-PS-Gasturbine von Boeing. Die beiden Motoren wirkten auf die gleiche Welle und trieben die Ketten über einen Drehmomentwandler von Volvo und die vorderen Kettenräder an. Die Turbine lief dabei nur mit, wenn die zusätzliche Kraft erforderlich war. Zusammen brachten die beiden Motoren den 39-t-Panzer auf 50 km/h, die Reichweite mit dem kleineren Motor allein betrug 400 km. Der Panzer hatte nur vier Laufrollen pro Seite und die Federung erfolgte über einzelne hydropneumatische Einheiten, die zum Abfeuern der Kanone arretiert wurden. Diese Plattform war stabiler als die meisten anderen.

Die Gesamtkonstruktion war ebenso ungewöhnlich, denn Motor und Getriebe waren vorn angeordnet. Der Fahrer saß dahinter auf der linken Seite. Er war gleichzeitig Richtschütze. Dabei geriet er nicht in Konflikte, denn der Panzer war nicht darauf ausgelegt, aus der Bewegung zu feuern. Ihm gegenüber saß der Funker mit dem Gesicht nach hinten.

Dieser konnte bei Bedarf den Panzer nach hinten fahren und in einem Notfall den Lademechanismus per Hand bedienen. Der Kommandant, der ebenfalls die Kanone laden und richten konnte, saß unter einer stabilisierten, rotierenden Kuppel hinter dem Funker. Der hydraulisch betriebene Selbstlademechanismus konnte 15 Schuss pro Minute nachladen. Das Gestell im hinteren Laderaum fasste insgesamt 50 Schuss.

DER STRV 103 IST ÜBERHOLT

Der Prototyp des Strv 103 verfügte über nicht weniger als fünf 7,62-mm-MGs, die alle fernbedient wurden. Zwei saßen in festen Halterungen auf jeder Seite der Wanne und eines auf dem Dach. Das letztere konnte der Kommandant von innen bedienen, und es fungierte außerdem als Fla-MG. Bei den Serienmodellen wurden die rechts liegenden MGs weggelassen und durch eine 12,7-mm-Version ersetzt.

Dieses MG musste wiederum später einem Laser-Entfernungsmesser weichen. Die ersten Fahrzeuge hatten auch noch nicht die Schwimmkörper, die den Strv 103 zu einem Amphibienfahrzeug mit Kettenantrieb machten. Das ist in einem Land mit so vielen Seen mehr als angebracht. Sie verfügten auch noch nicht über die nach oben einziehbaren Räumschilde. Alle Panzer wurden aber mit diesen Einrichtungen nachgerüstet. Ein Infrarot-Fahrlicht war in der Serienausstattung enthalten, ein Infrarot-Suchscheinwerfer fehlte hingegen. Es gab auch kein ABC-Schutzsystem. Falls die Umstände es erforderten, musste die Besatzung ABC-Schutzkleidung anlegen.

Gegen Ende der 80er Jahre wirkte der

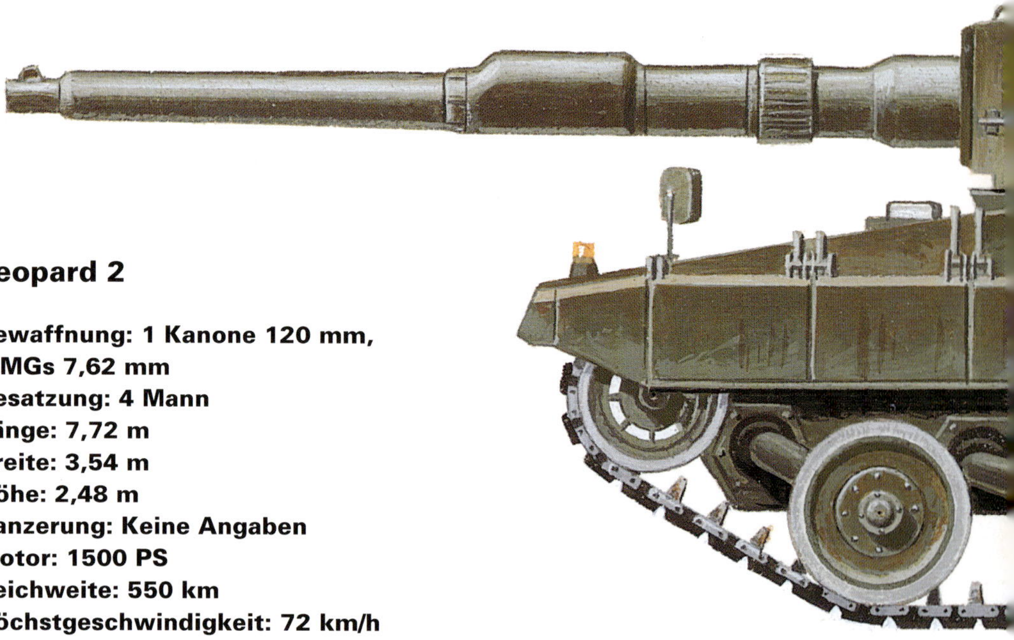

Leopard 2

Bewaffnung: 1 Kanone 120 mm, 2 MGs 7,62 mm
Besatzung: 4 Mann
Länge: 7,72 m
Breite: 3,54 m
Höhe: 2,48 m
Panzerung: Keine Angaben
Motor: 1500 PS
Reichweite: 550 km
Höchstgeschwindigkeit: 72 km/h

RECHTS: Der neueste Leopard ist der 2A5. Der größte Unterschied zu den vorherigen Versionen liegt in dem zusätzlichen dicken Panzerpaket vorn am Turm.

Strv 103 allmählich etwas überholt. Im Rahmen einer Umrüstung wurde der Rolls-Royce-Motor gegen einen 290-PS-Detroit-Diesel ausgetauscht, und dazu wurden eine bessere Feuerleitanlage mit Infrarot-Wärmebildsystem und ein integrierter ABC-Schutz entwickelt. Schweden baute daneben einen leichten Panzer/Jagdpanzer, den Infanterikanonvagn (Ikv) 91, ein konventionell gebautes Fahrzeug mit einer 90-mm-Kanone in einem mittig angeordneten Turm. Der Ikv 91 wog 15,5 t, hatte einen Sechszylinder-Diesel von Volvo mit 295 PS und das übliche Christie-Fahrwerk. 1975 wurde er in Schweden beim Heer eingeführt. Die Pläne für einen eigenen Kampfpanzer, der zum Ende des Jahrhunderts gebaut werden sollte, wurden zunächst entwickelt, später aber wieder aufgegeben.

DER ÖSTERREICHISCHE KÜRASSIER

Wenn das schwedische Heer schon so beeindruckt vom AMX-13 war, dass er seine strategischen Planungen beeinflusste, gingen die Österreicher noch einen Schritt weiter. Sie beauftragten den Waffen- und Fahrzeughersteller Steyr-Daimler-Puch, eine Kopie des AMX-13 mit dem originalen FL-12-Turm und der 105-mm-GIAT-Kanone zu bauen. Das Chassis sollte der Mannschaftstransportwagen von Saurer stellen. Das Resultat war ein leichter Panzer/Jagdpanzer, im Prinzip ähnlich dem AMX-13, aber leichter gepanzert. Er erhielt die Bezeichnung Panzerjäger K oder Kürassier. Sein ungewöhnlichstes Merkmal war wohl die hydraulische Kraftübertragung. Mit einem ähnlichen System hatten Großbritannien und die Vereinigten Staaten in der Zwischenkriegszeit experimentiert. Die taktische Leistung des Kürassier entsprach in etwa der des AMX-13. Insgesamt wurden 10 Fahrzeuge für das Österreichische Heer gebaut.

DEUTSCHLANDS WIEDERAUFSTIEG

In vieler Hinsicht war Deutschland nach dem Zweiten Weltkrieg viel verwüsteter als 1919. In zwei Hälften aufgeteilt, die eine von der Sowjetunion und die andere von den westlichen Alliierten besetzt, hatte es große Probleme, seine Identität wiederzufinden und sich vom verheerendsten Krieg der Geschichte zu erholen. Die Bedeutung der Bundesrepublik Deutschland als Puffer gegen den Ostblock war der NATO nicht entgangen und so wurde Ende 1955 die Bundeswehr aufgestellt.

Das Gerät kam zunächst überwiegend aus den USA, in Form des M47 und später des M48. Im gleichen Jahr gab es bereits Pläne, zusammen mit Frankreich, das auch überwiegend amerikanische Panzer besaß, einen Kampfpanzer der 30-t-Klasse zu entwickeln und zu bauen, wobei der Schwerpunkt eher auf der Beweglichkeit als auf dem Panzerschutz liegen sollte. Die Idee wurde bald aufgegeben, und beide Nationen gingen ihre eigenen Wege. In Deutschland taten sich die Firmen, die bereits von früher Erfahrung im Bau von Panzern hatten, zu zwei Konsortien zusammen und entwickelten neue Panzer. Die Prototypen waren 1960 fertig. Die „Gruppe B" zog sich schnell zurück, weil ihr Projekt wesentlich fortschrittlicher war und viel mehr Zeit bis zur Produktionsreife benötigt hätte. So war der Weg frei für das zweite Konsortium unter der Führung von Porsche, das in den folgenden drei Jahren nicht weniger als 26 Prototypen und 50 Vorserienmodelle des neuen Panzers baute. Die Produktion übernahm dann Krauss-Maffei in München. Eine Lizenz zum Bau des Panzers für das italienische Heer erhielt OTO Melara in La Spezia. Der erste Leopard, wie er nun hieß, rollte im September 1965 aus den Werkshallen. In den folgenden zehn Jahren wurden mehr als 4200 Kampfpanzer Leopard gebaut und dazu knapp 1500 weitere Chassis für Bergungspanzer, Pionierpanzer und Panzerbrücken sowie der Jagdpanzer Gepard. In dieser Zeit musste sich der Leopard einigen Änderungen unterziehen. Verkauft wurde er an verschiedene NATO-Staaten und auch nach Australien.

DER DEUTSCHE LEOPARD

Der Leopard 1 war wesentlich schwerer geraten als ursprünglich vorgesehen. Obwohl die Stärke der Hauptpanzerung nur 70 mm an der Frontplatte und 60 mm am Turm und an den Seiten betrug, lag das Kampfgewicht bei fast 40 t. Die Wanne des Leopard 1 war aus geschweißtem Stahl, während der Turm bei Rheinmetall in einem Stück gegossen wurde. Das Fahrwerk verfügte über sieben mittelgroße Laufrollen. Die Achsen waren etwas versetzt, um Platz für die gebogenen Arme zu schaffen, die für die Verbindung zu den Drehstäben sorgten.

Es gab vier Stützrollen, und die hinteren Kettenräder wurden über ein ZF-Getriebe mit Drehmomentwandler angetrieben. Für den Antrieb sorgte ein 830 PS starker Vielstoffmotor von Mercedes-Benz. Damit war der Panzer 65 km/h schnell. Der gesamte Antrieb mit Motor und Kraftübertragung ließ sich innerhalb von 30 Minuten ausbauen. Das ging sogar im Feld, wenn man über das entsprechende Gerät verfügte. Die Hauptbewaffnung bestand aus einer britischen 105-mm-Kanone L7A3 mit gezogenen Rohren. Erstaunlicherweise war die Kanone in den ersten Fahrzeugen weder stabilisiert, noch präzise gesteuert. Bei der Version 1A1 war sie in beiden Achsen stabilisiert und es gab einen Feuerleitrechner. Der Panzer verfügte außerdem über Blenden- und Fla-

AMX-30

Bewaffnung: 1 Kanone 105 mm, 1 MG 12,7 mm, 1 MG 7,62 mm
Besatzung: 4 Mann
Länge: 6,59 m
Breite: 3,1 m
Höhe: 2,29 m
Panzerung: 15-80 mm
Motor: 720 PS
Reichweite: 600 km
Höchstgeschwindigkeit: 65 km/h

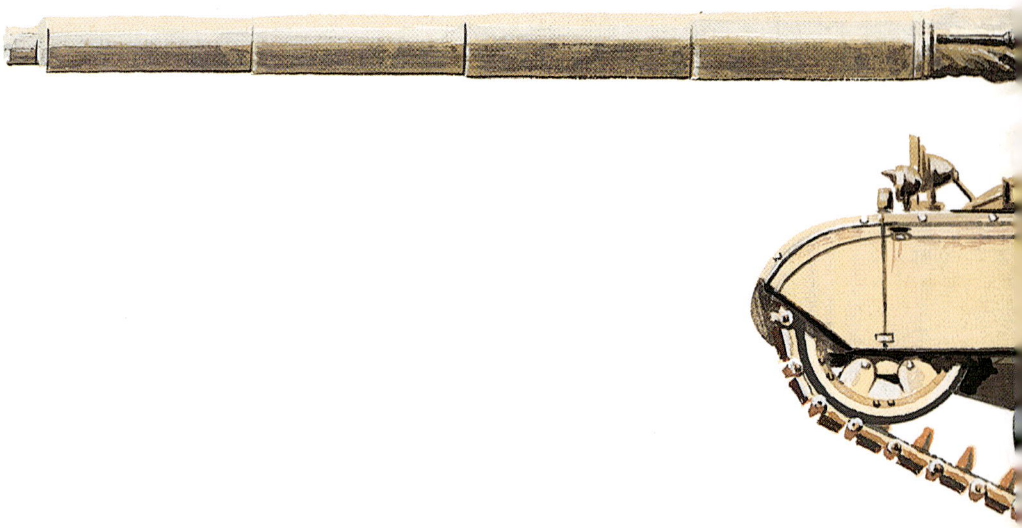

RECHTS: Moderne Kampfpanzer haben einen enormen Kraftstoffverbrauch. Die Ingenieure von Renault haben daher den HS110-Motor des AMX-30 so ausgelegt, dass er mit Öl, Benzin oder Paraffin läuft.

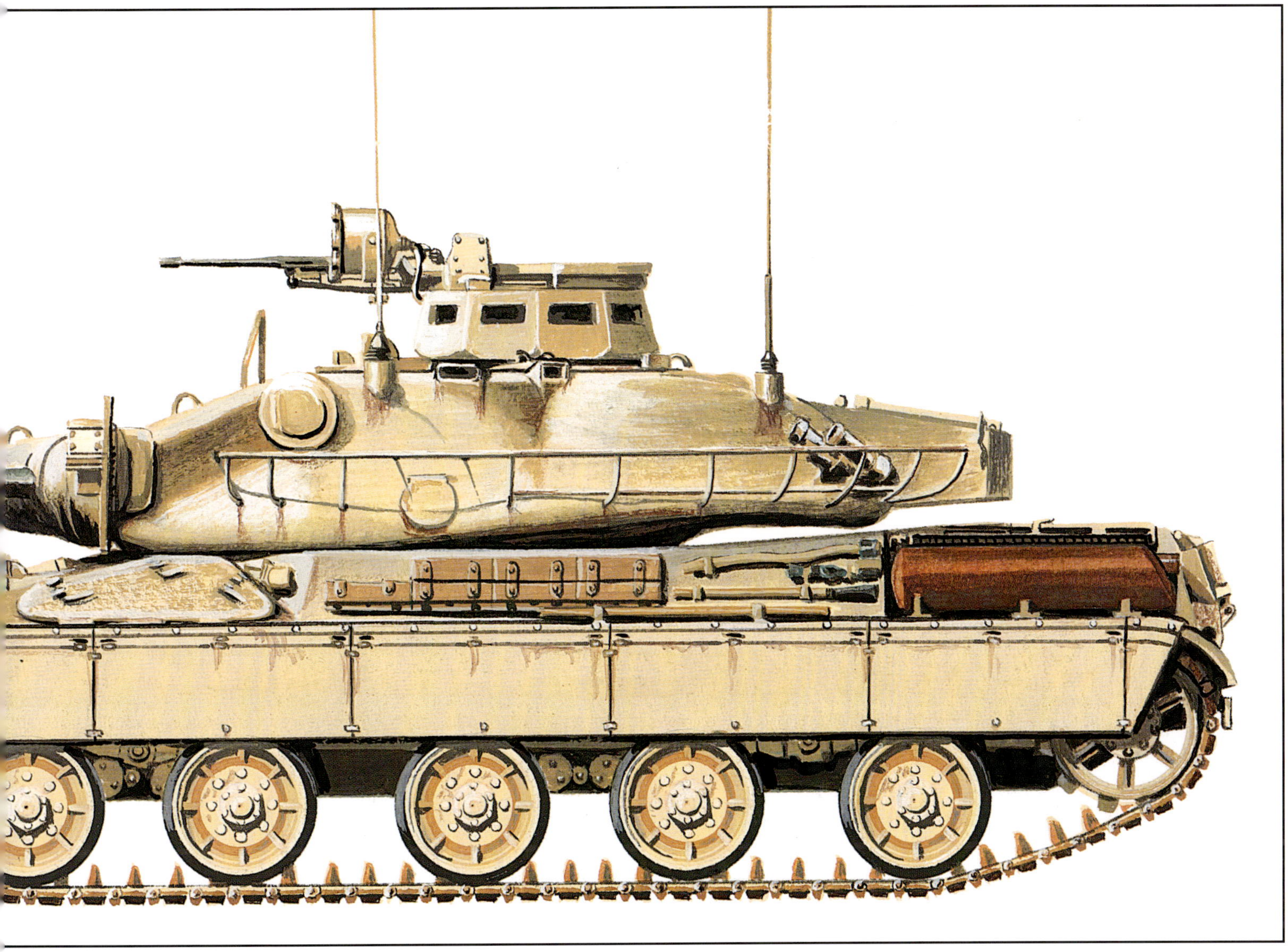

MGs, beide vom Typ MG3 im Kaliber 7,62 mm. Die Grundbeladung bestand aus 60 Schuss für die Bordkanone und 5500 Schuss für die MGs. Die Auswahl der verschiedenen Geschosse für die Bordkanone war je nach Nutzer unterschiedlich. ABC-Schutz und integrierte Feuerlöscher gehörten zum Serienstandard. Auf Wunsch gab es einen Schnorchel, der an der Turmluke befestigt wurde und Tiefwatoperationen bis zu einer Wassertiefe von 4 m erlaubte. Wenn der Schnorchel eingesetzt wurde, wurden alle Öffnungen des Panzers, insbesondere der Turmdrehkranz, schnell mit aufblasbaren Gummiringen verschlossen.

Die Verbesserungen am Leopard 1 folgten systematisch. Der Leopard 1A1 hatte nicht nur den Stabilisator und den Feuerleitrechner, sondern auch eine Wärmeschutzhülle für das Kanonenrohr, neue Ketten mit stärkerem Gummischutz sowie Modifikationen an den Luken und der Wateinrichtung. Der Leopard 1A2 hatte einen Turm aus hochwertigerem Stahl, ein besseres ABC-Schutzsystem und Bildverstärker für Fahrer und Kommandanten. Der Leopard 1A3 hatte einen ganz neu konstruierten Turm mit Sandwich-Panzerung und besserer ballistischer Form sowie eine keilförmige Rohrblende anstelle des birnenförmigen Originals. Der Leopard 1A4 hatte die Sandwich-Panzerung auch vorn an der Wanne. Er war über 2 t schwerer als die erste Ausführung, die Fahrleistungen litten jedoch nicht darunter.

DER LEOPARD 2

Bevor die Entwicklung des Leopard 1 an ihrem Höhepunkt angelangt war, fing bereits die Arbeit an seinem Nachfolger an. Sie wurde vorübergehend zugunsten des Projekts MBT-70, eine Gemeinschaftsentwicklung von Deutschland und den Vereinigten Staaten, eingestellt. Als das Projekt im Januar 1970 aufgegeben wurde, wandte man sich wieder dem Leopard 2 zu. Über die nächsten fünf Jahre wurden 16 Prototypen nach unterschiedlichen Vorgaben gebaut. Mit etwa 55 t war der Leopard 2 ein gutes Stück schwerer als der Leopard 1, aber nicht viel größer. Das zusätzliche Gewicht stammte von der verbesserten Panzerung, die den Leopard nun auf eine Stufe mit dem Chieftain stellte, seinem größten Konkurrenten auf dem Exportmarkt.

Die genaue Zusammensetzung der Panzerung des Leopard 2 wurde eine Zeit lang geheimgehalten, und man ging von einer Sandwich-Panzerung aus. Tatsächlich stellte sich aber heraus, dass es sich um eine britische Chobham-Panzerung auf einem Stahlrahmen handelte. Dadurch erklärt sich die ziemlich eckige Form des Panzers. Eine weitere entscheidende Verbesserung gegenüber dem Leopard 1 bestand in der Hauptbewaffnung. Man entschied sich für eine glatte 120-mm-Rheinmetall-Kanone, weil die flossenstabilisierten, panzerbrechenden Subkalibergeschosse wie auch Hohlladungsgeschos-

AMX-40

Bewaffnung: 1 Kanone 120 mm,
1 Kanone 20 mm, 1 MG 7,62 mm
Besatzung: 4 Mann
Länge: 6,8 m
Breite: 3,36 m
Höhe: 2,38 m
Panzerung: Keine Angaben
Motor: 1100 PS
Reichweite: 600 km
Höchstgeschwindigkeit: 70 km/h

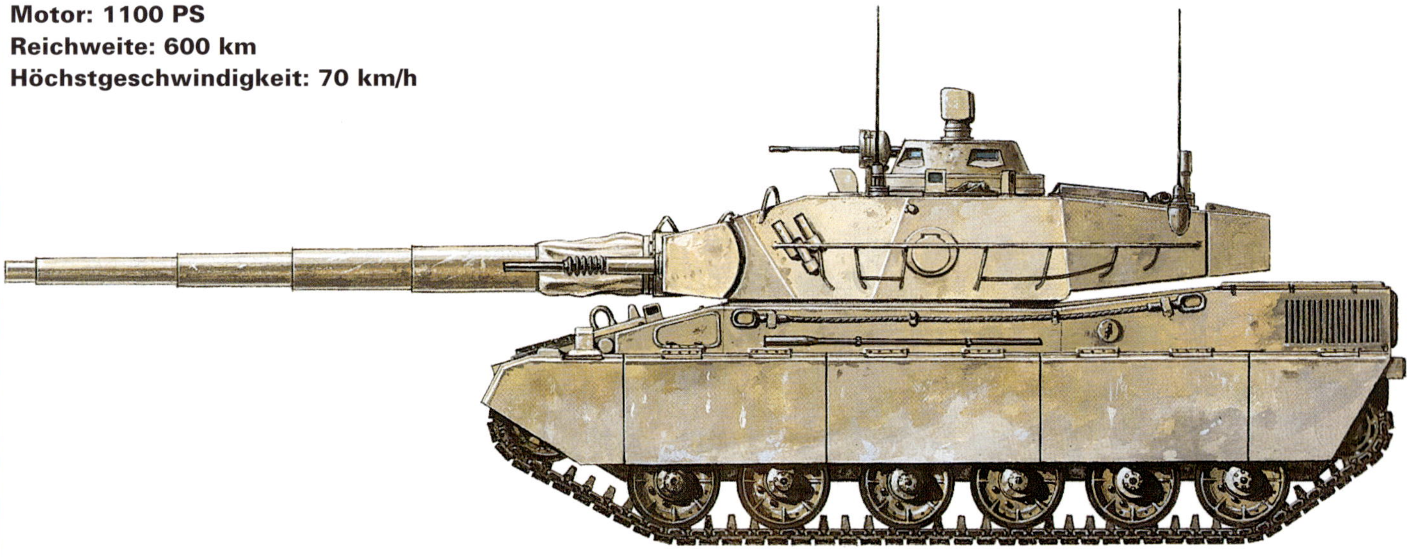

se einfach besser fliegen, wenn sie sich nicht im Flug um die eigene Achse drehen. Die Amerikaner kamen zu dem gleichen Schluss, als sie die Bordkanone für ihren neuen Kampfpanzer auswählten, und auch die Franzosen schlossen sich dieser Meinung an. Nur die Briten, die die Bordkanonen ihrer Kampfpanzer ebenfalls auf 120 mm brachten, blieben den Rohrzügen treu.

Einige Prototypen des Leopard 2 erhielten eine hydropneumatische Federung, die Serie wurde aber schließlich mit Drehstabfederung und Reibungsdämpfern ausgestattet. Ansonsten blieb das Fahrwerk wie beim Leopard 1. Vorgegeben wurde ein verbesserter Vielstoffmotor, wie er ursprünglich für den MBT-70 entwickelt wurde. Seine 1500 PS gaben dem Panzer eine Höchstgeschwindigkeit von etwa 70 km/h, geringfügig mehr als das Vorgängermodell. 1977 wurden 1800 Leopard 2 für die Bundeswehr bestellt, und die ersten Fahrzeuge wurden bereits im folgenden Jahr ausgeliefert. Holland beschaffte den Leopard 2 ebenso wie Schweden und die Schweiz, wo er als Pz87 lief und in Lizenz gebaut wurde. Spanien wird vermutlich bis zum Ende des Jahrzehnts ebenfalls den Leopard 2 beschaffen.

KAMPFWERTSTEIGERUNG AM LEOPARD

Wie der Leopard 1 wurde auch der Leopard 2 gemäß dem Stand der Technik ständig verbessert. 1995 gab es eine Reihe von Kampfwertsteigerungen, unter anderem ein neues Rohr für die Bordkanone, zusätzliche Panzerung und eine verbesserte Feuerleitanlage. Gleichzeitig rückte eine viel einschneidendere Änderung, nämlich eine selbstladende 140-mm-Kanone, in den Bereich des Möglichen. Damit könnte man die Besatzung auf drei Mann reduzieren und den Turm etwas flacher gestalten. Gleichzeitig hätte man mehr Stauraum für die Munition und wesentlich mehr Feuerkraft. Es wurde ein Entwicklungsprogramm zum Einbau dieser Waffe gestartet, aber mit Ergebnissen ist erst am Anfang des neuen Jahrhunderts zu rechnen. Eine noch radikalere Lösung sah den Ersatz des üblichen Turms durch einen unbemannten, vollautomatischen Waffenstand vor, fernbedient durch den Kommandanten/Richtschützen, der unten in der Wanne neben dem Fahrer sitzen sollte. Die Technologie zum Bau dieser Einrichtung war 1995 bereits verfügbar – schließlich gibt es fernbediente Schiffskanonen, die im Prinzip den Bordkanonen von Panzern ähneln, bereits seit vielen Jahren – aber die Idee ist so radikal, dass sie wohl frühestens im Jahr 2010 und dann in einem Prototyp verwirklicht wird. Aber selbst dann würde das bedeuten, dass der aufgewertete Leopard 2 im nächsten Vierteljahrhundert eine Spitzenposition im internationalen Vergleich einnehmen würde.

EIN SCHNELLER, LEICHTER KAMPFPANZER AUS FRANKREICH

Nachdem in der Mitte der 50er Jahre das Gemeinschaftsprojekt mit Deutschland zum Bau eines 30-t-Panzers gescheitert war, startete Frankreich ein eigenes Programm. Der Prototyp AMX-30 wurde 1960 fertiggestellt, und die Serienfertigung lief sechs Jahre später an.

Der neue französische Kampfpanzer – der erste in Frankreich entwickelte „Mehrzweck-Panzer“ – sollte leicht und schnell sein, um den schnellen Angriffsoperationen des französischen Heeres gewachsen zu sein. Beweglichkeit war gefragt, und da konnte man auf das Gewicht einer starken Panzerung gut verzichten. Als Konsequenz daraus war der AMX-30 im Vergleich zu den zeitgenössischen amerikanischen, britischen und deutschen Panzern,

ganz zu schweigen den sowjetischen, schlecht geschützt und verwundbar. Zumindest in dieser Hinsicht war der AMX-30 von vornherein technisch überholt. Dazu kamen noch eine unstabilisierte Kanone und eine äußerst simple Feuerleitanlage.

Trotzdem ist der AMX-30 in der zweiten Hälfte der 90er Jahre immer noch im Dienst, und viele kleine Nationen sind der Meinung, dass er sein Geld wert ist. Er war nicht nur in der Anschaffung günstig, sondern auch im Unterhalt, und deshalb war er ein Exportschlager. Der größte Abnehmer war Saudi-Arabien, das ungefähr 300 „wüstentaugliche" AMX-30 mit Sandschutzschürzen und niedrigerer Übersetzung beschaffte.

Als der AMX-30 serienreif war, lag er um 7 t über der Gewichtsvorgabe von 30 t. Da man sich aber für den 700 PS starken Vielstoffmotor HS-110 von Hispano-Suiza entschied, wurde die angepeilte Höchstgeschwindigkeit von 65 km/h trotzdem problemlos erreicht. Das Fahrwerk, angetrieben über das hintere Kettenrad, verfügte über fünf mittelgroße Laufrollen (die ersten vier paarweise in Rollenwagen angeordnet), abgefedert über Drehstäbe, und fünf Stützrollen. Die 105-mm-Bordkanone zählte in jener Zeit bereits zum Standard. Die Franzosen, schon im Hinblick auf ihre künftige Position innerhalb der NATO, entschieden sich für ein einheimisches Produkt, die GIAT CN-105-F1. Diese Kanone war in Bezug auf die Munition weder kompatibel zu der britischen L7 noch der daraus entwickelten amerikanischen M68 und der Rheinmetall Rh-105. Sie bot dafür eine größere Vielfalt an Munition, darunter auch ein Leuchtgeschoss.

FRANZÖSISCHE MUNITION

Bei der Panzerabwehrmunition setzte Frankreich auf Hohlladungsgeschosse (panzerbrechende Geschosse waren für die GIAT-Kanone erst ab 1981 verfügbar), und trotzdem hatte die GIAT-Kanone ein gezogenes Rohr. Wie bereits erwähnt, haben Hohlladungsgeschosse mehr Wirkung, wenn sie sich nicht um die eigene Achse drehen. Um den durch die Züge erzeugten Drall wieder auszugleichen, wurde ein komplizierter Treibspiegel ersonnen, der unter anderem über einen kugelgelagerten Laufring verfügte.

Trotz dieser Nachteile war das 11 kg schwere Geschoss in der Lage, in einem Wirkungsbereich von 3000 m eine 400 mm starke Panzerung zu durchbrechen. Als das Subkaliber-Wuchtgeschoss endlich fertig war, konnte sein Hartkern mit 26 mm Durchmesser und 3,8 kg Gewicht, abgefeuert mit einer Mündungsgeschwindigkeit von 1525 m/sek, über eine Entfernung von 1000 m eine 150 mm starke Panzerung in einem Winkel von 60 ° durchschlagen. Als Nebenbewaffnung hatte der erste AMX-30 ein konventionelles 12,7-mm-MG, das später durch eine 20-mm-Kanone GIAT M693 mit doppelter Munitionszuführung ersetzt wurde, die auch im AMX-40 zum Einbau kam. Die Waffe konnte Sprengbrandmunition oder Hartkern-Brand-Geschosse verfeuern, die von unterschiedlichen Seiten in den Verschluss geführt wurden, je nachdem, für welche Munition man sich entschieden hatte. Zum Kampf gegen Hubschrauber konnte die Kanone von der Bordkanone abgekoppelt und separat um 40 ° erhöht werden.

OBEN: Der AMX-40 war für Einsätze bei Temperaturen von bis zu 50 °C konzipiert – im Hinblick auf den Exportmarkt im Nahen Osten. Er ging aber nie in die Serienproduktion.

Centurion 165 AVRE (Pionierpanzer)

Bewaffnung: 1 Kanone 165 mm, 2 MGs 7,62 mm
Besatzung: 5 Mann
Länge: 7,55 m
Breite: 3,39 m
Höhe: 2,94 m
Panzerung: 17-152 mm
Motor: 650 PS
Reichweite: 102 km
Höchstgeschwindigkeit: 35 km/h

DER AMX-30 IM EINSATZ

Über die Jahre erfuhr der AMX-30 zahlreiche Verbesserungen, darunter eine integrierte Feuerleitanlage mit eingebautem Laser-Entfernungsmesser und Restlichtfernsehen, gepanzerte Kettenschürzen und eine Zusatzpanzerung für den Turm. Dazu kam eine reaktive Panzerung zur Abwehr von Hohlladungsgeschossen. Das Chassis des Panzers wurde ebenfalls für die übliche Reihe von Unterstützungsfahrzeugen benutzt wie auch als mobiles Startgerät für Roland- und Shahine-Boden/Luft-Flugkörper, taktische Nuklearraketen vom Typ Pluto und die Flugabwehrrakete Javelot. Des Weiteren fand es Verwendung als Selbstfahrlafette für die 155-mm-Haubitze GCT sowie für die radargesteuerten 30-mm-Zwillings-Flugabwehrkanonen. Um den Panzer auf dem Exportmarkt gegen besser geschützte und stärker bewaffnete Kampfpanzer konkurrenzfähig zu machen, wurde der AMX-32 mit stärkerer Panzerung und einer glatten 120-mm-GIAT-Kanone entwickelt, allerdings nur als Prototyp. Mit 43 t war er ebenso schwer wie eine wesentlich bessere Alternative, der ganz neue, aber im Prinzip ähnliche AMX-40. Dieser hatte vorn eine Sandwich-Panzerung und einen 1300-PS-Dieselmotor. Beide Panzer wurden nicht zum Erfolg und die Entwickler profitierten lediglich von den gemachten Erfahrungen. 44 AMX-30B2 wurden im Rahmen der Operation Daguet, dem französischen Beitrag zur Befreiung Kuwaits im Jahr 1991 eingesetzt. Obwohl sie sich nur mit Infanterietruppen auseinanderzusetzen hatten, gab es beträchtliche Kritik an ihrer Leistung.

DER LECLERC

Besser und wesentlich moderner war ein Panzer, dessen Entwicklung in das Jahr 1983 zurückreicht, nachdem auch der

OBEN: Der Kampfpanzer Leclerc wird in Frankreich bei GIAT gebaut. Mit ihm hat das französische Heer endlich ein Fahrzeug, das mit seinen Konkurrenten in der NATO mithalten kann.

zweite deutsch-französische Versuch zu gemeinsamen Bau eines Kampfpanzers gescheitert war.

Die Prototypen des – vielleicht etwas voreilig – als Panzer der dritten Generation gefeierten Fahrzeugs wurden Ende der 80er Jahre der Erprobung unterzogen. Die Produktion des Leclerc, benannt nach dem französischen General, der die Kapitulationsmeldung 1944 in Paris entgegennahm, begann im Jahr 1990. Die ersten Fahrzeuge wurden 1992 an die Truppe ausgeliefert. In einem wichtigen Punkt blieben die Entwickler des Leclerc den Grundsätzen treu, die zur Entwicklung des AMX-30 geführt hatten. Sie gaben dem Panzer einen 1500-PS-Turbodiesel, um für ein hohes Leistungsgewicht zu sorgen. Dazu gab es eine Kraftübertragung mit Drehmomentwandler und ein Fahrwerk, das die Kraft des Motors auf die Straße bringen konnte.

Selbst bei einem Gesamtgewicht von 54 t war der Leclerc über 70 km/h schnell. Nach den Angaben der Hersteller soll er in fünfeinhalb Sekunden aus dem Stand auf 32 km/h beschleunigen. Äußerlich ist der Leclerc eher klein – die Wanne ist 1 m kürzer als die des Leopard 2 und ganze 2 m kürzer als die des Challenger. In der Breite liegen alle drei ungefähr gleichauf. Das günstigere Verhältnis von Länge zu Breite macht den Leclerc stabiler und handlicher. Von Nachteil ist die geringe Größe nur für die Besatzung, denn es gibt innen sehr wenig Stauraum und keine Möglichkeit, Gerät oder Ausrüstung außen mitzuführen.

DER 120-MM-SELBSTLADER

Die wichtigste Neuheit dieses Panzers war die Hauptbewaffnung. Es war die erste 120-mm-Kanone mit Selbstlademechanismus, so dass im Turm nur noch zwei Mann saßen. Der Selbstlader saß in einer Ausbuchtung am Turm, geschützt durch eine gepanzerte Schottwand und mit einer Platte im Dach, die sich im Falle eines Treffers öffnete und die Wucht der eventuellen Explosion so nach außen leitete. Damit waren Besatzung und Motor geschützt. Die Waffe hatte wie die Kanonen von AMX-30 und AMX-40 ein glattes Rohr und konnte sechs verschiedene Munitionsarten verschießen. Der Schütze wählte die Munition beim Beladen des Panzers aus, und der Inhalt der 22 Munitionsfächer des Selbstladers wurde in einen Computer eingegeben, während die Vorrichtung beladen wurde. Das System ermöglichte eine Feuergeschwindigkeit von 10 Schuss pro Minute, und in der Wanne war weiterer Stauraum für Munition.

DIE COMPUTER IM LECLERC

Ein weiterer Aspekt, der den Panzer zur dritten Generation zählen lässt, ist sein Umfang an EDV-Gerät. Sogar die Bedienungseinrichtungen für den Fahrer werden über den Computer gesteuert. Dabei kommt eine elektrisch signalisierte Steuerung wie bei einem Flugzeug zum Einsatz. Alle Daten über den Betrieb des Panzers sind im Computer gespeichert. Die drei Mann der Besatzung können diese Daten jederzeit über Monitore und spezielle Dis-

Oben: Auf dem Chassis des Chieftain wurden verschiedene Unterstützungsfahrzeuge gebaut, unter anderem die Panzerschnellbrücke Mk 6, die 12 m überbrücken kann.

plays abrufen. Die Bedienung erfolgt menügesteuert über Knöpfe am Rand des Bildschirms. Trotz einer beträchtlichen Redundanz (in der Regel dreifach) gibt es zusätzlich manuell bediente Reservesysteme.

Eher konventionell war die Panzerung, obwohl der Aufbau wie bei allen anderen modernen Kampfpanzern geheimgehalten wird. Man geht davon aus, dass es sich um eine schichtförmige Sandwich-Panzerung handelt mit der Möglichkeit, auf Wunsch zusätzliche reaktive Panzerplatten zu installieren. Dazu konnten nach dem Vorbild des Merkava Mk 3 zusätzliche Panzerplatten an das Fahrzeug montiert werden. Der Motor hat wohl genügend Reserven, um das zusätzliche Gewicht mühelos wegzustecken. Der französische staatseigene Rüstungskonzern GIAT, der den Leclerc in Roanne baut, setzt große Hoffnungen in das Marktpotential des Panzers. Bei der Ausschreibung für einen neuen britischen Kampfpanzer war er dem Challenger zwar unterlegen (wie auch der Leopard 2 und der M1A2), aber schließlich sollten die Hoffnungen von GIAT doch noch in Erfüllung gehen, als die Vereinigten Arabischen Emirate 435 Stück bestellten. 765 Exemplare waren bereits an das französische Heer gegangen. Der Leclerc ist ein so moderner Panzer, dass es derzeit unwahrscheinlich ist, dass er die äußerst erfolgreichen Varianten des AMX-30 in der Unterstützungsrolle ablösen wird, zumindest kurzfristig.

DER BRITISCHE CHIEFTAIN

Der erste britische Kampfpanzer nach dem Krieg wurde gebaut, nachdem das Verteidigungsministerium eine Erklärung über die „wahrscheinlich" wünschenswerten Eigenschaften eines Nachfolgers für den Centurion abgab. Die Erklärung wurde 1958 formuliert und berücksichtigt die Erfahrungen aus dem Koreakrieg. Ganz oben auf der Liste der gewünschten Eigenschaften stand eine stärkere Kanone mit höherer Feuergeschwindigkeit, möglichst zehn Schuss in der ersten Minute und sechs Schuss in den folgenden Minuten. Die nächste Forderung bezog sich auf eine bessere Feuerleitanlage, um die Chancen für einen Treffer mit dem ersten Schuss zu erhöhen. Der dritte Punkt war ein besserer Panzerschutz, besonders von vorn. Viertens sollte der Panzer ein Gewicht von 52 t nicht überschreiten und schließlich eine Geschwindigkeit von 42 km/h erreichen. Nach diesen Vorgaben begann Leyland im gleichen Jahr, eine Wanne für das neue Fahrzeug zu entwickeln, während Vickers sich um den Turm kümmerte. Er sollte die neue, von der Royal Ordnance Factory entwickelte 120-mm-Kanone L11 mit gezogenem Rohr erhalten. Der Panzer als Ergebnis dieser Bemühungen erschien 1961, wurde 1962 für das britische Heer bestellt und fünf Jahre später als Kampfpanzer FV4201 Chieftain eingeführt.

Von Anfang an war klar, dass der Panzer auch im Zweikampf bestehen sollte. Daher wurde die Front ebenso wie der Turm in einem Stück Stahl gegossen. Frontpanzerplatte und Turm waren so angewinkelt, dass sie ankommende Massivgeschosse möglichst ablenkten. Der gesamte Panzer bot kaum Kugelfänge. Die Vorgabe verlangte ein Horstmann-Fahrwerk, ähnlich dem des Centurion, mit drei Laufrollenpaaren und drei Stützrollen. Die gepanzerten Kettenschürzen reichten tiefer herab als normalerweise üblich. Den Vortrieb übernahm ein Leyland-Vielstoffmotor vom Typ L60 mit einem halbautomatischen Getriebe. Die Leistung übertraf die Vorgaben minimal, war aber nicht berauschend. Spätere Versionen erreichten immerhin 50 km/h. Das Fassungsvermögen des Tanks betrug 955 l und ermöglichte eine Reichweite von mehr als 500 km.

DER CHIEFTAIN IM EXPORT

Die ersten Chieftain hatten ähnliche MGs wie die späten Centurions. Spätere Versionen erhielten einen Laser-Entfernungsmesser, integriert in einen Feuerleitrechner. Insgesamt wurde etwa ein Dutzend verschiedener Varianten gebaut, wobei die Verbesserungen in erster Linie den Motor und die Feuerleitanlage betrafen.

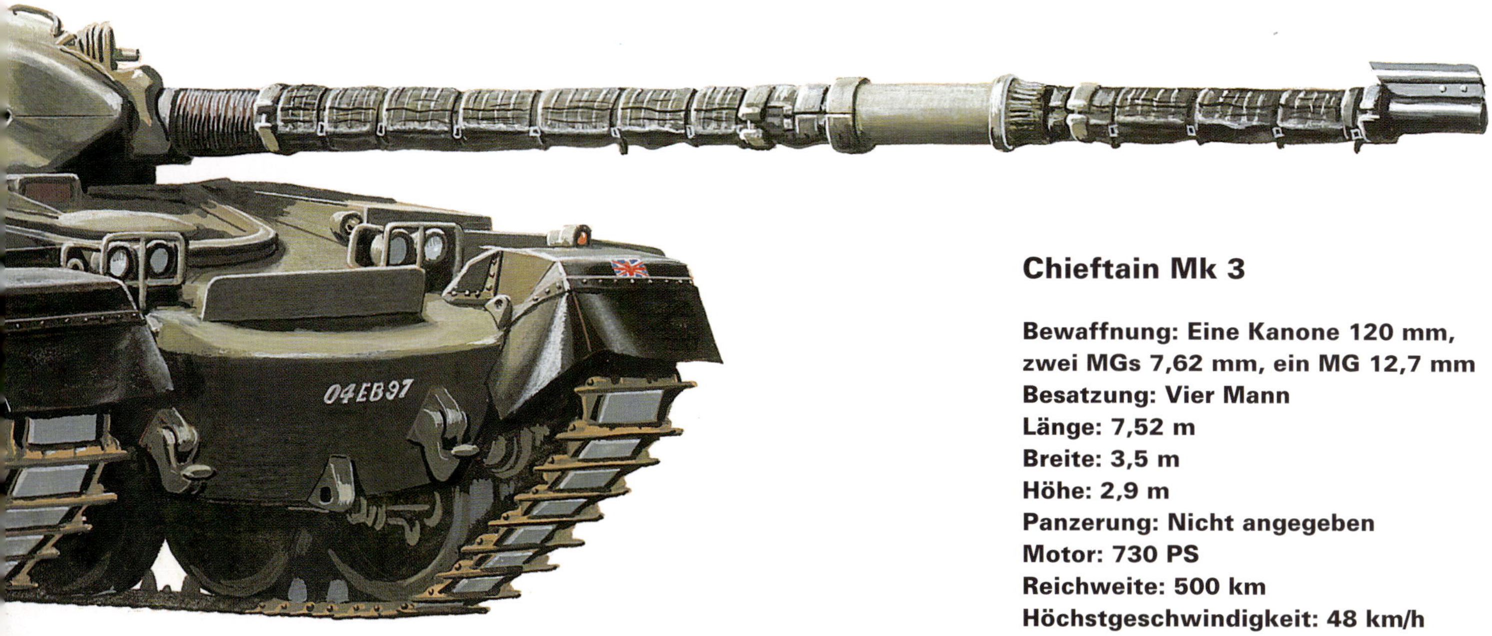

Chieftain Mk 3

Bewaffnung: Eine Kanone 120 mm, zwei MGs 7,62 mm, ein MG 12,7 mm
Besatzung: Vier Mann
Länge: 7,52 m
Breite: 3,5 m
Höhe: 2,9 m
Panzerung: Nicht angegeben
Motor: 730 PS
Reichweite: 500 km
Höchstgeschwindigkeit: 48 km/h

Challenger 1

Bewaffnung: 1 Kanone 120 mm, 2 MGs 7,62 mm
Besatzung: 4 Mann
Länge: 8,84 m
Breite: 3,52 m
Höhe: 2,5 m
Panzerung: Reaktive Chobham-Panzerung
Motor: 1200 PS
Reichweite: 500 km
Höchstgeschwindigkeit: 56 km/h

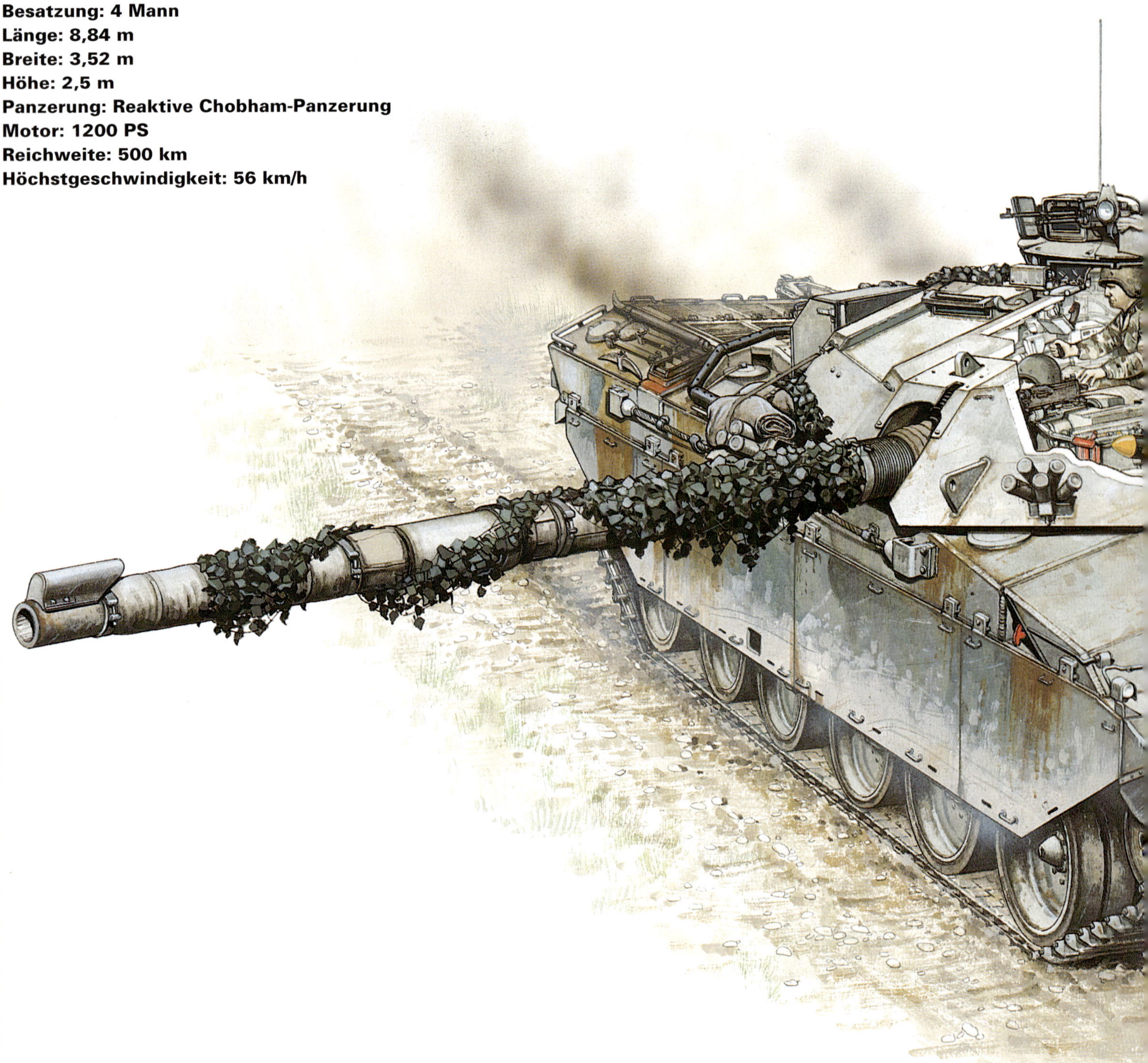

Das britische Heer beschaffte etwa 900 Chieftain, und der Panzer ließ sich auch im Ausland gut verkaufen. Der Iran kaufte vor der Revolution mehr als 1000 Stück, von denen viele während des langen Krieges mit dem Irak verlorengingen (und nicht wenige erbeutet wurden). Auch Jordanien, Kuwait und Oman kauften den Chieftain. Viele Chieftain des britischen Heeres, die Mitte der 90er Jahre immer noch im Einsatz waren, wurden durch zusätzliche „Stillbrew"-Sandwichpanzerung kampfwertgesteigert und erhielten das für den Challenger entwickelte Wärmebild- und Visiergerät von Barr & Stroud. Daneben wurden auch Bergungspanzer und Panzerbrücken auf dem Chassis des Chieftain entwickelt, die beim britischen Heer die älteren Fahrzeuge auf der Grundlage des Centurions ablösten.

DER SHIR 1

Die Begeisterung, mit der der Schah von Persien den Chieftain aufnahm, verlieh

OBEN: Zwischen 1962 und der Mitte der 80er Jahre war der Chieftain der leistungsfähigste Panzer der NATO. Seine 120-mm-Bordkanone war ein echter Gegner für die Panzertruppen des Warschauer Pakts.

der britischen Panzerindustrie den lange vermissten Schub, um endlich unter dem Namen „Shir“ ein Programm zur Entwicklung eines neuen Kampfpanzers in die Wege zu leiten. Die Version Shir 1 wurde als FV4030/2 bezeichnet, aber es handelte sich im Prinzip lediglich um einen modernen Chieftain mit einem besseren 1200-PS-Condor-Motor von Rolls-Royce/Perkins und einem vollautomatischen Getriebe.

Der Shir 1 wurde vom Schah noch bestellt, aber als er 1979 nach der Revolution aus dem Land gejagt wurde, wurde auch diese Bestellung storniert. Später wurden aber etwa 275 Panzer auf der Grundlage des Shir 1 als „Khalid“ nach Jordanien geliefert. Der Shir 2 hingegen, von dem der Iran vor der Revolution 1225 Stück bestellt hatte, sollte eine bessere Zukunft haben. Nach einer weiteren Überarbeitung wurde daraus der neue britische Kampfpanzer, der FV4030/3 Challenger. Ein deutsch-britischer Versuch zum Bau eines gemeinsamen Kampfpanzers war nämlich 1977 gescheitert, und das so genannte Projekt MBT-80 war storniert worden.

VOM CHIEFTAIN ZUM CHALLENGER

Der auffälligste Unterschied zwischen Chieftain und Challenger liegt in der eher eckigen Form des letzteren. Dies ist ein klarer Hinweis darauf, dass der Challenger aus flachen Platten der sogenannten Chobham-Panzerung gefertigt wurde. Es handelt sich dabei um eine Verbundpanzerung aus unterschiedlichem Metall, Keramik und anderen Materialien. Nicht ganz so auffällig war die Ablösung des Horstmann-Systems durch ein Fahrwerk mit hydropneumatischer Federung, das die Geländegängigkeit erheblich verbesserte. Der Condor-Motor von Rolls-Royce/Per-

kins war bereits aus dem Khalid bekannt und brachte den Challenger trotz des höheren Kampfgewichts von 62 t auf 57 km/h. Die L11-Bordkanone aus dem Chieftain wurde ebenso übernommen wie die zwei 7,62-mm-MGs, das eine in einer koaxialen Halterung und das andere in der Turmkuppel. Der Challenger wurde 1983 neben dem Chieftain bei den britischen Truppen in England und Deutschland eingeführt, und bis zum Ende des Jahrzehnts waren etwa 450 Stück im Einsatz.

Die Challenger der 4. und 7. britischen Panzerdivisionen (mit 43 bzw. 114 Fahrzeugen) wurden bei der Operation Granby, dem britischen Beitrag zur Befreiung

LINKS: Der Challenger kann Quetschkopfgeschosse verschießen. Neben dieser Munition ist die 120-mm-Bordkanone auf fünf weitere Munitionstypen ausgelegt.

Kuwaits im Jahr 1991 eingesetzt. Die Panzer schlugen sich recht gut, obwohl es vor dem Krieg einige Bedenken gegeben hatte.

DER CHALLENGER 2

Ende der 80er Jahre ließ sich nicht mehr übersehen, dass der Chieftain dringend einen Nachfolger brauchte. Der Challenger war zwar im Hinblick auf Bewaffnung und Panzerung weitgehend anerkannt, die Feuerleitanlage war jedoch Ziel der Kritik und das durchaus zu Recht.

Das britische Heer wollte ein leichteres Fahrzeug – aber dank der Fortschritte in der Panzertechnik ebenso gut geschützt – mit moderneren Feuerleiteinrichtungen und einem stärkeren Motor. Tatsächlich war das Ziel seiner Wünsche der amerikanische M1A1 Abrams, und das wurde auch klar zur Sprache gebracht. So kam es zu einem vergeblich fairen Kräftemessen zwischen dem amerikanischen Panzer, dem Leopard 2, dem Leclerc und einem etwas modernisierten (aber nicht stärkeren) Challenger von Vickers. Das britische Heer hatte allerdings von Anfang an keine Chance, das gewünschte Fahrzeug zu erhalten und brauchte auch nicht lange auf die entsprechende Entscheidung zu warten. Mitte 1991 wurde bekanntgegeben, dass der Challenger 2 eingeführt würde. Dieser unterschied sich bis auf die neue Bordkanone und eine neue integrierte Feuerleitanlage kaum von der ersten Version. Als Bordkanone wurde die ursprünglich für den MBT-80 entwickelte 120-mm-Waffe XL30 mit gezogenem Rohr ausgewählt. Sie hatte eine größere Lebensdauer als die L11 und bot bei gleicher Munition mehr Leistung. Außerdem war das Rohr wesentlich kürzer, wodurch sich der Panzer in Städten und engen Dorfgassen besser manövrieren ließ.

INDISCHE CHIEFTAINS

Die Entscheidung für den aufgebesserten Challenger ist nur vor dem Hintergrund zu verstehen, dass Vickers wahrscheinlich seine Panzerabteilung hätte schließen müssen, wenn der Auftrag in das Ausland gegangen wäre. Das hätte aber das Aus für die Herstellung von Panzern in Großbritannien bedeutet – vermutlich für immer und mit dem Verlust aller Erfahrungen. Diese Möglichkeit war weder für Großbritannien noch für die NATO wünschenswert oder akzeptabel. Mit dem Auftrag in den Büchern konnte sich Vickers nun wieder privaten Entwicklungen zuwenden. So war bereits in den 60er Jahren der Kampfpanzer Mk1 als preisgünstiger möglicher Nachfolger für den Centurion entstanden.

Challenger 2

Bewaffnung: 1 Kanone 120 mm, 2 MGs 7,62 mm
Besatzung: 4 Mann
Länge: 8,84 m
Breite: 3,52 m
Höhe: 2,5 m
Panzerung: Reaktive Chobham-Panzerung
Motor: 1200 PS
Reichweite: 500 km
Höchstgeschwindigkeit: 56 km/h

Dieser Panzer wurde in verschiedene Staaten exportiert, und Indien nutzte ihn als Grundlage für den „Vijayanta", von dem etwa 1500 Stück, größtenteils in Lizenz in Indien gebaut wurden. Vickers brachte später Prototypen modernerer leichter Panzer und Kampfpanzer. So bleibt die Firma ein wichtiger unabhängiger Mitbewerber bei der Entwicklung von gepanzerten Kampffahrzeugen, oft in Zusammenarbeit mit größeren Partnern in Europa und den Vereinigten Staaten.

Anfang der 60er Jahre hatte das britische Verteidigungsministerium auch die Vorgaben für einen leichten Panzer bzw. Spähpanzer formuliert.

Das Ergebnis war ein leichtes Kettenfahrzeug, der FV101 Scorpion. Neben dem Scorpion selbst gab es sechs weitere Varianten: Der Striker hatte „Swingfire"-Panzerabwehrlenkwaffen, der Spartan war ein Mannschaftstransportwagen, der Samaritan ein gepanzertes Sanitätsfahrzeug, der Sultan ein gepanzertes Führungsfahrzeug, der Sampson ein Bergungspanzer und der Scimitar eine andere Variante des leichten Panzers mit einer 30-mm-Rarden-Kanone anstatt der 76-mm-Kanone des Scorpion, aber in dem gleichen Turm. Die Reihe FV-100 wurde Mitte der 70er Jahre

Scimitar

Bewaffnung: 1 Kanone 30 mm, 1 MG 7,62 mm
Länge: 4,8 m
Breite: 2,23 m
Höhe: 2,1 m
Panzerung: 12,7 mm
Motor: 190 PS
Reichweite: 644 km
Höchstgeschwindigkeit: 80 km/h

beim britischen Heer in Dienst gestellt und in viele weitere Staaten exportiert. Alle Fahrzeuge verfügten über fünf Laufrollen und wurden vom 4,2-l-Motor aus dem Jaguar XK angetrieben, der hier 195 PS leistete. Bekannt war das Triebwerk aus den frühen Limousinen und Sportwagen von Jaguar. Im Scorpion saß es vorn neben dem Fahrer und trieb das vordere Kettenrad über eine Kraftübertragung an, wie sie auch für den Chieftain entwickelt wurde. Der Scorpion und seine Varianten waren auf der Straße 90 km/h schnell und bei einem Gewicht von etwa 8 t sehr agil.

So waren sie ideal geeignet für den Einsatz auf den Falkland-Inseln. Scorpion und Scimitar sowie ein Sampson-Bergungspanzer kamen dort bei der Operation Corporate zu ihrem ersten Einsatz. Sie leisteten Feuerunterstützung für die britische Infanterie. Die leichten Panzer wurden auch zusammen mit dem Chieftain im Irak sowie bei Friedenseinsätzen im Balkan eingesetzt. Die Fahrzeuge der Reihe FV100 verfügten serienmäßig über eine ABC-Schutzanlage, und die in den Nahen Osten oder nach Afrika gelieferten Fahrzeuge hatten oft Klimaanlagen. Man konnte auch einen faltbaren Schwimmkörper montieren.

Im Wasser wurden die Fahrzeuge über die Ketten vorangetrieben, es gab aber auf Wunsch auch einen Propellersatz für Nutzer, die regelmäßig amphibische Einsätze fuhren. Diese große Vielfalt von unterschiedlichen Fahrzeugen auf dem gleichen Chassis bot – wie auch beim französischen AMX-13 – große Vorteile im Hinblick auf Ausbildung, Instandsetzung und Logistik.

UNTEN: Die ersten Vijayanta wurden 1965 beim indischen Heer in Dienst gestellt. Bis zum Krieg mit Pakistan im Jahr 1971 hatten sechs Regimenter diesen Panzer.

DER NEUE US-KAMPFPANZER

Es ist kaum zu glauben, dass die Vereinigten Staaten in die 80er Jahre mit einem Kampfpanzer gingen, dem M60, der im Prinzip aus dem Zweiten Weltkrieg stammte, wenn er auch regelmäßig und umfangreich verbessert wurde. Bereits 1963 wurde die Entscheidung getroffen, einen neuen Kampfpanzer zur Ablösung des M60 zu entwickeln, dessen aktuelle Variante gerade drei Jahre im Dienst war. Am 1. August des gleichen Jahres wurde ein Vertrag mit der Bundesrepublik Deutschland über die gemeinsame Entwicklung eines Kampfpanzers abgeschlossen.

Der MBT-70, wie das Projekt genannt wurde, wurde nie verwirklicht, weil Deutschland sich zurückzog. Die US Army verfolgte die Entwicklung unter der Bezeichnung XM803 allein weiter. Das Projekt wurde 1971 endgültig storniert, weil es anscheinend zu kompliziert und zu teuer war. Allmählich war den Verantwortlichen im Verteidigungsministerium angesichts des Stillstands nicht mehr ganz wohl. Die beiden Projekte waren aber recht weit fortgeschritten und hatten negative wie auch positive Erfahrungen geliefert, die dem Bau eines neuen Panzers zu einem vernünftigen Preis zugute kommen

OBEN: Der leichte Panzer Scimitar wird auch bei den NATO-Friedenstruppen in Bosnien eingesetzt. Dieses Fahrzeug gehört einem Kommando der britischen Queen's Dragoon Guards.

sollten. Wenn man die Frage des Panzerschutzes ausklammerte, blieben immer noch 12 brauchbare Möglichkeiten auf den Gebieten von Bewaffnung, Feuerleitanlage, Motor, Fahrwerk und Ketten. Die Anzahl der möglichen Kombinationen kann man sich gut vorstellen. Sie wurden schon bald reduziert, als zwei Bordkanonen – eine britische 110-mm-Waffe mit gezogenem Rohr und eine glatte 120-mm-Kanone von Rheinmetall – ebenso wie die 1500-PS-Gasturbine von Lycoming von der Liste gestrichen wurden. Zunächst war sogar erwogen worden, einen „verbesserten" M60A1 zu bauen, aber die Idee wurde schnell wieder verworfen.

VORSCHLÄGE VON GM UND CHRYSLER

Zu jener Zeit gab es zwei Privatunternehmen in den Vereinigten Staaten, die über Kenntnisse und Erfahrungen im Bau von Panzern verfügten – General Motors und Chrysler. Chrysler war über den mittleren Panzer M3 in das Geschäft gekommen und beteiligte sich an der Verbesserung des M60. Detroit Diesel, eine Tochterfirma von General Motors, hatte den unglücklichen M551 Sheridan gebaut und war an den Projekten MBT-70 und XM803 stark beteiligt. Beide Firmen wurden um Vorschläge für ein Projekt XM1 gebeten und entwickelten Konzepte für einen 50-t-Panzer mit Drehstabfederung, der 105-mm-Kanone M68 und der 20-mm-Bushmaster in einer koaxialen Halterung. Der Panzer von General Motors sollte von einem oder zwei Dieselmotoren angetrieben werden, während Chrysler sich nicht festlegen wollte. Es kam ein Dieselmotor in Frage, aber auch eine Gasturbine, obwohl dieser Antrieb nicht gerade als modern galt. Eines war beiden sehr schnell klar geworden: Der geforderte Schutz ließ sich bei dem vorgegebenen Gewicht nicht realisieren.

DIE KOSTEN LAUFEN DAVON

Unterdessen arbeiteten die Ingenieure bei der Panzerbehörde der US Army an der Lösung des Gewichtsproblems. Im März 1973 war man zu der Einsicht gelangt, dass eine Sandwich-Panzerung mit entsprechenden Hohlräumen, im richtigen Winkel angebracht, die besten Ergebnisse lieferte. Aber selbst dann ließ sich die Gewichtsvorgabe nicht halten. Ebenso waren die angepeilten Stückkosten – 400 000 $ pro Einheit – zu niedrig angesetzt und mussten auf über 500 000 $ erhöht werden. Damit war man schon fast am Schätzpreis von 611 000 $ des stornierten XM803. Am 28. Juni 1973 erhielten General Motors und Chrysler Aufträge zur Konstruktion und Entwicklung sowie zum Bau von Prototypen und deren Erprobung im Rahmen der XM1-Vorgaben. Chrysler erhielt 68 999 000 $, GM hingegen 87 969 000 $. Diese Beträge basierten auf einer Kombination von Kosten und Erfolgshonorar.

DIE GASTURBINE

Als die beiden Firmen die Konstruktionen vorlegten, gab es eine große Überraschung. Obwohl die amerikanische Panzertruppe starke Bedenken gegen die Gasturbine äußerte, hatte Dr. Philip Lett,

Chefkonstrukteur von Chrysler, sich genau dafür entschieden. Er setzte auf das Entwicklungspotential, den geringeren Raumbedarf und geringere Leistungsverluste. Dazu kamen ein niedrigerer Lärmpegel, Betrieb ohne sichtbare Abgase und bessere Kaltstarteigenschaften im Winter. Es war eine weit reichende Entscheidung und die Gasturbine AG-1500 von Avco Lycoming erwies sich als ausgezeichneter Antrieb. Sie war zwar teurer in der Herstellung als der von General Motors vorgeschlagene AVCR-1360 – eine modernisierte Version des Motors aus dem M60A3 und aus dem M60AX – bot dafür aber günstigere Wartungskosten. Wenn man die gesamte Lebensdauer beider Triebwerke zu Grunde legt, unterscheiden sie sich in den Gesamtkosten kaum. Beide Prototypen waren betroffen von der Verfügbarkeit der Chobham-Panzerung – eine in Großbritannien entwickelte Sandwich-Panzerung – und der Entscheidung, die Bushmaster-Kanone nach den Erfahrungen aus dem arabisch-israelischen Krieg 1973 zu streichen. Diese Kanone war eigentlich für leichte Panzerungen und weiche Ziele gedacht, aber es hatte sich gezeigt, dass die Besatzungen auch dafür ihre Bordkanone benutzten. Durch die Streichung der Kanone konnte man zusätzlichen Stauraum für die Munition der Bordkanone gewinnen.

PRODUKTIONSSTART DES ABRAMS

Die beiden Prototypen wurden zusammen mit motorisierten Versuchsträgern Ende 1975 zum Erprobungsgelände Aberdeen gebracht. Weiterentwicklung und Erprobung wurden dort vom 31. Januar bis zum 7. Mai 1976 durchgeführt. Zu diesem späten Zeitpunkt wurde ein dritter Kandidat gemeldet: der deutsche Leopard 2, nach US-Vorgaben modifiziert und mit einer 105-mm-Kanone ausgerüstet. Der Leopard 2 sollte unter den gleichen Bedingungen wie die einheimischen Produkte erprobt werden, trotz seines erheblich höheren Preises. Letztendlich gab auch der Preis den Ausschlag gegen den Leopard, denn er konnte alle Vorgaben einhalten oder sogar übertreffen. Die Entscheidung zwischen den beiden US-Modellen wurde im Juli 1976 getroffen, aber nicht öffentlich bekanntgegeben. Es wird jedoch berichtet, dass GM mit einem Angebot von 208 Millionen $ den Zuschlag erhielt, während Chrysler bei 221 Millionen $ lag. GM erhielt den Auftrag zum Bau von 110 Panzern im Jahr 1979 und 352 weiteren Fahrzeugen 1980. Bis dahin hatte die US Army sich für die Gasturbine ausgesprochen, allerdings im Panzer von General Motors. Sie schlug vor, ohne großen Aufwand einfach die Motoren auszutauschen. Davon wollte aber das Ministerium nichts wissen. Dazu kam ein weiteres Problem: Man hatte entschieden, in absehbarer Zeit eine stärkere Kanone einzubauen und dazu musste der Turm geändert werden. Deshalb wurde die Entscheidung über die Auftragsvergabe auf den November 1976 verschoben. Beide Unternehmer nutzten die Zeit, um ihre Prototypen wahlweise mit beiden Antrieben auszurüsten. Bei einer Pressekonferenz am 12. November wurde dann verkündet, dass Chrysler mit einem Angebot von 196 Millionen $ den Zuschlag erhalten hatte. GM lag nun bei 232 Millionen $. Die Preise waren wegen des Einbaus der Gasturbine in die Höhe geschossen. Chrysler hingegen war es gelungen, die Kosten zu senken und einen

UNTEN: Der Challenger hatte eine Vorrichtung für zwei 200-l-Außentanks. Eine Reihe von „Kästen" am Turm diente der Aufbewahrung von Munition, Tarnnetz und persönlicher Ausrüstung.

Abrams M1A1

Bewaffnung: 1 Kanone 120 mm, 1 MG 12,7 mm, 2 MGs 7,62 mm
Besatzung: 4 Mann
Länge: 7,92 m
Breite: 3,65 m
Höhe: 2,43 m
Panzerung: Keine Angaben
Motor: 1500 PS
Reichweite: 465 km
Höchstgeschwindigkeit: 67 km/h

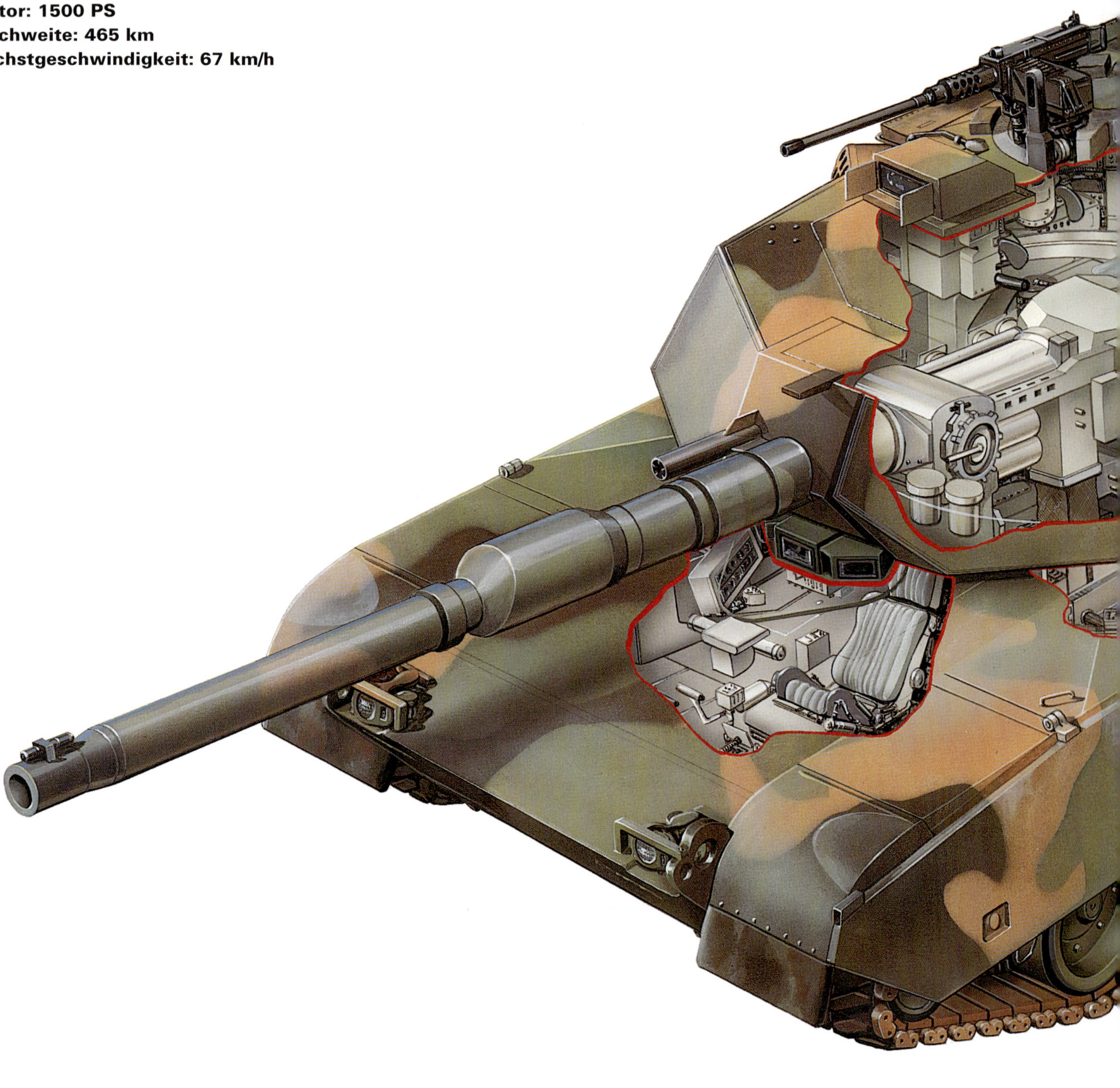

genaueren Voranschlag zu liefern. Das erste Pilotfahrzeug verließ das Werk im Februar 1980. Der Bau der ersten 110 Exemplare begann in der Panzerfabrik Lima, und am 28. Februar 1980 waren die ersten zwei Fahrzeuge bei der US Army. Der Panzer erhielt den Namen Abrams, nach einem früheren Panzerkommandeur und Stabschef der US Army. Zwei Jahre später wurde in Detroit eine zweite Fertigungsstraße eingerichtet. Gleichzeitig verkaufte Chrysler seine Panzerabteilung an General Dynamics und zog sich damit aus einem Geschäft zurück, das es 40 Jahre entscheidend mitbeeinflusst hatte. Insgesamt wurden bis zum Ende der 80er Jahre 7500 M1 Abrams bestellt. Ende 1983 lag die Produktion bei 70 Stück im Monat.

DER STARKE ABRAMS

Der M1 Abrams war ein Viermann-Panzer mit einem Gesamtgewicht von knapp unter 55 t. Er konnte 55 Schuss Munition für die Bordkanone mitführen, daneben 12 400 Schuss für die beiden 7,62-mm-MGs und 1000 Schuss für das 12,7-mm-Fla-MG in der Turmkuppel. Der Großteil der Kanonenmunition war in einem Stauraum im Turm, der durch eine Schottwand

UNTEN: Der Abrams ist gut geschützt. Im Golfkrieg 1991 wurde beispielsweise ein Fahrzeug aus 500 m von zwei panzerbrechenden Geschossen getroffen. Sie prallten einfach an der Panzerung ab.

vom Besatzungsraum abgeteilt war. Oben hatte er Platten, die im Falle einer Explosion wegflogen und so den Druck nach außen leiteten. Den Antrieb besorgte eine 1500-PS-Version der AGT-1500-Gasturbine, die mit Diesel, Kerosin oder Benzin betrieben werden konnte. Sie brachte den Abrams auf 72 km/h, fiel aber durch enorm hohen Kraftstoffverbrauch auf. Wenn die 1908-l-Tanks voll waren, betrug die Reichweite nicht mehr als 500 km. Der Antrieb auf die hinteren Kettenräder erfolgte über einen X-1100-Antrieb, eine moderne Version der Einheit aus dem M60. Dieser Antrieb verfügt über eine variable hydrostatische/regenerative Lenkung. Die sieben doppelten, abgesetzten Laufrollen wurden über moderne Titan-Drehstäbe abgefedert, die jedem Radpaar 380 mm Federweg gaben. Die Feuerleitanlage war ebenso komplex wie die aus dem M60A3 und verfügte über Umwelt- und Waffenzustandssensoren, die die Wahrscheinlichkeit eines Treffers mit dem ersten Schuss noch erhöhten.

Commando Stingray

Bewaffnung: 1 Kanone 105 mm, 1 MG 7,62 mm, 1 MG 12,7 mm
Besatzung: 4 Mann
Länge: 6,22 m
Breite: 2,71 m
Höhe: 2,55 m
Panzerung: Keine Angaben
Motor: 535 PS
Reichweite: 483 km
Höchstgeschwindigkeit: 67 km/h

DER M1A2

Bei so vielen guten Eigenschaften wurde der M1 Abrams bei seinem Erscheinen als bester Panzer der Welt gefeiert, mit der wirksamsten Panzerung für sein Gewicht, der besten Leistung, der besten Feuerleitanlage usw. In einer Hinsicht war er aber bereits überholt: seine Hauptbewaffnung. Dank der vorausschauenden Konstruktion ließ sich dies Manko aber problemlos ausgleichen. Man installierte einfach eine glatte 120-mm-Kanone aus Deutschland. Der verbesserte Panzer wurde als M1A1 Abrams im Sommer 1985 in Dienst gestellt und 1992 durch den M1A2 abgelöst, der über bessere Wärmebildgeräte für Kommandanten und Fahrer, bessere Zieleinrichtungen und ein GPS-Satellitennavigationssystem verfügte. Weitere Verbesserungen im Rahmen des sogenannten Block-III-Programms sollen bis zum Ende des Jahrzehnts eine bessere 120-mm-Kanone oder ein größeres Exemplar mit sich bringen, die dann dank Selbstlademechanismus zur Reduzierung der Besatzung auf drei Mann führt.

UNTEN: Zwei britische Scorpion, die 1982 auf den Falkland-Inseln kämpften. Sie waren für das matschige Gelände gut geeignet. Einer fuhr sogar ohne Schäden über eine argentinische Mine.

Außerdem sollte der Motor quer eingebaut werden, um mehr Platz zu schaffen, der dem Munitionsstauraum oder aber – was wahrscheinlicher ist – zusätzlichen Tanks zugute kommen soll.

Ein Hilfsdiesel soll die Elektronik und die Gefechtssysteme mit Strom versorgen. So kann die Turbine ausgeschaltet werden, während der Panzer steht, und die Einsatzbereitschaft trotzdem erhalten bleiben.

EIN KONVENTIONELLER PANZER

Nach einer so langen und kostspieligen Entwicklung stellt sich die Frage, warum das Ergebnis so „konventionell" ausgefallen ist. Während der vorangegangenen Projekte MBT-70/XM803 hatte es viele Vorschläge gegeben, die außerhalb der Norm lagen, aber sie wurden allesamt als zu kostspielig oder wenig wirksam – wenn nicht sogar beides – verworfen. So finden sich im M1 kaum echte Neuheiten, bis auf die Gasturbine, und auch hier war der M1 keineswegs der erste Panzer mit einem derartigen Antrieb. Wie gut war der Abrams nun wirklich?

Er verfügte über die gleiche Panzerung wie der britische Challenger und der deutsche Leopard 2 und konnte somit in etwa den gleichen Schutz bieten. Der Abrams war schneller und beweglicher als der Challenger, nicht aber als der Leopard 2, und fiel deutlich hinter dem französischen Leclerc zurück.

DIE KONKURRENZ SCHLÄFT NICHT

Der M1A1 beschleunigt dank einer geänderten Endübersetzung etwas besser als der Leclerc, ist aber dafür 6,5 km/h langsamer. Die Beschleunigung hat er in erster Linie dem guten Drehmomentverlauf der Gasturbine zu verdanken, die dafür einen anderen entscheidenden Nachteil hat: Sie wird im Betrieb sehr heiß und hat eine deutliche Wärmesignatur – im modernen Panzerkrieg ein extremer Schwachpunkt, da hochentwickelte Wärmebildgeräte eine wichtige Rolle spielen. Die Höhe des Abrams entspricht genau der des Challenger und beide sind ganze 400 mm höher als der Leopard 2 und der Leclerc – ein weiterer wichtiger Faktor, da Panzer heute nicht nur mit der Wanne, sondern bis zum Turm in der Stellung verschwinden. Die Feuerleitanlage des M1A2 galt als die beste der Welt, aber um ehrlich zu sein, sind die Unterschiede zwischen den einzelnen Feuerleitanlagen viel geringer als die Unterschiede von einem Schützen zum nächsten. Bei der Feuerkraft gibt es keine Unterschiede zwischen den amerikanischen, französischen und deutschen Panzern.

Die britische 120-mm-Kanone ist nur geringfügig schlechter, weil das gezogene Rohr negativen Einfluss auf die ballistischen Eigenschaften von panzerbrechenden, flossenstabilisierten Geschossen mit Treibspiegel und Hohlladungsgeschossen hat. Der sowjetische T-80 mit seiner Kombination aus Kanone und FK-Startgerät lässt sich mit diesem Quartett nicht vergleichen, allenfalls im Hinblick auf die Zerstörungskraft.

Sie war wohl größer, wenn – und das ist die Frage – der Panzer entsprechend den Vorgaben funktionierte. Da der T-80 wesentlich leichter als die NATO-Panzer ist, kann man wohl davon ausgehen, dass er nicht den gleichen Schutz bietet und die Überlebenschancen der Besatzung im Zweifelsfall geringer sind. Daneben gibt es starke Zweifel an der Fähigkeit der Roten Armee und der anderen Armeen der früheren Sowjetrepubliken, ihre Panzer instandzuhalten. Die früheren Kunden der Sowjetunion haben nie etwas Besseres erhalten als den T-72. Sie sind damit dem Abrams oder den anderen NATO-Panzern nicht gewachsen, mit Ausnahme vielleicht des französischen AMX-30. Das hat sich besonders deutlich bei der Operation Wüstensturm gezeigt, dem amerikanischen Beitrag zur Befreiung von Kuwait im Jahr 1991.

Mehr als 1000 M1A1 wurden Ende Februar in das Gefecht geschickt, wo sie sich mit etwa 700 oder 800 irakischen Panzern auseinanderzusetzen hatten, zum größten Teil T-62 und T-72, aber auch einige T-54/T-55. Die M1A1 zerstörten jeden irakischen Panzer, auf den sie trafen, und erlitten selbst fast überhaupt keine Verluste.

Vickers/FMC Mk 5

Bewaffnung: 1 Kanone 105 mm, 1 MG 12,7 mm, 1 MG 7,62 mm
Besatzung: 3 Mann
Länge: 6,2 m
Breite: 2,7 m
Höhe: 2,35 m
Panzerung: Keine Angaben
Motor: 552 PS
Reichweite: 480 km
Höchstgeschwindigkeit: 70 km/h

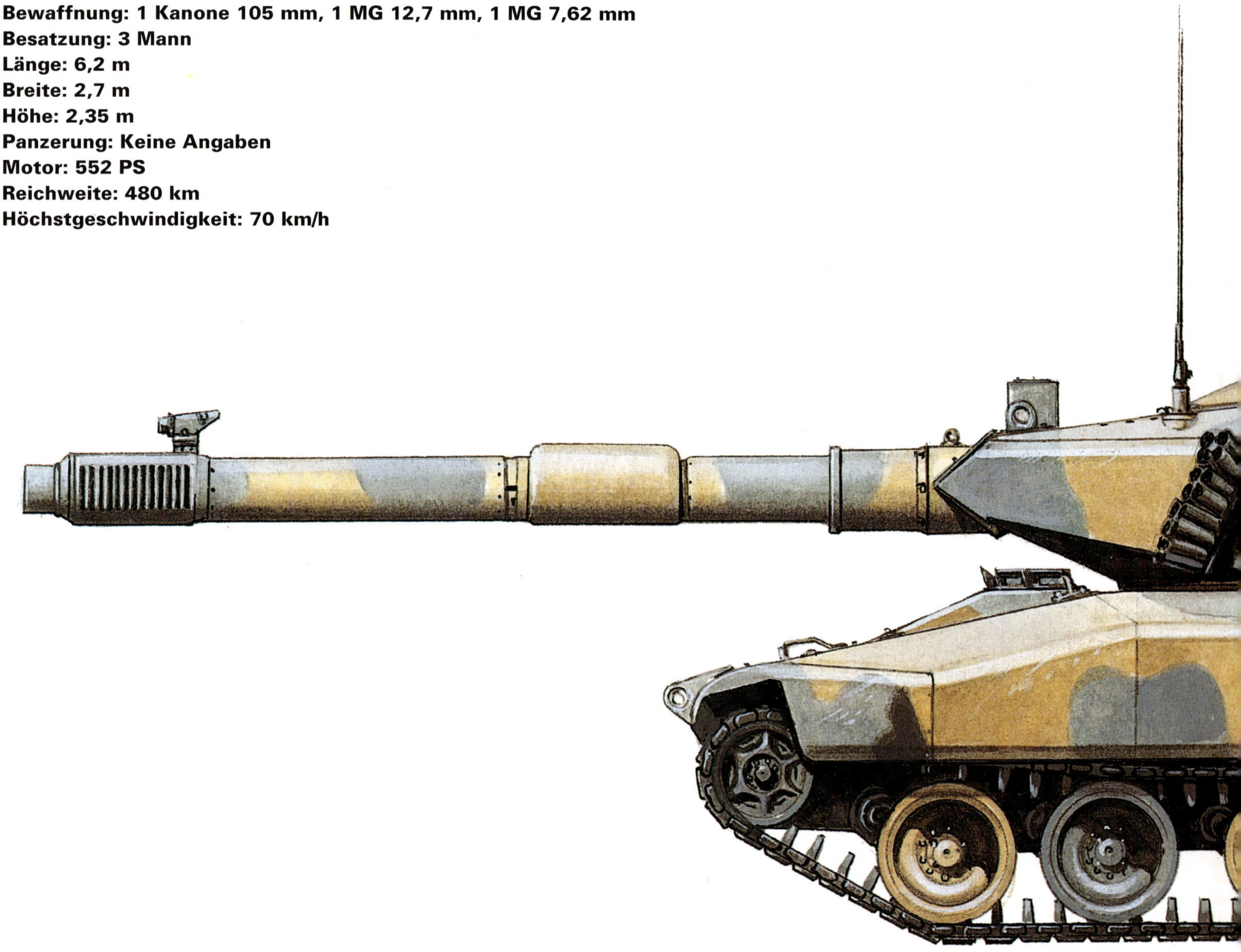

DER ABSTAND WIRD GRÖSSER

Dieser anscheinend riesige Abstand zwischen den verschiedenen Generationen von Panzern ist in der kurzen Geschichte dieser Fahrzeuge immer wieder aufgetreten. Das gilt heute, am Ende des 20. Jahrhunderts, noch genauso wie im Ersten Weltkrieg, als die ersten Panzer zum Einsatz kamen. Das ist merkwürdigerweise darauf zurückzuführen, dass rein technisch der tatsächliche Abstand äußerst gering ist. Eine etwas dickere Panzerung oder ein geringfügig stärkeres Geschoss genügt schon dafür, dass ein Panzer den anderen vernichten kann.

OBEN: Der leichte Panzer Vickers-FMC Mk 5 ist eine britisch-amerikanische Koproduktion für den Exportmarkt. Er kann aus einem Transportflugzeug abgeworfen werden.

DIE SUCHE GEHT WEITER

Die rein menschliche Seite der Panzerkriegführung ist bei der Entwicklung stets im Hintergrund geblieben, bestimmt wurde der Fortschritt immer von der Technik.

Das gepanzerte Kampffahrzeug hat immer den Zweck gehabt, den Menschen auf dem Gefechtsfeld zu schützen, und es ist durchaus denkbar, dass Panzer künftig ferngesteuert werden und überhaupt keine Menschen mehr am Gefecht teilnehmen.

Egal, welche Form der Panzer in der Zukunft haben wird und selbst wenn der Traum vom unbemannten Panzer längst in den Köpfen der Konstrukteure spukt, letztendlich ist das Ziel immer das gleiche: die Verbesserung der Überlebenschancen der Männer, die heute in den Fahrzeugen sitzen, und damit die Möglichkeit, einen Krieg zu gewinnen.

Zu diesem Ziel geht die Suche nach besseren Panzerungen und Möglichkeiten, aus sicheren Stellungen (z.B. bis zur Wanne eingegraben in völliger Dunkelheit) zu kämpfen, immer weiter. Hand in Hand damit gehen Bemühungen zur Entwicklung leistungsfähigerer Kanonen, die immer stärkere Munition verfeuern und von immer moderneren Computern immer

Oben: Dieser T-62 ist einer der irakischen Panzer, die im Golfkrieg zerstört wurden. Er ist der beste Beweis für die Überlegenheit der NATO-Kampfpanzer und der westlichen Panzerabwehrwaffen.

genauer gesteuert werden. Weiter geht die Bemühung um höhere mechanische Zuverlässigkeit und bessere Leistungen, gekoppelt an die Bedingung, das Fahrzeug so klein und kompakt wie möglich zu gestalten, ohne dass aber die Arbeitsbedingungen der Besatzung darunter leiden.

Die Tanks sollen zwecks höherer Reichweite möglichst groß sein, aber auch für die Munition wird viel Platz benötigt, damit der Panzer ein Gefecht erfolgreich durchstehen kann.

Wenn man das alles zusammenzählt, hat man die Vorgaben für den Bau eines modernen Kampfpanzers. Alle diese Faktoren zusammen machen einen „guten" Panzer aus. Schon ein Defizit auf einem dieser Gebiete wertet den Panzer im Vergleich zu anderen ab, allerdings natürlich nur im direkten Vergleich.

DIE BESTEN PANZER ALLER ZEITEN

Legt man diese Kriterien zugrunde, hat es nur wenige gute Panzer gegeben. Der Panther und der Tiger zählen mit Sicherheit dazu, der letztere aber mit Abstrichen hinsichtlich der Reichweite. Der Sherman mit der stärkeren Kanone als Firefly darf auch dazu gerechnet werden, obwohl er den deutschen Panzern unterlegen war und dank seines Ottomotors schnell in Brand geriet. Kandidaten sind auch der T-34 und die schwereren Josef-Stalin-Panzer, sicherlich die stärksten Panzer ihrer Zeit.

OFFENE FRAGEN

Nach dem Zweiten Weltkrieg ist die Einschätzung der Stärken und Schwächen der einzelnen Panzer schwieriger geworden. Wirklich schlechte Panzer wurden kaum noch gebaut, und die meisten Panzer haben die Grundkriterien für das Überleben im Gefecht mehr oder weniger erfüllt, zumindest im Kampf gegen Panzer ihrer eigenen Generation. Lässt man aber einen neuen Panzer gegen eine 20 oder 30 Jahre alte Konstruktion antreten, steht der Sieger im Prinzip vorher fest (auch wenn es den israelischen Panzerdivisionen gelungen ist, technisch überlegene Panzer im Gefecht zu schlagen), aber das gilt für die Militärtechnik schlechthin.

Im ausgehenden 20. Jahrhundert ist der Panzer durch eine Vielzahl moderner Panzerabwehrwaffen bedroht. Das ist wohl der beste Beweis dafür, dass er weiterhin ernst genommen wird. Gelegentlich kommt die Frage auf, ob der künftige Panzer dem Angriff präzisionsgelenkter Flugkörper, spezieller Bomben und hochentwickelter Artilleriemunition und den immer „intelligenteren" Minen gewachsen sein wird. Die gleiche Frage, wenn auch unter anderen Bedingungen, haben sich die militärischen Strategen seit 1916 gestellt, und über die Antwort lässt sich nur spekulieren. Die Wahrheit kennt niemand. Wie die Franzosen sagen, je mehr Änderungen, desto mehr bleibt alles beim Alten. Diese Erkenntnis gilt nirgendwo mehr als auf dem Gebiet der Panzerentwicklung.

REGISTER

Hinweis: Kursive Seitenzahlen verweisen auf Abbildungen